给新手方法　给高手启发

硬核公文
打造写作技术流

比模板还有用的公文写作指南

韦志国◎著

电子工业出版社
Publishing House of Electronics Industry
北京·BEIJING

内 容 简 介

公文写作是多种主客体因素与文本规范交互协同的过程。本书倡导"诗外功夫"与"诗内功夫"并重，主张从"诗外"走向"诗内"，立足"硬核"写作技术，揭示公文写作过程中的语言规律、逻辑规律。

全书聚焦学习者面临的实际问题，分上、中、下三篇。上篇全面论述业务能力、组织架构、文种文体、领导者等外界因素对公文写作的潜在作用。中篇重点针对普适性文本结构，深入讲解标题、主送机关、开头段、主体内容、小标题、结束语、附件说明、落款等各个环节的写作技法，归纳典型失误，揭示规范方法，从内容与表达两个维度重塑公文显性结构模式与隐性逻辑模型。下篇探讨公文格式规范设置的几个技术难题，如"此页无正文"的恰当处理方式等，并指明解决方案。

全书结合权威文本、基层案例展开，不再连篇累牍引用长篇范例，而是使用微案例、小案例，将案例和讲解融为一体。

全书避免"用公文语言讲解公文知识"，淡化公文感，强化口语感，适当使用图表，丰富表现形式，改善阅读体验。

全书内容体系完整、规范强化、逻辑严密，能够满足深度学习的需要。篇章划分保持一定的知识颗粒度，重要知识点和技能点相对独立，适应学习者碎片化学习的趋势。

本书适合党政机关、企事业单位等各类社会组织的工作人员阅读学习，尤其适合初学者和各级各类管理者使用，也可作为公务员考试、事业单位考试的备考用书。

未经许可，不得以任何方式复制或抄袭本书之部分或全部内容。
版权所有，侵权必究。

图书在版编目（CIP）数据

硬核公文：打造写作技术流 / 韦志国著. —北京：电子工业出版社，2022.3

ISBN 978-7-121-42960-6

Ⅰ．①硬⋯ Ⅱ．①韦⋯ Ⅲ．①公文—写作 Ⅳ．①C931.46

中国版本图书馆 CIP 数据核字（2022）第 028038 号

责任编辑：贾瑞敏
印　　刷：北京天宇星印刷厂
装　　订：北京天宇星印刷厂
出版发行：电子工业出版社
　　　　　北京市海淀区万寿路 173 信箱　邮编　100036
开　　本：787×1 092　1/16　印张：15.75　字数：403.2 千字
版　　次：2022 年 3 月第 1 版
印　　次：2023 年 8 月第 4 次印刷
定　　价：88.00 元

凡所购买电子工业出版社图书有缺损问题，请向购买书店调换。若书店售缺，请与本社发行部联系，联系及邮购电话：（010）88254888，88258888。
质量投诉请发邮件至 zlts@phei.com.cn，盗版侵权举报请发邮件至 dbqq@phei.com.cn。
本书咨询联系方式：（010）88254019。

前　言
给新手方法，给高手启发

近年来"硬核"一词开始流行，被《咬文嚼字》杂志列为"2019年十大流行语"之一，国家语言资源监测与研究中心也将其列入"2019年中国媒体十大流行语"。"硬核"原指朋克摇滚的一种风格，在不同语境中其意义随之不断"出圈儿"，既指有一定难度和专业门槛的事物，也指高水平的行事风格，还可以表达震惊、赞叹等复杂情绪。

本书以"硬核"为名，并非要"蹭热点"，只因为公文写作这项门槛很高的活动的特性实在无法用另一个词来表达。只要思考下列三个问题，"硬核"气息就会扑面而来。

公文是什么？

如何写好公文？

怎样教会他人写好公文？

从2004年开始从事公文写作实践、研究与教学至今，编者围绕这三个"硬核"问题思考、探索了十几年。

如果将"公文是什么"研究透彻，清晰界定公文的规范等，就可称专家；如果在"如何写好公文"方面经验丰富，文稿立意高明、文种规范、语言简明、效果显著，那么就堪称行家，业内称"大手笔"；如果将公文写作的知识、经验、技法有效传授给别人，帮助学习者内化为能力结构，从而满足工作需求，那么就向教育家的方向迈进了。

教育家首先应当是专家和行家，但专家和行家未必都是教育家。如果说专家重研究，行家重应用，那么教育家则重传承。遗憾的是，能够有效传承公文写作知识和技能的优秀培训师实在太少，原因有二：一是这个领域的知识技能的特性——抽象、枯燥。相对其他学科而言，公文写作更难具象化、直观化、行动化（唯一行动就是用笔写字或者敲敲键盘），是培训中的一块硬骨头。二是时间成本过高。一两年刚刚入门，三四年有些心得，五六年渐入佳境，七八年方能充满自信。追求速成无异于缘木求鱼，很多人倒在时间门槛之外。

从 2011 年起，我开始为社会学习者提供公文写作培训服务，对上述三个问题进行更进一步的探究，通过解决第三个问题倒推对前两个问题的思考，不断深挖，不断扩大认知边界，不断丰富完善知识体系，不断校正已然存在的技能偏误。

重新反思教育者这个角色，我更感觉到责任巨大，那就是将公文写作知识技能向更多学习者进行广泛传播、有效传承。在线下认真授课是传承，在网上为网友解惑答疑是传承，将公文写作深层问题予以清晰阐发而形成体系性著作也是传承。

写作本书就是传播传承公文写作知识技能的一种努力。十几年写作经验，数千学时培训授课，上千次网络解惑答疑，这些构成本书的坚实基础。

写公文很"硬核"，讲授公文写作技法更"硬核"。解决这一"硬核"问题的有效方法是，从学习者面临的困难挑战出发，既要讲透公文知识，更要遵循学习者的认知规律，努力达到给新手以方法，给高手以启发的效果。

学习者面临的三个"坑"

公文写作知识在党政机关、企事业单位等社会机构中具有广泛的刚需群体，不仅专职写作人员，而且普通员工的写作能力也急需加强。各类社会机构的管理规范化程度日益提高，对公文行文规范性要求也越来越高。由于工作原因，很多职场人士十分期望掌握公文写作知识和技能，往往采用个人自学和集中培训两种方式。

个人自学的优势是问题导向、针对性强、方便灵活、成本较低。但是，个人自学极易掉入三个"坑"中。

第一个坑，自我"想当然"的坑。

面对很多问题，学习者常常根据个人的理解与经验，主观化地认为"应当如此"，带有鲜明的"想当然"色彩，但是公文规范可能恰恰不是如此。专业知识往往与日常观念相疏离，甚至悖反。用日常观念去理解公文规范，可能会误入歧途。

第二个坑，外界干扰误导的坑。

挖坑的往往是错误百出的写作书籍（这类书籍还不少），网络搜索而来的所谓"例文"，领导和同事的观点与习惯，等等。学习者在错误的方向上持续前进而不自知。

第三个坑，知识"碎片化"的坑。

个人自学普遍缺乏系统性，"头疼医头脚疼医脚"，对公文写作核心问题和基础能力缺乏足够认知，对局部细节知识理解难以到位，对规范体系把握比较笼统。很多学习者的认知呈现碎片化特点，"只见树木不见森林"，抱残守缺难以自明。

集中培训是成本较低、效率极高的获取公文知识的方式。但是由于上文述及的培训师资因素，集中培训效果难以尽如人意。

虽然存在这些不足，但是自学和参加培训仍然是在职人员提高公文写作能力不可或缺的基本途径。要想取得良好效果，只能力求避免上述不足，保持"空杯"心态，甄别学习对象，不断建构属于自己的知识能力体系。

公文写作书籍的三种模式

无论个人自学，还是集中培训，都需要优质资料予以辅助。在各种类型的资料中，书籍仍然是首选。目前，公文写作书籍已经形成了以下几种模式。

模式一：例文集式

这种书籍帮助读者节约获取例文的时间，尤其遇到不熟悉的文体时能迅速翻阅参考，不失为一种有效工具。但是，编纂者和阅读者都倾向于相信公文模板的神奇魅力，认为写公文就是套模板，醉心于提供模板或套用模板。

稍有公文写作经验的人都能真切体会到，模板的实际帮助作用其实非常有限，很多情况下套模板只会陷入削足适履的窘境。更何况，这类书籍中相当多的例文本身即是病文，错把病文作范文，以讹传讹，坑人没商量。

模式二：教材式

这类书籍的典型特征是：理论+例文+习题。这种模式的最大优点是体系性强，缺点也很明显，对重点、难点、易错点的介绍蜻蜓点水般不够深入，很多重要写作经验无法纳入教材体系当中，总给人以隔靴搔痒之感。此外，教材编著者对很多实际问题的研究和实践存在不足，教材失范之处屡禁不止。读者看到这类书籍非常抵触，不愿意深入阅读。

模式三：专论式

与上面两类相比，这类书籍具有明显优势，更受在职人员欢迎。这类书籍的作者主要是具有一定造诣的公文拟稿人，是货真价实的专家与行家，他们在长期撰稿工作中积累了十分鲜活的实战经验，能够道出他人难以尽言的独特之处。

然而，这些行家在规范体系梳理方面不够系统，往往侧重于特定情境下的思考和处理方案，基础知识和技能不入他们"法眼"。在他们看来，很多知识技能"不用说"，不应当成为问题。对专家行家而言不是问题的问题，恰恰是初学者面临的最大问题。公文专论著作比较适合具有一定写作经验的学习者进阶之用，并不适用于初学者。专论著作可用来开拓视野、深化思考，如果用来增强写作基本功，很可能让学习者"找不到北"。专论著作的作者普遍出身于党政机关系统，对其他社会组织的公文现状缺乏足够了解，部分经验和主张难以适用于企事业机构。

公文专论著作的最大特点，也是最大缺点，即用公文式笔法书写而成。所谓"公文式笔法"，典型片段如下。

二、要把握请示的内在逻辑

请示不论文字长短，其内在逻辑均由"为什么要请示"和"请示什么问题"两个层次组成。所谓"为什么要请示"，通常包括请示的背景和缘由；所谓"请示什么问题"，即要求上级机关为我们解决什么问题及怎样来解决。

这段话介绍的道理没有问题，内容无懈可击，但是读者的阅读体验如何？学习效果如何？即便配上例文，学习者就能融会贯通吗？套用一句流行语来回答这些问题：

懂了那么多公文写作知识，仍然写不好一篇公文。

将公文写作经验以公文的结构方式、公文的语言风格呈现出来，看似没有问题，实则忽视了学习规律。

这类书籍作者写公文、读公文已经形成固有的思维模式和表达模式，典型表现是大论点统领分论点，论点结论在前，论据论证在后，全文遍布"一二三"。这是典型的公文体例，是长年累月写作公文所形成的思维惯性的结果。问题是，书籍读者是学习者，这些"小白"本身并不熟悉了解公文的这种写作方式，而恰恰要学习掌握这种思维和表达模式。

公文的学习逻辑不同于公文的写作逻辑，因此公文写作书籍的逻辑也应当而且必须不同于公文写作逻辑。从某种意义上讲，学习并不是"得到"知识的过程，而是"得出"知识的过程，是一个从现象到本质、从问题到答案的过程。学习写作公文完全不同于阅读与执行公文。公文式论文专著，倒果为因，生硬抛出结论，而不是从基本问题出发，通过环环相扣的概念，层层深入的论述，引导读者真正掌握知识与技能。

本书借鉴以上三种模式的优势，同时力求克服其中的不足，形成一种新的体例风格，即"干货+畅销书"模式。以密集的知识技能"干货"增强内容的实用性，使写作新手和公文老手都能从中获益，这也正是本书"硬核"的体现。同时借鉴融合畅销书的风格与体例形式，增强趣味性和轻松感，改善读者的阅读体验。

生动轻松是本书追求的风格

例文集式、教材式、专论式公文写作书籍具有非常浓重的"公文气"。本书力求抛弃例文集式的模板、教材式的呆板、专论式的死板，借鉴畅销书和新媒体的风格，提升读者的阅读学习体验。轻松文风是本书作者的追求，特意为之（虽然没有体现在全部篇章中）。

本书试图化学术语言、论文语言、公文语言为日常语言。

学术语言、论文语言虽然严谨，但并不是传授知识的理想语言。日常语言在严谨性方面可能存在不足，但是天然适用于人际传播，对于公文知识的传递也非常有效。

本书将尽量避免学术化表述，采用通俗易懂的日常语言，甚至是网络语言讲解抽象枯燥的公文知识。

本书的语言有明显的口语化色彩，短句、短段，甚至部分内容显得有些烦琐。可能有人对此提出质疑：这种语言风格和公文不搭调，显得很没有专业性和说服力。

对此只需一句话回应：讲解公文知识的语言风格不能等同于公文的语言风格。

本书大量内容来自课堂实录，书面讲解语言的背后其实是对学员学习反馈的呼应。读者阅读本书，虽然不是身处课堂，但和现实课堂的学习状态相同。用课堂语言来写作书籍，恰恰符合读者的学习接受规律，更有助于营造"学习场"氛围。

至于烦琐甚至啰嗦的内容（并不多），恰恰是对学习者疑惑多方面、多角度的解答。公文技能和知识范围相对明确，而学习者的疑问是多元化的。知识传播者如果接触的学习者较少，自然无法凭空设想出这些可能的疑惑、误解、失误。在全面了解学习者五花八门的失误之后，不得不尽可能将多元化问题预设在书稿之中。如此一来，难免给人烦琐之感，这恐怕就是教育工作者的宿命和"职业病"。

本书还尝试用图示或图表传递抽象公文知识。大多数公文类书籍以文字为主要媒介，很少使用图片、表格。本书根据知识特点，适当使用图示或图表，集中展示内在关系密切的知识体系，便于读者理解掌握。

本书尽可能融入实际案例，"以案说法"，以例论理。结合公文案例介绍相关知识是成熟的方法。本书继承这一做法，同时在案例的典型性、解读角度和深度等方面力求有所创新和突破。本书摒弃陈旧案例，从鲜活的公文实践中选取案例，使讲解论述更富有时代性。本书不再连篇累牍地引用大量案例，而是使用微案例，将案例分析与讲解融为一体。

写作原则不是写作方法，更不是写作理论

公文写作的书籍和论文可谓汗牛充栋，作者们有各自体系，试图把方法和理论说清楚讲明白。其实，很多著述不是方法，更不是理论，而只是写作原则、写作要求。

理论和原则的共同点是抽象，但理论不同于原则。

原则，怎么看都正确，就连外行也觉得正确，在多个领域都适用。

理论要指导实践，更要与一般经验保持疏离和距离，甚至需要引起争议。很多公文写作文章，谈的其实是原则，虽然正确，可对写作实践的指导意义确实有限，"不解渴"。

写作原则要求固然重要（本书也会有所介绍），但在具体写作行为中需要将原则转化为具体方法。例如，公文标题要求简洁明确，但如何做到呢？本书介绍党政公文标题写作方法时，重点探讨事由概括的方法，给出了三种表达模型，并对其应用情况进行深入分析，从中归纳出应用于绝大多数党政公文标题的写作方法。相信读者学习完这部分后，能够较为全面地掌握标题写作技法，在工作中可以做到游刃有余。

给新手方法，给高手启发

本书面对的读者在公文写作知识储备方面千差万别，既有刚刚从事这项工作的新手"菜鸟"，也有沉浸其中数年的"大手笔"。在一本不具备互动机制的纸质书籍中，似乎无法做到因材施教，复杂的读者群对本书内容设计提出了巨大挑战。

为兼顾不同层次读者在公文知识与写作能力方面的差异，本书将"给新手以方法，给高手以启发"作为宗旨。

新手面临的问题主要是不得法。面对新的写作任务，不知如何开始；面对大量的规则规范，不知如何活学活用；面对搜集而来的例文，不知究竟如何借鉴；面对一张白纸，不知如何写好每句话、每个段落；面对写就的稿件，不知有哪些隐藏的问题。

新手最重要的任务有两方面，一是构建公文意识与公文思维，二是提高公文写作基本功。其实，这两方面是一体的，后者是前者的体现。本书的思路是，通过对写作过程中内容模型和表达模型的培养倒推公文思维意识的提升。

无论什么公文，都是拟稿人逐句、逐段写出来的。本书重点内容之一是拆解公文的各个环节，阐释其中的内容逻辑与规范，指出容易出现的问题，给新手以具体写作方法指导。

高手早已对多数文体驾轻就熟，基础知识和基本技能也已成为默认能力。很多高手进入写作倦怠期，撰写日常稿件成为应激反应、下意识动作。在他们眼中，公文写作已经成为没有挑战性的日常工作，虽辛苦劳累，但无法带来成就感。

"没什么可写的"已经成为不少高手的口头禅。其真实意思并不是无事可写或写不出来，而是在公文创新、内容深化、技法提升等方面似乎达到了"天花板"。在已经掌握公文"套路"的情况下，如何深入挖掘梳理套路内在的机理，对套路进行再创造和变通，这是高手进一步成长的必然课题。

本书对公文写作深层次问题的探讨和梳理，能够为高手提供一些启发，帮助他们构建更全面系统的公文技能体系。

本书仍然会介绍公文写作的基础知识，但是构建全书的逻辑依据不是传统的知识体系、规则体系，而是拟稿人切身的写作体验，即"痛点"。所谓"痛点"，通俗来说就是让人感到"不爽"、不舒服、不愉快，而又无法回避的阻碍。

不从客观的知识规则出发，不仅仅满足于"讲清楚"，也不再按照传统书籍"定义+特点+类型+方法+要求+例文"的体例模式来展开内容，而是从拟稿人的主体感受出发，以"解困惑"为目标，循序渐进地解决写作过程中面临的一个又一个问题，帮助读者将知识内化为写作实际技能。

是为序。

韦志国

目　录

上篇　锤炼诗外功夫

第一章　精通业务工作 ……………… 3
　　公文问题首先是工作问题 ………… 3
　　成为业务领域的专家 ……………… 4
　　培养对工作规律的抽象化能力 …… 6

第二章　熟悉组织架构 ……………… 9
　　明确组织的构成单元 ……………… 9
　　明确组织的职责分工 ……………… 11
　　明确组织的层级体系 ……………… 12
　　明确行文方向与公文种类 ………… 13
　　组织关系决定行文方向及文种选择 … 15
　　发文机关、主送机关、抄送机关 … 17
　　扁平化组织中的内部关系 ………… 19
　　"行文方向"是关键性枢纽概念 …… 19

第三章　把握角色定位 ……………… 21
　　法定作者及其代言人 ……………… 21
　　代言人与执笔人、签发人 ………… 22
　　拟稿人的核心竞争力 ……………… 23
　　公文写作是职务行为 ……………… 24
　　遵循特定流程 ……………………… 24
　　公文写作的基本过程 ……………… 26
　　做好全流程安全保密 ……………… 28

第四章　擅长鉴别公文 ……………… 30
　　范文与病文的不同价值 …………… 30
　　模板究竟有没有用 ………………… 31
　　鉴别公文的基本方法 ……………… 32
　　从看见、看懂到看透：如何看出公文
　　的"门道" …………………………… 34
　　领会文件精神的"七种武器" ……… 36

第五章　强化文体意识 ……………… 39
　　写的究竟是什么 …………………… 39
　　初学者通病：文体杂糅 …………… 42
　　文体杂糅的根源：文体意识缺失 … 43
　　何为公文 …………………………… 44
　　党政机关公文、事务文书、
　　专业文书 …………………………… 46
　　深入理解党政公文文种名称 ……… 47
　　企事业单位为何使用党政公文 …… 49
　　文体意识是写作专业程度的
　　重要标准 …………………………… 50

第六章　公文处理工作中的领导者 … 52
　　公文处理工作视野中的领导力 …… 53
　　公文处理工作体现领导者的决策力、
　　控制力、教导力 …………………… 54

领导者必须以严谨的态度
对待公文处理工作 …………… 55
领导者是写作任务发动者：
明确发文必要性 ……………… 57
领导者需明确发文动机与意图 …… 60
领导者是初稿的审核者 ………… 61
文稿高频易错点 ……………… 62
领导者是公文处理工作失误的
首要责任者 …………………… 64

公文差错等级 ………………… 65
领导者审核文稿需评估舆情风险 …… 68
不同领导的修改意见冲突时
如何处理 ……………………… 68

第七章 从"诗外功夫"走向"诗内功夫"
………………………………… 70
写作过程的本体论意义：写作能力
究竟取决于哪些因素 ………… 70
严歌苓写作学习经历的启示 …… 72

中篇 打磨结构细节

第八章 标题 ……………………… 77
标题写作"五宗罪" …………… 77
标题基本要求：简明 ………… 79
标题类型及适用文种 ………… 79
标题中文种名称使用规律 …… 81
党政公文标题基本构成要素
及省略情况 …………………… 81
虚词不"虚"："关于""的"省略
与"跑偏"问题 ……………… 82
"关于对"究竟对不对 ………… 85
发文机关名称的主要要求 …… 86
概括事由的三种基本模式 …… 88
动宾短语概括事由 …………… 89
名词短语概括事由 …………… 91
主谓短语概括事由 …………… 91
如何选择表达事由的恰当模式 …… 92
事由动词应避免与文种重复并注意
施动者角度 …………………… 95
事由须体现事务本质与发文意图 …… 97

事由须准确全面概括全文内容 …… 98
事由须遵守"一文一事"原则 …… 100
标题文种的唯一性与规范性 …… 101
标题文种须恰当 ……………… 103
易混淆文种辨析 ……………… 103
发文动机是选用文种的重要参考 …… 109
行业法规和行文惯例是选用文种的
重要尺度 ……………………… 110
文种选用规则与实践的背离 …… 111
标题文种可细化类型或加修饰 …… 112
党政公文标题中的标点符号 …… 112
党政公文标题中的书名号用法 …… 114

第九章 主送机关 ………………… 117
不知道主送机关名称怎么办 …… 117
主送机关的省略情况 ………… 118
主送范围明确：不可随意扩大 …… 118
主送范围明确：慎用"有关"
"相关" ………………………… 119
主送范围明确：明确站位角度 …… 120

目　录

主送机关统称应当区分类型 ………… 121
主送机关排序应当合理 ………… 122
主送机关之间的标点符号 ………… 123
主送机关前不应标注"致"或
"敬致" ………… 125
主送机关的编排格式 ………… 125

第十章　开头段 ………… 126

开头段基本内容及次序 ………… 126
开头段易错标点 ………… 127
目的句：存在感很弱但总存在 …… 128
目的句的语法模型 ………… 129
目的究竟是什么：诗和远方 …… 130
目的句的数量与顺序 ………… 132
目的句的时间感：面向未来，
不面向过去 ………… 133
不宜连用"为了" ………… 134
目的句常见失误及修改方法归纳 … 135
根据句：存在感最强的内容 …… 135
根据句基本规范与对象 ………… 137
根据文件的简称形式 ………… 139
根据的变体：受权发文 ………… 139
根据明确、适用准确 ………… 140
多个依据的处理 ………… 141
根据内容较长的解决方法 ………… 143
根据须匹配执行事项 ………… 144
根据句常见问题汇总 ………… 144
背景情况及其标志 ………… 145
背景的作用：以事实表明意图、
避免误解 ………… 145
背景不宜用"结合""鉴于"
表达 ………… 147

背景的内容：正面信息、
负面信息 ………… 148
背景的表述：概括表述、
篇幅简短 ………… 149
界定对象及其意义，
提高公文站位 ………… 151
界定对象，理顺逻辑 ………… 152
主题句：以行动实践内容
概括全文 ………… 154
过渡句：与文种匹配 ………… 156
过渡句末使用哪种标点符号 …… 156
开头段各类内容应保持独立性 …… 157

第十一章　正文主体 ………… 159

主体内容的两种思考方式 ………… 160
主体内容的细分拆解 ………… 160
公文常用信息内容 ………… 163
数据信息应用要求 ………… 164
数据信息的类型 ………… 166
数据信息应用禁忌 ………… 167
数据的表达句式 ………… 168
主体的逻辑次序：由虚到实、
由实到虚 ………… 169
主体的逻辑次序：重要程度 …… 170
正文主体段的基本类型 ………… 172
看文必看小标题 ………… 173
小标题序号规范及层级深度 …… 173
小标题的基本要求 ………… 177
小标题与内容的两种典型关系 …… 178
小标题与正文的典型组合方式 …… 180
小标题的类型及其变体 ………… 182
信息型小标题及其应用文体 …… 182

论点型小标题及其写作要求 ········ 183
　　论点型小标题内容与语法模式 ······ 184
　　论点型小标题需要增强抽象
　　概括能力 ······················ 186
　　信息型小标题和论点型小标题的
　　"混搭" ························ 187
　　"妖艳"小标题是如何炼成的 ······ 187
　　对"妖艳"小标题的反思 ·········· 188
　　联系人写入附注还是正文 ········ 190
第十二章　结尾 ····················· 192
　　套语式结尾 ···················· 192
　　"特此通知"是否用句号 ·········· 193
　　希望式结尾 ···················· 194
　　说明式结尾 ···················· 195
　　总结式结尾 ···················· 195
　　零结尾 ························ 195
第十三章　附件及附件说明 ··········· 196
　　附件的类型及其作用 ············ 196

　　附件标题应规范 ················ 197
　　附件说明排版格式规范 ·········· 198
第十四章　落款 ····················· 199
　　署名及公章规范 ················ 199
　　成文日期规范 ·················· 200
　　落款的排版格式规范 ············ 201
第十五章　公文显性结构 ············· 202
　　合一式 ························ 202
　　总分式 ························ 203
　　条款式 ························ 205
　　表格式 ························ 206
　　综合式 ························ 207
第十六章　公文隐性结构 ············· 208
　　适用于简单事项的链条模式 ······ 208
　　适用于复杂事项的金字塔模式 ···· 211
　　金字塔模式的四个底层规律 ······ 212
　　金字塔模式的应用及
　　隐性逻辑本质 ·················· 215

下篇　强化格式规范

第十七章　格式规范的作用与适用范围
　　···························· 221
　　格式规范的作用 ················ 221
　　格式国标的适用范围 ············ 222
　　格式国标和企业标准差异 ········ 223
　　格式类型与文种的对应关系 ······ 224
第十八章　格式若干处理难点 ········· 226
　　页边距设置 ···················· 226
　　行间距、每页行数、每行字数 ···· 227

　　发文字号及其作用与构成 ········ 228
　　发文字号类型与机关代字 ········ 229
　　发文字号中的六角括号 ·········· 231
　　小标题及其末尾标点符号 ········ 231
　　"此页无正文"与空白页的处理 ···· 232
　　版记制作方法 ·················· 234
　　附件文件在版记之前 ············ 235
　　公文格式设置数值一览表 ········ 236
　　公文使用的字库 ················ 237

上篇
锤炼诗外功夫

增强"诗外功夫"是提高公文写作能力的基础,是化解拟稿人主体痛苦的基本路径。

"诗外功夫"很重要,将"诗外功夫"转化为"诗内功夫"更重要。

几乎每位撰稿人在接到写作任务的时候，最直接的感受就是痛苦，新人的这种感受恐怕会更为强烈。撰稿人群体中流传着一句话：宁扫十屋，不写一文。宁可做些体力劳动，也不愿意做写稿的脑力劳动，可见痛苦之深。

怎么化解呢？

南宋大诗人陆游逝世前一年，留下了诗的遗嘱，向他的儿子传授终生作诗的心得经验。

> 我初学诗日，但欲工藻绘。中年始少悟，渐若窥宏大。
> 怪奇亦间出，如石漱湍濑。数仞李杜墙，常恨欠领会。
> 元白才倚门，温李真自郐。正令笔扛鼎，亦未造三昧。
> 诗为六艺一，岂用资狡狯？汝果欲学诗，功夫在诗外。
>
> 《剑南诗稿》卷七十八

陆游非常诚实地道出了自己早年写诗的一些弯路，最大误区是追求辞藻。他给儿子最真切的告诫是"功夫在诗外"。

"功夫在诗外"的真谛是跳出"诗"来提高写"诗"的能力，这对提升公文写作能力也有极其重要的启发，为拟稿人（尤其是新手）提供了新思路。公文写作同样也要超越特定文体、具体写作任务的视域局限，关注更根本性的问题，从写作过程之外去寻找提高写作能力的有效方法。

本篇介绍的"诗外功夫"主要包括：精通业务工作、熟悉组织架构、把握角色定位、擅长鉴别公文、强化文体意识、妥善处理与领导的工作关系。

这些能力素质与某种特定文体、某次具体写作无关，但它们共同构成了公文写作的外围能力、底层能力、基础能力。

需要特别注意的是，不能因高超的"诗外功夫"而片面化地沾沾自喜，"诗外功夫"毕竟在"诗外"而不是"诗"本身，需要自觉将"诗外功夫"转化为"诗内功夫"。

第一章　精通业务工作

撰写公文带来的痛苦，典型症状是：信心不足、恐惧写作。面对这种窘状，很多人会提出一个顺理成章的问题：怎样提高公文写作能力呢？

这个问题表面上看很有针对性，但实际上隐含了一个认知误区：公文不尽如人意，原因是写作能力较低。

写作能力较低是原因，但不是全部原因，更不是根本原因。

公文问题首先是工作问题

文稿质量欠佳是典型的"一果多因"现象。在多方面原因中，既有根本性的，也有从属性的。写作能力是从属性原因，工作能力是根本性原因。

公文面向工作，以解决工作问题、推进工作进展、实现工作意图为目的。公文是顺利开展工作的书面工具，公文写作是工作逻辑和写作逻辑的碰撞、冲突、统一。

工作逻辑，是顺利完成某项工作所必须遵循的工作规律、规则要求、操作规程等。工作逻辑是从事某项工作的每个人都必须遵守的，如果违背或做得不到位，就难以取得预期效果，甚至造成事故与损失。

几乎每项社会活动都有其独特的规律和逻辑。销售营销有特定规律，筹备会议有特定要求，产品研发有一般流程，教育教学也有共同规则，管理协调活动中的规则规律更为复杂。俗话"隔行如隔山"印证了不同领域中存在特定规律。一般所说的提高工作能力，其实就是学习理解并灵活运用工作逻辑。

写作逻辑，一方面是通用书面语言规则，另一方面是特定文体的规范或惯例。如果借用陆游的思想来理解，那么写作逻辑就是"诗"本身。按照一般的理解，写作逻辑也就是写作能力，掌握写作逻辑的程度直接体现为写作能力的高低。

在"工作逻辑——写作逻辑"的框架中很容易明白，公文写不好不完全是写作水平较低导致的。很多撰稿人，尤其是初学者往往有意无意地忽视对工作的研究、对工作规律的理解掌握。建议每位撰稿人在写作之前先问问自己这个问题：

本人的岗位工作、业务工作做得好不好？

领导安排起草讲话稿、报告、通知、方案等任务，拟稿人需要衡量一下自己的工作能力是不是接近领导的。如果跟领导相差十万八千里，那么起草工作很难做到位，文稿自然无法过关。

草拟的稿件被退回修改，甚至弃之不用，拟稿人就必须反思如下这些问题。

我的写作水平有问题吗？难道真的是写作能力不高吗？是不是我的工作做得也很一般，研究工作不够深入呢？

公文问题，表现在公文上，根源在工作上。公文问题，首先是工作问题。公文写不好，千万不要认为仅仅是写作水平低导致的，更根本的原因恰恰是工作能力还存在诸多不足。明白这一点，对写作新人而言具有重要意义。

当然，这里强调掌握工作逻辑的重要性，出发点是提高写作能力。全书的主体内容仍是帮助读者掌握写作逻辑、写作规范，而非介绍工作方法。

成为业务领域的专家

特别要对青年读者强调：先把本职工作做好，研究工作业务，研究所在部门的情况，研究所处行业的现状与趋势，努力成为业务领域的专家。

无论是职场"菜鸟"，还是具备三五年经验的熟手，或者是摸爬滚打十几年的"老司机"，都应当将"成为专家"作为自己职业规划的重要目标。

曾有人提问：工作十年为什么还成不了专家？

这不是贩卖焦虑，而是自我鞭策，激励职场人士奋进。虽然近几年"专家"被污名化为"砖家",但对每个有追求的职业人士而言,无论在党政机关,还是在企事业单位就职,成为专家仍是孜孜以求的目标之一。职位职务数量有限,但专家成长空间无限。

"十年"可以理解为确切时间,也可以理解为长期过程。在长期职场生涯中,是否已经取得了专家的成果呢?其实很多人并没有。工作多年,上班敷衍"摸鱼",下班后轻松休闲,从未认真研究自己的工作领域、专业行业。当面临职业转型时,焦虑将不可抑制地生长。如果早有成长为专家的目标并付诸行动,那么焦虑自然能得到有效化解。

在学习十分便捷的时代,成为细分领域专家根本不用十年,可能五年甚至更短的时间内就会有所成就。只要踏实努力、方法科学,成为专家并不是一个遥不可及的梦想。

一个单位或部门中,领导职务数量十分有限,高级职称也很稀缺,但专家并没有指标限制,所有单位都欢迎"牛人"。当然,获得专家称号在很大程度上和职务、职称有关,但是另一个不可忽视、甚至更加普遍的规律是,真正的专家来自同事、同行的真诚认可和赞赏,来自业内口碑。很多专家,位不高、权不重,没有教授、高级工程师之类的头衔,但是他们的专业能力有口皆碑,职业影响力远超一般员工。

在奔向专家的路上"顺便"解决公文写作问题,成为具有丰富信息、深刻见解和独特经验的专家,撰写公文就会有非常坚实的基础。让对业务工作的精深研究为撰写公文提供充足素材和有力观点,同时通过公文写作不断将对工作的思考研究系统化、成果化,两者相辅相成是一种最为理想的状态。

从事业务工作的人员努力成为专家,这一点很容易得到认同。如果只是一名专职的管理人员,特别是专职的文字工作者,也有必要成为一名业务专家吗?

无论是从胜任短期工作任务,还是从职业长远发展来看,管理人员成为业务专家都非常重要而且必要。

企业中的专职拟稿人,如果不了解单位的主营业务,不懂生产、经营、研发、营销等方方面面的知识,在撰写公文时必然无所依据,心中没底,难免说"外行话",甚至文稿极有可能出现专业方面的错误或疏漏。

党政机关和事业单位中的文字工作者更应当准确把握本单位、本部门的主要职责,准确全面了解与履行职能相关的法规政策、重点任务、对策方案等,在此基础上才能够对某些专题课题进行深入调查和研究,发挥以文辅政的效用。

文稿撰写过程是拟稿人对专业、行业、业务工作的思考不断深化、系统化的过程。高质量文稿不仅体现思考成果，而且显著提高发现问题、分析问题、解决问题的工作能力，这些能力必将促进个人的职业发展。

培养对工作规律的抽象化能力

精通工作是不是一定就能写好公文呢？答案当然是否定的。

从精通工作到写好公文之间还有很长的路要走，其中重要关口是"表达关"。要想顺利通过这个关口必须具备对工作概念化、命题化的能力，即使用概念、命题表达工作经验、工作认知、工作判断的能力。

概念与命题是对工作进行思考的结果，在提炼概念、归纳表述的过程中所形成的抽象能力与公文写作的关系更加密切，具有本质意义，更能促进写作能力的提高。

公文写作过程本身是以语言为载体的抽象化过程。换言之，能够用语言表达出来的，必然是达到一定抽象程度的，否则将无法用语言表达清楚。

有些公文写作论著强调作者抽象思维能力，这固然没有问题，问题是如何进行抽象思维训练。基本方法是提炼概念和命题，这一过程本身就是抽象思维，并且思维成果也能直接应用于文稿撰写。

将工作中获得的经验和认知及时进行思考和抽象，形成一系列概念、命题，如同备好"零件"，为写作提供基础"构件"，可以直接作为公文的主题论点、标题、层次小标题等要素，使写作过程更加快捷高效。

第一种抽象能力：概念提炼能力

从学理角度界定"概念"是非常复杂的事情，这里不再进行严格定义，而是将其简化理解为采用抽象化方式从某一群对象事物中提取的反映共同特性的思维单位、知识单元。更通俗的理解是"起个名字"，即用词或词组的语言形式为某类或某种事物命名。

公文中充斥着大量代表概念或命名的词语。有的是语言的常规部分，只是为了完成正常表达而存在，我们对于这类词语往往"无感"。此外，给人留下鲜明印象、带来深刻启发、发挥指导作用的词语主要是针对工作而创造的概念。

2017年中央"一号文件"《中共中央国务院关于深入推进农业供给侧结构性改革 加快培育农业农村发展新动能的若干意见》中的一段内容使用了多个新概念。

> 农业的主要矛盾由总量不足转变为结构性矛盾，突出表现为阶段性供过于求和供给不足并存，矛盾的主要方面在供给侧。
>
> 中国政府网

其中，"农业""主要矛盾"等概念是常规概念，在句子中发挥语法功能，并不给人突出印象。"结构性矛盾""阶段性供过于求""供给不足""供给侧"等概念指明问题实质，反映中央的深刻理解，是学习贯彻文件精神的重要"抓手"和切入点。

近年来，中央提出"新常态""供给侧改革""创新驱动发展战略""大众创业万众创新""中国制造2025""一带一路""京津冀协同发展""高质量发展""双循环"等一系列新概念。一些商界人士提出"新零售、新制造、新金融"等一系列新概念。这些新概念体现了政策制定者和专业人士对过去的分析、对现状的认知、对未来的展望。

对工作有精深研究、富有创新能力的人非常擅长"起名字""贴标签"，即提出新命名、新概念。社会不断发展，工作不断演进，公文写作者也应当不断努力提高命名能力。

形成概念的方法有很多种，例如，在原概念上增加修饰定语、增加后缀，或者重组概念、简化压缩概念等。

"中国特色社会主义""新动能""互联网+"等概念就是在已有概念基础上增加定语或后缀而形成的新概念，"生产+加工+科技""生产基地+中央厨房+餐饮门店"是几个概念的组合，"放管服"是几个概念的简化压缩。

使用与创造概念必须以工作实践和工作需求为基础，不能脱离工作片面追求概念创新。无论采用何种方法创造概念，都必须以科学严谨的态度反映现实。公文写作时可以使用大量概念，但不能简单生硬地堆砌概念。

阅读各种公文时有意识地抓取文稿中的核心概念、关键概念、重要概念、创新概念，加深对概念的理解，形成概念体系与网络，这也是"领会文件精神"的重要方法（关于领会文件精神的更多方法，本篇第四章将进一步介绍）。

只有准确理解上级文件中的重要概念，在撰写公文时才能灵活、恰当地使用，也为贯彻上级文件精神奠定基础。

第二种抽象能力：命题概括能力

概念是命题的基础，命题是使用多个概念和其他语言成分形成的对某种现象的陈述。命题陈述往往表达对事物的判断，很多情况下将命题等同陈述判断，本书不再严格区分它们之间的差异。

命题的基本形式是句子。优质文稿能够用简要的句子清晰、准确地表达问题本质，给人一针见血之感。命题陈述在公文中的体现比比皆是，常见的有工作重要意义、指导思想、任务目标、工作方法、工作要求等方面的内容。

2017年中央"一号文件"中包含大量命题判断。

> 推进农业供给侧结构性改革是一个长期过程，处理好政府和市场关系、协调好各方面利益，面临许多重大考验。必须直面困难和挑战，坚定不移推进改革，勇于承受改革阵痛，尽力降低改革成本，积极防范改革风险，确保粮食生产能力不降低、农民增收势头不逆转、农村稳定不出问题。
>
> 中国政府网

这段话内涵非常丰富，围绕农业供给侧结构性改革面临的重大考验这一核心，介绍了工作思路、难点、重点、底线，几乎每句话都是重要命题判断。如果写作者对农业问题没有深入研究，对面临的困难挑战没有清醒认识，那么绝不可能写出如此语段。

将工作问题提炼抽象成为命题，不仅需要深入思考研究工作，还必须掌握句子表达的基本规则。在公文中，常用句式并不多，每种句式运用各有其规律。

例如上段引文主要使用是字句和动宾句，第一个分句为是字句，后面分句几乎都是动宾句。是字句作出判断定性，一般用在段落开头，动宾句表达在基本判断基础上要开展的工作任务措施。是字句表达认知判断，动宾句表达行动要求。

提炼概念和命题的训练，能够收到一箭双雕的成效，一方面，为公文写作提供基本元素；另一方面，对工作经验进行语言抽象，借助语言这一思维工具深入思考工作规律，助推工作能力提升。

第二章 熟悉组织架构

我是谁？对方是谁？我们之间是什么关系？

这三个问题不是哲学问题，而是拟稿人写作时头脑中萦绕的三个现实问题的转化：

本单位（部门）发文要解决什么问题？公文发给哪个单位（部门）？我方和对方之间是什么关系？

上述每个问题都涉及组织架构体系。

上一章从公文所面向的工作事务这一角度介绍了写作公文的"诗外功夫"。本章内容向公文靠近一步，介绍组织架构对公文写作的独特影响，仍是"诗外功夫"。

公文主要在社会组织中流转。尽管公文工作由具体个人执行，但个人从属于特定的社会组织。公文处理工作必须根据组织关系、组织架构来规范公文流转。

社会机构大多由若干层级、若干部门或单位构成，机构之间又结成了关系更加复杂的庞大社会肌体。这就是公文流转所面临的内部微观环境与外部宏观环境。

熟悉组织架构不能为写作提供直接帮助，但能够帮助拟稿人明确公文流转方向，从而为选择恰当文体种类提供依据。

明确组织的构成单元

社会机构，无论党政机关还是企事业单位，都由若干单元构成。机构中的工作人员应当对本机构所有构成单元了然于心，拟稿人不仅要了解这些单元，而且要进一步明确这些单元的属性、类型。一般社会组织中的构成分为部门、单位、直属机构等类型。

第一种类型：部门

部门是构成社会组织的基本单元，基本特点是承担特定单一职责，部门名称、数量和职权范围长期保持稳定。例如，县市级政府组织中，主要组成部门有办公室、财政局、公安局、教育局、交通局等。在企业组织中，主要组成部门有办公室、人资部、市场部等。

由于部门的职责范围涉及整个组织中的某一特定领域，带有"纵向"特征，所以往往被称为"职能部门"或"条线"。

第二种类型：单位

单位是构成社会组织的重要单元，是组织实现社会职能的主要载体。基本特点是具有完整运营功能，独立性很强。单位的规模不统一，较大的单位设有自己的职能部门。

在政府体系中，由下设的事业单位承担社会服务功能，但其属性又不同于政府部门。企业中也有类似情况，集团公司下属的各个子公司、控股公司就是典型的单位。

第三种类型：直属机构

直属机构介于职能部门和单位之间，一方面承担某一特定领域管理职能，但达不到职能部门层级；另一方面比下属单位具有更广泛影响力，但又缺乏足够独立自主性。

政府体系中的直属机构由政府直接领导，主要职责是主办各项专门业务，地位低于政府体系中的各局委办。直属机构具有独立职权和专门职责，在主管事项范围内对外发布行政指示。

企业组织中的直属机构往往不从事直接生产经营活动，也不具备强大的管理职能，而是为生产经营提供必要保障和支持，例如企业设置的培训中心、客服中心、审计中心、财务服务中心等。

部门、单位、直属机构这三种类型的构成单元在不同系统、不同属性的社会机构中的具体划分有所不同，甚至它们之间的区别界限比较笼统且微妙。有的社会组织并不包括这三种单元，而只有其中一种或两种。

这三类构成单元直接影响公文主送机关和正文中涉及机构的表述形式。主送机关使用统称时，需要根据系统、属性、类型的差异分别统称，并且按照惯例排序。例如，对内发文的统称一般写为"各单位，各部门，各直属机构"。正文表述也应注意机构分类及次序。

很多社会组织的官方网站上设有"组织架构"栏目，明确列出该组织构成单元。拟稿人，特别是新手，应当全面了解本组织构成情况，准确掌握部门、单位和直属机构所包括的具体成员，明确本人所在单元的属性类型，从而为撰写公文提供必要依据。

明确组织的职责分工

社会组织之所以设置众多部门、单位、直属机构，目的是分解细化职能，"把专业的工作交给专业的人"，提高工作效率和质量，更好地发挥其功能。

每个构成单元都承担特定职能，这是它们存在的意义与价值。例如，党政机关的办公室主要承担组织协调、上传下达、文电管理、公文处理、决策服务、调查研究、督查落实、印信管理、考勤值班、档案管理、车辆调度、接待安排等职能。

拟稿人首先要明确把握本部门本单位的工作职责，清晰界定职责范围、主要任务。换言之，必须明白本部门是"干什么"的。精通本职工作的前提是明确把握本部门职责。

只有做到这一点，无论撰写计划、总结，还是决定、意见，才能做到聚焦主营业务，"不越界""不出圈儿"。

拟稿人还必须明确把握其他部门单位的工作职责，明确其管辖范围和职权。换言之，了解其他部门是"干什么"的。工作中难免需要与其他部门沟通协调，了解各部门职权范围，避免"进错门""找错人"。

公文流转本质上由工作需求推动，只有以职责为基础确定行文关系，体现职权范围，进而规范公文流转过程，保障机构正常履行职能，公文才能真正发挥应有效能，否则将降低行文效率，甚至干扰正常工作。

《党政机关公文处理工作条例》（中共中央办公厅、国务院办公厅 2012 年 4 月 16 日发布，2012 年 7 月 1 日起施行。本书将多次引用其中的内容，后文简称《条例》）特别强调职权范围在公文处理工作中的重要作用，以此为基础的行文规则主要包括以下几个方面：

第一，根据职权范围恰当选择主送（报送）机关。党委、政府的部门依据职权可以相互行文（《条例》第四章第十七条）。党委、政府的部门在发文时，属于部门职权范围内的事项应当直接报送上级主管部门（《条例》第四章第十五条第二款）。党委、政府的部门在各自职权范围内可以向下级党委、政府的相关部门行文（《条例》第四章第十六条第三款）。

第二，根据职权范围在行文前进行必要协商。涉及多个部门职权范围内的事务，部门之间未协商一致的，不得向下行文；擅自行文的，上级机关应当责令其纠正或者撤销（《条例》第四章第十六条第四款）。公文涉及其他地区或者部门职权范围内的事项，起草单位必须征求相关地区或者部门意见，力求达成一致（《条例》第五章第十九条第六款）。

第三，根据职权范围确定是否有必要多部门联合行文。属于党委、政府各自职权范围内的工作，不得联合行文（《条例》第四章第十七条）。

与职权范围有关的这些行文规则，要求非常清晰明确，为拟稿时合理选择行文对象提供了制度保障。这些条款虽然枯燥，但并不难懂，在工作中应当根据实际情况严格执行。

这些行文规则主要着眼于党政机关系统，企事业单位可以参照推行。企事业单位的组织体系与党政机关有一定相似性，职责划分比较明确，为执行这些规则创造了基础条件。

明确组织的层级体系

复杂组织中各种性质的机构具有不同层级，形成层次分明的体系。组织划分层级，既是管理的需要，也是职权细分的需要。

划分层级，也就意味着分出"上下"。上层机构具有更高职责权限、更大职责范围，下层机构职责权限和范围更微小、更狭窄，但也更具体，更便于执行操作。

同一组织划分不同层级，直接结果是产生隶属关系。低层级机构隶属于与之紧密相邻的上一层级机构。

隶属关系的典型表现即领导关系。领导关系，通俗地说就是上级能够决定下级的人、财、权、物、事等多个方面，下级必须全面服从上级的指示与安排。

从层级角度来看，有隶属关系，也必然有非隶属关系，典型表现是平级关系或同级关系，同一层级上职能不同且互相独立的机构之间的关系。此外，不同体系的机构之间，也可以视为同级或平级关系。

在领导关系和同级关系之外，还存在业务指导关系。在上下不同层级中，履行相同职能的部门，上级主管部门与下级主管部门之间就是指导与被指导的关系。通俗来说，在指导关系中，上级部门虽然不能决定下级对应部门的人事安排等事务，但是在履行特定职权方面，上级部门有权提出要求与指示，下级部门应当贯彻执行。

机构之间的领导关系、同级关系和指导关系用示意图 2-1 表示。

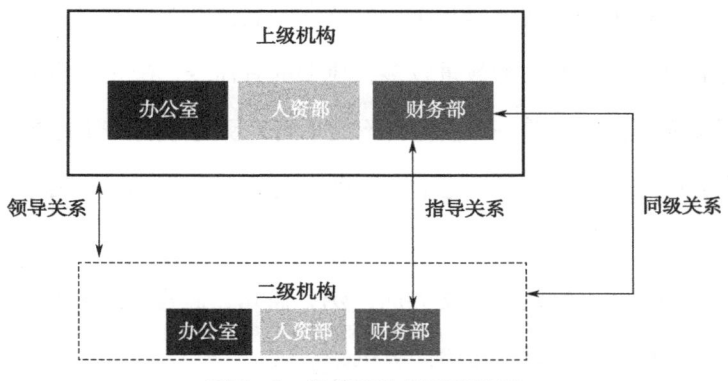

图 2-1　组织机构关系示意图

《条例》非常强调层级关系在行文规则方面的约束作用，特别提出"行文关系根据隶属关系和职权范围确定"这一原则。

行文应当根据层级关系逐级行文，逐级上行或逐级下行。一般不得越级行文，特殊情况需要越级行文的，应当同时抄送被越过的机关（《条例》第四章第十四条）。无论是越级上行还是越级下行，都是被禁止的。特殊情况下，例如按照层级逐级行文会延误工作，可以越级行文。

根据层级关系确定联合行文的主体。所谓联合行文，即针对同一项工作以多个机关的名义共同制发一份文件。联合行文的重要前提有二：一是部门职责有交集，二是发文机关所处的层级相同或相当，否则不能联合行文。《条例》第四章第十七条指出：同级党政机关、党政机关与其他同级机关必要时可以联合行文。

明确行文方向与公文种类

明确层级体系就明确了公文流转方向。根据发文机关和主送机关之间的层级关系，将公文分成上行文、平行文和下行文三种基本类型。

上行文，即下级机关向所属上级机关的发文。换言之，发文机关层级较低，主送机关层级较高。典型的上行文主要有报告、请示两种。

平行文，即发文机关和主送机关无上下级或隶属关系，处于同层级或不同系统之中。换言之，不分系统、级别、地区、性质的机关之间的行文。典型的平行文主要是函。

下行文，即上级机关向所属下级机关的发文。换言之，发文机关层级较高，主送机关层级较低。相对而言下行文的文种数量较多，典型的有命令、决定、批复等。

部分文种行文方向固定且单一，上行文不能下行，反之亦然，行文方向不能随意改变。例如，报告和请示只能主送上级，不能主送下级，也不能抄送下级（《条例》第四章第十五条第一款）。

少数文种具有平行和下行两种行文方向，例如通知、通告、通报等，一般情况多用于下行，如果工作需要也可平行，主送给同级机关。

任何文种都不能同时上行与下行。

个别文种的行文方向是上行、平行、下行三种，如意见。另外，纪要不标写主送机关，而是大多采用"分送"，可以向多个层级对象分送。

15 种党政公文文种及其行文方向见表 2-1。该表所列文种行文方向是常态应用下的主要方向，不排除现实特殊情况中的特殊应用。

表 2-1　15 种党政公文文种及其行文方向

文种	适用情况	主要行文方向
决议	适用于会议讨论通过的重大决策事项	下行
决定	适用于对重要事项作出决策和部署、奖惩有关单位和人员、变更或者撤销下级机关不适当的决定事项	下行
命令（令）	适用于公布行政法规和规章、宣布施行重大强制性措施、批准授予和晋升衔级、嘉奖有关单位和人员	下行
公报	适用于公布重要决定或者重大事项	下行
公告	适用于向国内外宣布重要事项或者法定事项	下行
通告	适用于在一定范围内公布应当遵守或者周知的事项	平行、下行
意见	适用于对重要问题提出见解和处理办法	上行、平行、下行
通知	适用于发布、传达要求下级机关执行和有关单位周知或者执行的事项，批转、转发公文	平行、下行
通报	适用于表彰先进、批评错误、传达重要精神和告知重要情况	平行、下行
报告	适用于向上级机关汇报工作、反映情况，回复上级机关的询问	上行
请示	适用于向上级机关请求指示、批准	上行
批复	适用于答复下级机关请示事项	下行

续表

文种	适用情况	主要行文方向
议案	适用于各级人民政府按照法律程序向同级人民代表大会或者人民代表大会常务委员会提请审议事项	平行
函	适用于不相隶属机关之间商洽工作、询问和答复问题、请求批准和答复审批事项	平行
纪要	适用于记载会议主要情况和议定事项	平行、下行

上行、平行、下行的概念由清代理论家刘熙载在《艺概·文概》中提出,"应用文有上行,有平行,有下行"。刘熙载提到的"应用文"泛指实用性文书。

需要特别说明的是,这里所谈的公文采用狭义概念,专指党政机关公文(也可简称为党政公文,关于公文分类本篇第五章将进行介绍,此处从略),不同于外延更宽泛的应用文。"行文方向"仅适用于党政公文,不适用于计划(方案)、总结、规章制度等非党政公文,不能孤立地将行文方向套用在这些应用文体上,不宜片面地判定其行文方向。

计划、总结等文体定稿后,如果需要正式外发,应当使用某种特定党政公文作为"载体",行文方向取决于这个"载体"。例如,上级制定了规章制度需要下发执行,规范的处理方式是另行撰写一篇关于印发该规定的通知,将规定排印在通知之后下发。

组织关系决定行文方向及文种选择

公文写作的成果是公文,其必然以某种特定文体种类(即文种)存在,写作之初必然需要选择确定恰当文种。筛选文体种类的过程被称作"选体"。

选体需要综合考虑行文方向、发文意图、工作属性、事务需求等多种因素,其中最为重要的是行文方向,其基础是组织关系。从正向理解选体过程,就会形成如下链条:

明确组织关系及职能分工→确定行文方向(主送机关,即行文对象)→确定文种

拟稿人必须在文种行文规则和现实组织体系的双重维度中选用恰当文种,既要明确各文种行文方向,又要根据行文对象选择恰当的文体种类。在选择文种时往往有多种文体作为"备胎",究竟采用哪一种,首先要考虑行文对象、主送机关的情况,要考虑对方和发文单位之间的层级关系。根据行文方向筛选适合的文种,否则会造成行文关系混乱。

第一种情况：领导与被领导的组织之间应选用上行文或下行文

在领导关系中，发文机关和主送机关之间能够使用的文种非常明确，即上行文或下行文。

这一点本不应有争议，然而现实行文实践中，下级在某些情况下会向上级主送函，例如答复上级的问询，主要原因是，函具有询问和答复询问的功能。

函的询答功能仅适用于不相隶属组织之间，下级答复上级不宜使用函，而应当使用报告。《条例》第二章第八条第十款明确指出报告适用于"回复上级机关的询问"，由此可知报告具有答复功能，而且仅适用于领导与被领导组织之间。

第二种情况：不相隶属组织之间应使用平行文

在同级关系或不相隶属关系中，发文机关和主送机关之间原则上应当采用平行文，典型文种是函。即便是请求批准事项，如果两者之间没有上下级隶属关系，也应当使用函（请批函和审批函）。

但是在现实中，当有请批事项时，发文方往往会"自降身段"，不是用函而是用请示这个上行文。接到请示的一方往往会用批复这个下行文回应。这种做法并不符合行文规则，但已成为通例，在很多地方和系统中存在。

行文实践中还存在"函代批复""通知代批复"两种情况，可以理解为平行文行文规则的进一步演化。

下级向上级领导机关主送请示后，领导机关授权本单位的办公部门（多为办公室）作出答复，办公室以自己名义制发函或通知。主要原因是，办公部门与制发请示的下级单位属于平级关系，不应使用批复这一典型下行文。当然，如果领导机关以自己名义作出答复，应当使用批复。

第三种情况：指导关系组织之间文种的选用较为灵活

业务指导关系本质上也是非隶属关系，但职责范围高度重合，这种特殊情况决定了实践中选用文种较为灵活。一般而言，下级部门和上级相应部门之间采用上行文和下行文。特殊之处有二。

首先，如果下级部门有重要事项报告或请示上级部门，应当事先经过所在单位的批准，需要走内部流程。"党委、政府的部门向上级主管部门请示、报告重大事项，应当经本级党委、政府同意或者授权；属于部门职权范围内的事项应当直接报送上级主管部门"（《条例》

第四章第十五条第二款）。

下级单位履行内部流程情况需要在公文开头段用"经本公司（领导）同意"之类语句说明，否则，上级相应部门会视为未履行必要程序，可以退回公文。

其次，某些情况下，上级部门用函向下级部门行文，如征询意见建议，了解某项工作进展情况等。下级部门答复时，一般选择报告，而非复函。

以上三种情况中的文种选用规律可用图 2-2 表示如下。

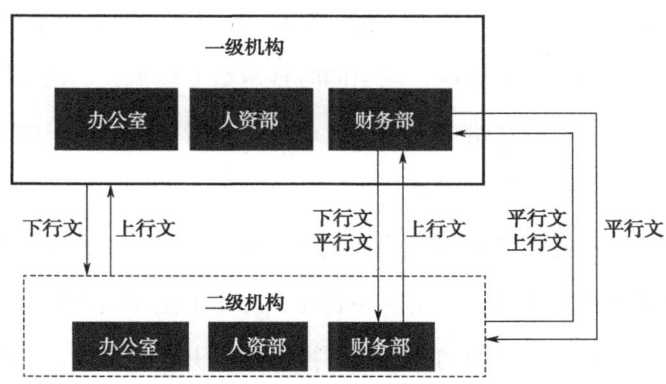

图 2-2　组织关系决定文种选择

该图展示两级组织架构，同样适用于层级更加复杂的社会机构，每个组织向上或向下的纵向关系无非是两个层级。图中指出的文种选用规律，可供更复杂社会机构参考。

发文机关、主送机关、抄送机关

如前所述，确定行文方向的基础是发文机关和主送机关之间的层级关系，因此非常有必要进一步理解行文所涉及的这两个主体。

发文机关，即公文的制发单位、发出单位，通俗来讲就是"以谁的名义"发文。有的主动发文，根据工作需要提出问题或要求，主动推进工作。有的被动发文，接到来文后再制发公文。发文机关必须对所发出的公文承担法定责任，一般情况下不得随意变更、撤销自己的发文。

主送机关，即公文的主要受理机关，承担主要办理、执行、贯彻任务。写作时应当使用机关全称、规范化简称或者同类型机关统称。

除主送机关之外，还有另外一些机构收到公文，这些机构被称为抄送机关。

从发文机关角度而言，抄送机关是除主送机关外需要执行或知晓公文内容的其他机关。抄送机关了解公文内容但不承担主要办理任务，只在需要时提供协助。抄送机关根据需要来选择确定，很多公文没有抄送机关。

主送机关是判断和确定行文方向的依据，只能根据发文机关和主送机关之间的层级关系来界定行文方向，不能根据发文机关与抄送机关之间的关系来界定。

重要行文应当同时抄送发文机关的直接上级机关（《条例》第四章第十六条第一款）。对下级机关发文，如果涉及重要事项，应当同时抄送给上级机关。例如，本级单位关于下级机构调整工作制发通知，主送给本级的下级单位，同时抄送给本级的上级机关。这种情况下所使用的通知，不能被视为上行文。

"发文机关""主送机关""抄送机关"带有强烈的党政色彩。很多企业，尤其是民营企业、小微企业、外资企业并不适合采用这些名称。有的企业在公文管理制度中用"发文单位""主送单位""抄送单位"之类的概念来替换，这样做完全可以。为简化表述，本书采用"机关"这一概念。无论叫什么名称，在公文处理和文件撰写中它们的实际功能相同，都代表公文流转节点。

当使用"发文机关""主送机关""抄送机关"这三个名称时，务必注意立场角度的统一，这三个名称都是站在制发公文机构的立场上命名的，该机关"发"文，同时该机关也"送"文（主送和抄送）。

将"主送机关"等同为"收文机关"是不严谨的。

原因之一，"发"和"收"是从不同角度体现的动作，"发文"的角度在主动发出的机关，而"收文"的角度转移到了被动接收公文的机关。原因之二，主送机关和抄送机关都会收到文件，而"收文机关"到底是指哪个呢？可见该名称指向是模糊的。

从公文工作实施主体角度来看，"发文机关—主送机关"完全可以成立，但"发文机关——收文机关"明显不妥。

发文机关、主送机关及抄送机关名称，在公文中都要明确体现。标明发文机关名称的位置主要有版头、标题、署名（落款）及公章。标明主送机关名称的位置主要有主送（抬头）、版记（主送机关数量较多且无法在主送位置标明时，需要移至版记）。标明抄送机关名称的位置主要是版记。

扁平化组织中的内部关系

以上关于组织内部的职权范围与层级关系的介绍主要着眼于传统的社会机构，尤其是大中型组织，其主要特征为金字塔型。随着社会的发展，各种新型机构不断涌现，尤其在信息技术与互联网行业中，出现大量扁平化组织。大众创新万众创业潮流兴起，许多创业型公司采用了扁平模式。即便传统社会组织体系中，很多基层单位的构成也带有鲜明扁平特征。

和传统的金字塔型组织相比，扁平化组织最大的特点有两方面。

一是去除中间层，层级关系更加简单，管理决策层和执行层之间的互动反馈更直接高效，互相流动也更便捷。二是执行层只保留非常有限的一两个部门，完成主营业务的单元往往由很多项目组、项目部构成，带有鲜明的临时性质，因项目而聚，因项目而散。

扁平化组织层级关系更简单，各个构成单元的职权范围比较模糊。这种情况对内部公文流转产生深刻影响。党政公文的一些行文规则不再适用，而是因地制宜形成很多内部惯例。文种没有明确统一，行文方向也带有明显随意性、灵活性，公文管理工作也缺乏规范性。

扁平化组织即便存在种种特殊之处，但是《条例》确立的公文运行基本原则仍然应当而且能够得到贯彻执行。只要拟稿人和公文工作人员明确各单位的基本职责，区别对待不同层级关系，把握合理的行文方向，公文完全可以发挥应有作用。

"行文方向"是关键性枢纽概念

通过以上分析可以真切体会到，"行文方向"是关键性枢纽概念，不仅指向现实组织机构体系及其内在关系，还制约着公文运行与写作的方方面面。只有对行文方向有了透彻理解，才能深刻把握文种类型、行文规则的若干重要原则。

在此将理解和运用行文方向这一概念的几个要点归纳如下。

1. 行文方向是针对党政公文而言的，不能简单套用到计划、总结、规章制度等其他公文上。

2. 行文方向根据主送机关（主送方向）判定，不根据抄送机关（抄送方向）判定。

3. 有的文种行文方向明确单一，有的文种行文方向灵活多变，选用文种要避免"走错路、进错门"。

4. 上行文原则上主送一个上级，根据需要同时抄送相关上级和同级，不抄送下级。

5. 恰当确定行文方向、准确选择行文文种，前提是综合把握隶属关系、职责范围、事项特点、工作需要、行文意图等多重因素。

6. 行文方向和文种将进一步影响公文内容、结构、语言等其他要素。

第三章　把握角色定位

每篇公文都由活生生的个人撰写。然而，除少数文稿签署个人姓名外，大多数文稿的署名都是发文机关。即便签署个人姓名，文稿实际写作者也不一定是所签名的个人。

公文实际作者和完成后的署名几乎完全背离。这种情况在文学作品、影视剧本、科研论文等其他文本中基本不存在。

"署名权"这个对于其他文字作品作者而言必不可少的一项权利，在公文工作中几乎不成立，公文拟稿人是"无名角色"。

法定作者及其代言人

公文完成或发布后，对公文承担责任和义务的主体不再是最初的拟稿人了。公文实际作者和责任者出现分离，公文不再是"我的"，而是变成发文机关的。为体现责任主体变化，公文界引入一个新概念"法定作者"。

法定作者，是个不常用的概念，令常人费解。它指依据相关法律、规章成立并能够以自己的名义行使职能、承担义务的社会机构（某些情况下也有个人）。

显而易见，公文的法定作者是发文机关，以其名义制发。

换个角度看，更突显这个问题的重要性。假如这份公文存在问题，甚至在执行过程中造成失误，那么谁对此承担责任？毫无疑问，是发文机关。进一步明确责任人员，首先是机关的负责人、主要负责人或分管负责人。关于公文追责这个问题，将在本篇第六章中进行探讨，此处从略。

法定作者这个概念因为使用了"作者"而容易引起误解，使人倾向于从字面意思将其理解为具体的个人。在问责、追责中固然会指向特定个人，但该概念的本质含义并不仅仅停留在个体层面。法定作者是发文机关的人格化称谓，但不能将其理解为普通个体。

公文法定作者既然是发文机关，那么拟稿人只能是代言人角色。

这里的代言人与明星为商家做产品代言的角色有些相似。明星代言是典型的商业活动，按照法律规定，明星应当为所代言产品或服务承担必要的连带责任，消费者在使用该产品或接受服务过程中，合法权益受到损害时，可以向代言明星追责。公文代言人在担责方面，虽然不承担首要责任，但实际情形中往往也会承担连带或次要责任。

公文拟稿人代言的对象主要有三种。第一种，特定工作。拟稿人代表工作事务，体现工作现状、工作要求、工作规律、工作目标。第二种，所在单位、部门、机关、机构。拟稿人代表单位，体现单位职能、管理意图。第三种，领导、上司。拟稿人代表领导个体，体现领导的观点、意图、风格、态度。

代言人这个角色决定了拟稿人不能根据个人好恶、立场、态度、兴趣等主观倾向来自主确定公文的内容和形式。除个人计划总结等文体外，拟稿人要尽力避免"为自己代言"。大多数文体写作要将个性因素"过滤"掉，尽量削弱个性化风格，结果是，公文具有极高程度的同质化面貌。

公文写作的这种代言行为非常类似于委托创作，但不享有普通受托人的署名权、收益权。单位或领导将写作任务"委托"给拟稿人，"受托方"拟稿人按照要求开展写作，写作过程中根据"委托方"意见进行修改，完成最终写作任务，按时"交付"写作成果。相比于普通创作者，拟稿人的自由空间更小，自主性更低，获取的收入也不和写作成果的数量及质量挂钩。

代言人与执笔人、签发人

实际写作中，还会出现"执笔人"。例如，调研小组完成的调研报告，封面经常列明小组成员和执笔人。还有一些其他重要文稿，撰写工作由写作小组集思广益，由某一人或多人执笔或统稿完成。在这些情况下，执笔人和代言人发挥的功能非常相似。

必须明确的是，只有少数文稿在必要时标明执笔人，例如调研报告、可行性研究报告等。其他公文，尤其是党政公文，并不签署撰稿人或审核者的个人姓名（上行文正式文本注明签发人）。这些工作人员信息一般体现在办理流程记录而不是正式文本中。

实际写作时，代言人和执笔人合并为同一人，执笔和代言两种行为由同一人实施完成。

公文文稿经审核无误，不需修改，即可定稿。在定稿文稿正式印刷装订前，必须由主要领导或分管领导签字确认，这个环节即为签发。

文稿只有经过签发环节，方可进入印刷、装订、用印、分发等后续工作流程。签发人类似于发令员，对已经准备好的文稿发出"起跑信号"。签发标志着文稿内容完全确定，甚至已经生效，不能随意更改。

公文处理有专门签发用纸，办公自动化系统中往往设计有签发按钮和电子签名，由签发人亲自签署意见和姓名。印制的公文正式版式中，如果是上行文则应当在"红头"中注明签发人，其他文件不标注。

签发人是负责人，拟稿人往往是普通工作人员，签发人和拟稿人重合的情况不普遍。

可以这样理解上述三个概念："代言人"角色定位是实际撰写者，"执笔人"是多人分工合作情况下的实际撰写者，"签发人"是公文处理流程中签发这一特定环节的承担者。

拟稿人的核心竞争力

很多从事公文写作工作的人都有一种直接感受，认为自己是"传声筒"，缺乏足够获得感、价值感。当自己辛辛苦苦、绞尽脑汁撰写的稿件被否定、推倒、退回时，还会产生深深的挫败感。这些负面感受如果长期积累，就会让人怀疑自己工作的价值和意义，更对自己的核心竞争力丧失自信。

每位拟稿人都应坚定这样一个信念：公文写作是一项货真价实的职业技能，具有确定的专业度与核心竞争力。

公文写作能力作为核心竞争力，可以从动态和静态两个角度理解。

从动态角度看，根据不同情景，站在不同对比框架中，赋予核心竞争力以多样化内涵。

稿件需求量日益增加的情况下，快速成稿就是核心竞争力。

基本工作高度同质化的情况下，内容创新就是核心竞争力。

公文工作普遍随意化的情况下，规范严谨就是核心竞争力。

业务工作探索求变的情况下，归纳提升就是核心竞争力。

稿件普遍平铺直叙的情况下，文辞典雅就是核心竞争力。

从静态角度看，将核心竞争力归结为稳定产出高质量文稿的能力。

对工作进行深入研究，具备较高业务水准，的确是写作公文的基础与前提。同时也必须承认，能够达到专家行家水准的人很多，但不是所有专家行家都能撰写出高质量公文。从公文写作这一行为本体角度看，工作能力再强，也无非是"诗外功夫"，并不能直接转化为"诗"，诗外功夫不等于作诗的功夫。"诗内功夫"，只有掌握公文写作技法与规律并能高效产出文稿，才能算作公文拟稿人、代言人的核心能力。

公文写作是职务行为

撰写公文不是个人行为，而是职务行为，是工作岗位、工作需要提出的任务，是在特定岗位上的人应该做的"分内事"。

专职秘书、撰稿人完成公文，是典型职务行为。公文写作是根据上级领导意图或工作需要而进行的一种职务行为，是秘书岗位职责的重要内容。

处于其他岗位上的人员撰写公文也是职务行为吗？当然也是。其他岗位的职责中未必包含撰写公文，但是完成岗位任务如果需要公文这一工具，那么就应当自觉主动写作公文。撰写公文几乎是所有岗位应履行的普遍职责。

公文写作作为职务行为，其鲜明特征是写作成果署名一般不是个人姓名，而是根据需要将所在部门或单位名称作为发文机关。

遵循特定流程

公文写作既然是职务行为，就不能按照拟稿人个人行为习惯开展，而是必须遵循特定流程。公文拟制的流程包括三个主要环节：起草、审核、签发。

对承担拟稿任务的个人而言，需要完成的主要工作是起草。拟稿人写出来的稿件只是一份草稿、草案，不是正式公文。草稿变成正式公文，必须经过后续两个环节。领导审核，如果有问题则继续修改，通过后由负责人签发。

新手或兼职拟稿人容易出现的问题是，草稿完成后未经后续两个环节擅自对外发布。

这种做法有多方面原因。有的拟稿人缺乏必要的公文工作常识，不重视公文工作。有的单位公文工作缺乏必要规范和成熟惯例，随意性比较强，形成了风气。还有的单位重视对外发文，忽视对内发文，对内发文由工作人员个人决定，负责人听之任之。

一位企业学员的真实经历，非常有力地说明了遵循公文工作流程的重要性。

这位学员任职于互联网培训公司，公司有两个部门，分别是负责学生市场的招生部门和负责教师管理的师资部门。

招生部门经理发现，有些教师在平台上虚假授课，冒充学生选本人的课程并给好评，于是查封教师账号，冻结交易资金，并将这些处理措施写成一份"公告"在网站上发布。

公告发布后，师资部门提出强烈反对意见。两个部门之间因为一纸"公告"而产生工作矛盾，影响了整个团队的工作氛围。

如何评判这个事件呢？暂且不论事实是非曲直，事情由公文引发，那么就从公文写作角度来衡量。在这个案例中，主要涉及公文工作的两个基本原则。

第一，事前协商原则。《条例》第五章第十九条第六款明确要求"公文涉及其他地区或者部门职权范围内的事项，起草单位必须征求相关地区或者部门意见，力求达成一致。"在这个案例中，发文部门认为对教学秩序进行整顿是本部门职责范围内的事务，没有与师资部门进行协商，为产生矛盾埋下隐患。

第二，正式发文应当完成"起草——审核——签发"流程。《条例》第五章第二十条第三款要求审核环节重点审查的内容之一是"涉及有关地区或者部门职权范围内的事项是否经过充分协商并达成一致意见。"

上述案例中，发文部门拟好稿件后直接在网站上公开，没有经过更高层级负责人审核与批准。其实，按照一般惯例，需要请公司层面领导审核，可交由主管副总经理或总经理审核。

设想一下，如果发文部门履行了这样的流程，经过更高层负责人许可，然后公布并采取处理措施，那么其他部门也就不会针对本部门产生误解，从而更容易推进工作。

这个案例中，发文部门同时违反了两个基本原则，对工作造成干扰也就不难理解了。

行文规则表面上对公文运行进行规范，本质上是工作流程的体现，是为了保障工作顺利开展而形成的基础制度。站在这个角度来理解拟稿工作流程，就能更加明白其重要意义，在实际工作中更加自觉遵守贯彻。

党政机关普遍能够较好地执行公文工作流程，而很多企业，尤其小微企业、新创企业，缺乏公文审核、签发机制，也没有建立相应工作规范，随意性比较大。

基层单位、小微企业在实施审核与签发工作上可以"便宜行事"，在与领导的日常沟通交流、邮件往来、网络聊天中完成审核过程。对于没有问题的稿件，拟稿人征求领导是否可以发布的明确态度，或者直接交给领导由其处理发布。这些方法虽然缺乏足够严谨性，但仍然可以视为履行了完整流程，能够有效避免潜在问题。

总之，代言人的角色定位、公文写作的职务行为属性，共同决定了拟稿人在工作过程中不能缺位、不能越位。

公文写作的基本过程

对实际拟稿人而言，公文写作就是草拟环节的工作内容。草拟也称拟稿，是拟写公文的过程。草拟是发文处理工作的关键程序，体现写作基本功，决定发文质量。草拟工作一般可划分为明确写作任务；收集材料，提炼主题；构思公文，撰写初稿；领导审阅，修改定稿四个环节。

第一环节：明确写作任务

公文写作是被动写作，也称为"遵命写作"。写作任务作为一项明确动因而先于写作活动。写作任务来自上级领导、上级部门的工作部署，或者自身工作需求。

界定一个写作任务，需要明确以下问题。

1. 领导或上级的发文意图、动机是什么。

2. 需要完成的任务内容、目标是什么。

3. 应当采取哪些行动措施。

4. 应当采用哪种文种行文。

5. 主送机关包括哪些单位。

6. 是否需要与其他单位协商，是否需要开展调研。

7. 如何合理确定初稿完成日期、正式定稿日期。

第二环节：收集材料，提炼主题

根据领导意图和实际需要来收集相关的材料，主要包括以下方面的信息。

1. 工作任务、写作任务的背景资料。

2. 国家的法律法规、部门规章制度。

3. 以往的相关内部文件与做法。

4. 领导与群众的意见态度。

5. 其他单位的经验教训。

6. 实际情况。

收集完成后，要对所收集材料进行必要的分析、筛选和组织，提炼公文主题，明确发文意图，为撰写公文奠定基础。

公文写作要"主题先行"，在全文还没有得以展开呈现之前，主题就已基本确定，或已有了基本方向。组织材料、撰写过程及最终定稿，都不过是主题借以显现展示的过程。在写作各个环节中应当自觉主动向主题"看齐"，防止偏离主题。

第三环节：构思公文，撰写初稿

根据行文方向、发文意图等因素来确定文种、结构及内容。写作过程应做到以下几点。

1. 符合国家法律法规和党的路线方针政策，完整准确体现发文机关意图，并同现行有关公文相衔接。

2. 一切从实际出发，分析问题实事求是，所提政策措施和办法切实可行。

3. 内容简洁，主题突出，观点鲜明，结构严谨，表述准确，文字精练。

4. 文种正确，格式规范。

5. 深入调查研究，充分进行论证，广泛听取意见。

6. 公文涉及其他地区或者部门职权范围内的事项，起草单位必须征求相关地区或者部门意见，力求达成一致。

第四环节：领导审阅，修改定稿

草拟工作结束后，必须将文稿交给主管领导进行审阅，根据领导的审核意见进行修改，直至稿件成熟定稿。在审阅修改过程中，除领导与执笔者个人参加外，根据需要也可进行集体讨论、会议研究，或者向上级层层报审。

领导在公文工作中的重要地位，首先体现为审阅审核功能，但绝不仅仅只是审核（关于公文处理工作中领导者的作用，请参阅本篇第六章）。文稿只有定稿之后，才能进入发布处理流程。

草拟的以上四个工作环节仅仅是在逻辑上进行的划分，实际写作中很难如此泾渭分明，往往互相交叉，甚至倒转往复。

做好全流程安全保密

公文处理的整个过程要充分重视安全保密工作。《条例》第一章第五条明确要求公文处理工作应当坚持安全保密原则。《条例》主要侧重公文管理工作，而没有说明拟制环节的安全保密要求。其实，安全保密是全流程各环节的总要求。

保密，从字面理解是保守秘密，前提是公文文稿包含秘密信息。那么不包含秘密信息、没有秘密等级的文件，在拟制环节就不需要保密了吗？

对拟制工作而言，安全保密要求首先体现为不能泄露任何稿件信息，即便其中没有秘密。这是底线，也是红线、高压线。

公文内容必然关涉工作。拟稿人往往最早了解领导意图、工作安排，但是在公文未定稿、未印发时，这些尚不能完全确定。如果拟稿人擅自将其泄露，很可能给工作带来被动和混乱，干扰工作执行。

文稿内容提前泄露，不仅对工作造成消极影响，还可能削弱领导权威，构成对领导地位的无形挑战。这种代价往往是拟稿人难以承受的。

从塑造与领导良好工作关系角度而言，拟稿人泄露文稿内容是极为不专业的行为，必须杜绝。

有些公文新手缺乏规则意识、规范意识和保密意识，在朋友圈、好友群有意无意"晒"

自己正在撰写尚未经领导审核签发的文稿，或者与好友"分享"稿件内容，浑然没有意识到，这种行为已经越过工作底线。

安全保密原则应当贯彻公文处理工作全过程。在拟制工作中，应当做到草稿不外泄，不能给无关人员阅读，在办公室等公共场所不能被他人随意窥视，送审、审核等流转过程也须采取必要保密措施。

第四章　擅长鉴别公文

接到发文任务后，比如撰写通知或工作方案，很多人的习惯动作是先打开网络浏览器搜索相似公文。搜索会得到大量参考结果，它们的质量良莠不齐，有的可以作为优秀范例，为写作提供参考借鉴，有的存在严重问题，如果盲目模仿就会被"带到沟里"。

不少拟稿人也意识到网络上各种文稿缺乏规范性，转而去借鉴图书上的例文。但是，即便经过出版流程严格审查，公文写作类图书中的例文也仍然存在失范现象，这一点早已被很多公文"老司机"指出了。

面对浩如烟海的搜索结果、鱼龙混杂的公文写作书籍例文，鉴别其中的"范文"和"病文"，就成为必备的能力。

公文鉴别能力，虽然不等同于公文写作能力，却是提高写作能力的基础。当然，写作能力提高以后，鉴别能力也会随之提升。

范文与病文的不同价值

范文，即典范公文，可以作为引导标杆。病文，问题公文，可以作为前车之鉴。

范文研读的目的在于巩固所获得的初步知识，强化正在成形的内在规范。选择典范文稿，从文种选择、篇章构思、遣词造句、表达方式等方面进行研读，进而掌握写作规范。

发现典型病文，可以主动修改。病文修改训练一般可在范文研读之后，对比两者，目的在于检验技能成熟程度，准确定位写作规范薄弱之处，从而对症下药，弥补提高。

如果说范文研读是从正面引导，那么病文修改则是从反面强化。

这两种训练方法不仅是有效的学习手段，而且对于做好实际工作也具有重要现实意义。

在课本或课堂上学习的内容毕竟有限，具体工作中总会遇到未曾接触过的文种，而这些文种往往有范本可资借鉴，因此过硬的范文研读能力将有助于迅速掌握陌生文体的写作技法规范。

许多情况下，拟稿人也是审稿人、校对人，需要敏锐捕捉并修改草稿中不妥甚至错误之处，因此病文修改技能也应是文字工作者必备素质。

模板究竟有没有用

很多拟稿人，尤其新手在面对起草任务时，花费大量时间精力搜索筛选模板例文。也有相当多的公文书籍、网站提供各式各样的模板。本书作者在企事业单位进行培训授课时，很多学员也提出了对模板的需求。

模板之所以深受欢迎，广泛使用，主要有两点原因：第一，公文本身具有强烈的模式化特征。第二，拟稿量大，时间紧任务重，模板在一定程度上能减轻压力，提高效率。

但是，模板究竟有没有真正的用处呢？

实事求是地说，公文模板有用，但用处不大，过度依赖可能会适得其反。想想自己制作演示文稿的经历，从网上下载大量模板，真正使用的有几个呢？公文写作也是如此。

模板能够帮助新手搭建结构框架，组织内容思路，从而在较短时间内成文，应付时间紧张的写作任务。

不过，更多人使用模板的最初感受是，这不是"我想要的"。在套用模板的过程中越来越强化这种感受。虽然不明白自己想要什么，但非常确定不想要什么，眼前模板和心中期待总是存在很大的差距。

拟稿人的感受非常真切，并非毫无道理。他直接面对写作任务，虽然不是特别清晰地预先把握了公文的方方面面，但仍能真切地感受到写作任务的本质要求，内心存在朦胧构思。现成模板不能与之完全复合，如果硬性地往模板里套，只会削足适履。

习惯使用模板，就会形成模板"依赖症"。长期使用模板，本来具有的感知能力、构思能力也会被模板"磨平"，这种情况类似于天天使用拐杖、轮椅会造成身体正常机能退化。

从模板与范文本身来看，它们总是基于特定情景而形成的。模板带有一定普适性，也带有特定情景的独特性，这种独特性在新情景中必然不适用，难以"兼容"。

通过观察一个人的模板使用频率，基本可以判断其写作水平。模板"重度用户"的写作水平往往较低，不用或不常用模板的拟稿人，其写作水平普遍较高。

完全可以说，套用模板一劳永逸解决公文写作问题，这条路走不通。成熟的思维方式、合理的构思角度、深厚的语言功底、大量的写作实践比模板范文更重要。

如果一定要寻找某种高效写作工具，建议抛弃模板，构建模式。

模板是外在僵化的东西，模式则是"底层系统"。模式包括内容模式、思维模式、语言模式等多种类型，本书将详细讲解。

鉴别公文的基本方法

从各种渠道搜集而来的参考文件，必须要对其加以甄别，防止被病文、"渣文"误导。

第一种方法：直觉判断

直觉，就是未经理性分析、深入思考而直接得出的结论和判断。

面对搜索得来的几十篇文稿，如果逐篇、逐句进行认真阅读研究，显然非常浪费时间，依靠主观直觉对其进行初步筛选，就显得非常必要了。

直觉带有一定非理性色彩，但并非毫无合理性。直觉之所以有效，是因为它基于职业、阅历、知识和本能而存在。对具备一定公文知识和文字基础的人而言，依靠直觉来进行辨别不仅高效，而且有效。

通过直觉辨别公文，突出的表现是看"颜值"，重"气质"。

优秀公文往往"文质彬彬"，不仅内容典范，而且形式规范，给人视觉美感。问题公文，尤其存在严重缺陷的病文，在形式外观方面显得粗制滥造。

通过直觉将更具美感的公文筛选出来，多数情况下可以得到典范公文。这似乎要看运气，其实不然。"颜值高""气质好"的公文必然出自有较高公文素养的拟稿人之手。只有对公文各种规范比较熟悉，追求严谨细节，才有可能打造出高颜值公文。反之，如果拟稿人不具备较高公文素养，也无力在美观美化方面下功夫，那么所撰文稿不可能保持较高水准。

面对"丑陋"与"漂亮"的两篇公文，如果选择其中之一作为范本，那还是做一名"外貌协会"的忠实成员吧。

第二种方法：对比筛选

如果几篇公文难分高下，不妨将各个方面进行对比筛选。例如，标题是否规范准确、更有吸引力，整体逻辑构架是否更合理全面，语言是否更精确简洁。这几个尺度能够有效筛选出相对优质的稿件。

公文写作需要博采众长，力求将每个环节的质量提升到力所能及的最高水准。只有经过对比筛选，拟稿人才能建立有效的尺度坐标。

第三种方法：标准衡量

优质文稿各个方面都优秀，病文多个方面都存在不足，这是普遍现象。只需要用几条常用的关键标准来衡量，就能比较准确地判断出稿件整体质量水准。常用标准主要有标题规范、开头导语规范、层次规范、成文日期规范等。

本书的相关篇章会详细深入介绍这些标准规范，熟练掌握后不仅能够提高写作水平，而且在判断公文质量时会更得心应手。

第四种方法：来源甄别

根据文稿来源出处、发文机关、发布渠道等情况判断公文质量。通俗来讲，就是要相信"品牌的力量"。

政府机构、权威机关、大型机构、高层领导、官方网站的文稿规范化程度较高，借鉴价值突出，应当作为首要参考资料。相比之下，社会组织、商业机构、小型单位、基层组织、民间网站的文稿质量难以保障，需要仔细鉴别。

近年来，政府信息公开工作取得很大进展，非涉密文件在各级各类政府机关或部门网站上及时公开，为拟稿人学习参考提供了极大便利。党政机关、企事业单位中的每位拟稿人，都应当增强"看齐意识"，即向党中央、国务院发布的公文看齐，以中央文件体现出来的规律、规范、惯例为标杆。

如果遇到不熟悉的文种，在拟稿之前应当登录国务院网站（www.gov.cn）在信息公开栏目中检索，将国务院下发的同类文稿作为范文认真研读，而不是通过搜索引擎，漫无目的地在各种范文网站、例文网站、网络文库中查找。

如果涉及比较特殊的业务工作，国务院网站上没有相关文件，那么应当到相关部委或主管部门的网站上进行检索。

源自党政机关的权威公文，对拟稿人的价值远远超过从其他渠道获得的文稿。

无论网络资料还是纸媒书籍，其中的公文都可能存在问题。综合运用以上四种方法，能够有效摆脱劣质公文的负面影响，养成严谨规范的评价标准观念。

从看见、看懂到看透：如何看出公文的"门道"

面对同一篇典范稿件，有人从中获取很多信息，挖掘出丰富意义，将文稿蕴含的价值最大化，而有人则不仅没有把握到"所以然"的深层规律，而且对表面的"其然"也缺乏充分理解，处于"见山是山，见水是水"的浅层认知。

面对典范公文，有人仅仅看见了，有人不仅看见，而且看懂了，但很少有人能看透。

所谓"看见"，只是视觉上接收到信息，或者在此基础上的浅层次理解。

所谓"看懂"，是指对文件内容有深层次把握，明确文件要求，甚至对文件中未有言及的内容也能"脑补"，能够联系工作实际灵活领会文件精神。

所谓"看透"，不只领会文件精神，而且能够探寻"这样写"的原因。从内容层面上，理解为什么如此确定务虚和务实两类内容；从表达层面上，理解为什么如此搭建全文框架，为什么在关键内容上采用特定表述方式。可以说，对文件"看透"的人，不仅看到"台前演出"，也能推测出"幕后排练"。

贯彻执行工作，只须看见、看懂，从事写作任务，还须看透。如何看出公文"门道"，达到"看透"境界，这是公文写作新手们面临的现实问题。

第一，保持"空杯"心态。

需要拟写公文的职场人士，一般具有大学以上文化程度，阅读与写作常用的记叙文、议论文没有太大问题，或多或少接触过公文，对公文规范有初步了解。这种情况导致许多人有意无意轻视公文写作知识。不是因为无知而无畏，反而是因为有所了解而忽视。

"空杯"心态要求暂时抛弃已经持有的关于公文的种种偏见和误解，以典范文本为最高圭臬，以谦逊敬畏的态度面对范文，对文本中与固有认知不同之处，认真求证，正本清源，努力纠正错误认知，重构公文知识体系。

第二，运用"细读"方法。

这里借鉴英美"新批评"文学理论提倡的"文本细读"方法。公文虽然指向外部具体工作事务，但毕竟是文字产品，是完整封闭的文本体系。细读方法要求将全部精力投放在文本之中，在词句语境中体会把握文辞意义。

语境是意义生成的环境，是制约文本的重要力量。文本是语境的互相"嵌套"，不同语言单位形成不同层级的语言环境，每个语言单位既存在于特定语境之中，又是构成语境的一部分。文本细读方法充分重视语境对写作的决定性作用，将每个词语、每个句子、每个段落放在不同层级的语境中，借助语境体察每个语言单位在多重维度之下使用之精妙。

文本细读对语境的分析，本质上是对拟稿人思维的体察。在微观语境中探寻、揣摩、体会词与词、句与句、段与段之间的内在逻辑联系，澄清文本的内在语言规律，借以倒推拟稿人的构思、用语的深意，追溯还原作者的原始思路。

运用这种方法研读范文，就需要多问几个"为什么"，必要时还要提出第二种表达方式，追问有无效果更好的表达方式。

第三，擅长归纳规律。

规律，是指反复出现的本质、必然、稳定的关系。

公文的规律性极其突出，很多规律形成模式，很多人称之为"套路"，更严谨的说法应该是规范。规律表现为规范，规范在公文写作中发挥主导作用。

公文规律体现在很多方面，比较典型的有：行文规则中发文机关和主送机关的关系、公文标题构成方式、开头导语基本模式、主体内容常规顺序、内容安排与发文主体的关联、不同表达方式表达习惯与内容的匹配等。

将多篇范文对比研读，从中发现规律。对于已经掌握的规律性认知，在读到新文稿时，有意识地去再次印证是否成立。随着阅读量的增加，规律规范就会成为阅读者潜意识中的默认知识、默会技能、"肌肉记忆"，成为公文写作的"无声向导"。

对规律、规范掌握得比较透彻后就会发现，有的规律比较稳定，几乎从未被打破；有的规律会出现新变化，以新形式表现出来。这些被突破的规律隐藏着变革的可能，为公文创新提供了线索和方向。

领会文件精神的"七种武器"

各种场合经常听到领导的口头禅"认真学习领会上级文件精神""认真贯彻落实上级文件精神"。精神，抽象、无形，难以捉摸。文件白纸黑字，表达得非常清楚明确，接收到其中信息，理解其中含义，是不是就领会了文件精神呢？文件精神究竟是什么呢？

在一般执行者看来，文件精神非常明确，也不难把握，只要有基本阅读能力、理解能力和工作能力都能领会到文件精神。对他们而言，文件精神主要体现在这样几方面：发文意图、面对的问题、破解问题的方法与要求、执行的重点和难点等。

对于公文工作者而言，"领会文件精神"有更深一层含义，即不仅需要获取文件信息，更需要体察文件所蕴含的写作技法，所使用的方法也更加丰富。用好"七种武器"，领会文件精神更高效。

第一种方法：把握核心概念、关键概念、创新概念

上文已从抽象化角度介绍了公文中重要概念的特殊价值，此处不再赘述。概念是公文主题思想的基石，是全文内容的精华。领会文件精神，务必理清全文概念体系，明确众多概念中的核心概念、从属概念，抓住关键概念，尤其要重视创新概念。很多公文的创新概念更引人注意，是对现实工作中新现象、新趋势的反映和判断，对工作具有重要指导意义。

第二种方法：分析关键句构成

全文关键句一般在开头导语部分，对整篇公文有着一锤定音的作用。各层次段落的关键句位于开始部分，点明层次段落的关键信息。

分析关键句，不仅要理解把握句子意义，更需要从语法角度分析其构成模式、语气语态、修辞手法等规律。公文中的关键句句式类型并不繁杂，以是字句、动宾句、主谓句为主，分别适用于表达重要意义、工作要求、情况判断等不同内容信息。分析关键句，重点是掌握语法形式特征和意义信息内涵之间的匹配关系，从而为写作提供依据。

第三种方法：分析关键段落

段落主要指自然段。大多数自然段需要表达完整意义，因此自然段的逻辑思路比较完

整，段落分析应当侧重整体性。公文自然段具有明确的规律特征，其内在思路高度同质化，形成了稳定模式。分析段落，要重点关注段落展开方式，即分析句子或分句之间的逻辑关系、承接关系、组合关系。

分析段落还应当特别留意段落所处的位置，在全文中承担的功能，以及这种位置功能和段落展开的方式、内在思路之间的规律联系。

第四种方法：梳理全文思路

全文思路着眼于面对的工作问题、课题或具体场景。梳理全文思路，应当特别关注如何提出问题、转化问题、分解问题，如何提出解决方案和工作要求。

不同文体，全文思路内容存在差异。在梳理过程中，应当重点关注上行文、下行文、平行文的内容逻辑，尤其不同文体的内容组合规律。例如，关于工作重要意义的内容在下行文中常见，而在上行文中则基本没有。再如，同一会议上针对同一项工作，不同领导讲话的内容存在明显不同。

梳理全文思路，需要在差异化对比中抓住构思规律。只有深刻把握了差异性，才能准确理解每种文体的特征和写作技法。

第五种方法：复现全文框架

对于极具典范意义的公文，篇幅较长、内容丰富的公文，或者内容重大、作用深远的公文，应当复现全文框架，以加深对文件的理解。

复现文章框架，可以采用简单的提要或提纲方式，用文字一一列明，也可以使用思维导图，将全文要点以图示方式展现，更加直观，更有利于把握全文。

第六种方法：揣摩精彩语言

语言是公文唯一的存在形式，没有语言就没有公文。公文语言普遍具有简洁、准确、庄重的特点。这些共同特点之外，不同文体的语言各具特色。

公文中总有给人留下深刻印象的语言，或优美，或生动，或富有情感，或修辞创新，或极为微妙精确。语言是思想主题的直接体现，通过揣摩精彩的公文语言，能够有力促进对公文精神的领会掌握。

揣摩公文语言的重点之一是体味动词应用。动词在公文中分布极广，而且大多处于关键位置，如标题、目的句、主题、工作措施、工作要求等。动词代表工作行动，体现工作本质。典范公文的动词不仅准确简洁，而且富于变化，在常规的双音节动词之外，还应用单音节或三音节动词，使语句富有节奏感。

第七种方法：倒推公文流程

已发布的文件是整个公文工作流程的最终成果，从中可以倒推出前面的若干环节，尤其是重要环节。有意识地从成果向前倒推，能够加深对公文处理流程的理解，同时也是对写作方法和经验的"复盘"，促进拟稿人从另一个角度巩固已有的公文知识。

倒推的环节主要有：签发工作如何处理，撰写和修改中的重点如何处理，实际开展工作的情形如何，多部门进行协商统筹如何进行，调研工作中收集的各种素材如何进行分析筛选。

这种倒推以文件展现的信息为基础，带有很强的猜测色彩。如果有可能、有条件，应当对倒推认知进行必要求证，或与资深人士探讨。即便有些不确定性和猜测成分，对初学者而言，倒推公文流程仍然具有特殊意义，也是一项必要训练。

以上介绍的七种方法，在分析领会上级文件精神过程中应当灵活运用，根据目的和需要选择其中几种进行即可。新手尽量多用几种方法，从不同角度和层面"吃透"文件精神。

第五章　强化文体意识

大家在学生时代或许会留意到一个现象：几乎每个科目教材的第一页标题往往为"××是什么"或"什么是××"。

这是学习面临的第一个问题，也是研究提出的首个问题。

为什么要把这个问题放在首位呢？原因很好理解，如果连自己究竟学习什么、研究什么都搞不清楚，那深入学习研究就更无从谈起。

学习研究的第一步先要搞清楚研究对象概念的基本内涵，将其从众多事物中区别开来。只有明确对象的本质、界限、范围，为它划出领地，学习研究才能避免越界、迷失方向。

有人把这一步叫作确定"逻辑起点"。如果没有起点怎么会有中间的路径，又怎么可能到达预期的终点？

与学术研究相似，公文写作的第一步也先要澄清这个问题：写的文稿究竟是什么？

"写什么像什么，写什么是什么"看上去是很简单的要求，其实是专业性极高的要求。

写的究竟是什么

下属把自己花费很长时间辛辛苦苦写的稿件交给上司，结果换来上司莫名其妙地发问："你写的这是什么呀？！"

年轻拟稿人往往误解领导这句问话的真实意思，认为领导彻底否定了自己的稿件，把这句话理解为价值判断。领导这句话未必是对稿件质量的否定，而是关于事实的疑惑：他确实难以分辨这份稿件究竟是何种文体。

"是什么"和"好不好"是既有联系又有区别的两个问题。价值判断需要建立在事实判断的基础上。既然无法确定是哪种文体，那么也就无法根据相应的标准规范来判断质量优劣。许多人写作水平之所以裹足不前，原因就在于没有深入思考写的"是什么"这个根本性问题。

这个问题看上去简单，却是每次撰稿前要解决的先在性问题，更是学习公文写作要明确的前置性问题。初学者更要反复追问这些问题：要写什么？写出来的稿件究竟对不对？如果对的话，为什么对？如果不对的话，为什么不对？

"写什么像什么"是个很高的标准。稿件的很多问题，追根溯源，其实是对"写的是什么"没有深入思考和准确把握。如果不同意这个观点，那么就先看下面这两篇文稿，再深入讨论。

放飞我的理想
——主题班会记录总结

舒缓的曲调，优美的音乐，伴着《我的未来不是梦》，我们拉开了主题班会的序幕，这次班会的主题——我的理想。

理想是灯塔，指引人生前进的方向，照亮人生前进的路程。罗伯宁曾在《索尔》中说过"人之所以伟大不在于他们在做什么，而在于他们想做什么"。由这几句开场我们进入下一个环节——同学的《理想》诗朗诵。

优雅的诗句，优美的旋律，引来同学们阵阵掌声。每个人都有理想，而理想究竟是什么呢，大家集思广益，探索理想的定义。理想是对未来的向往和憧憬。

同学们说出了自己内心的愿望，许多人想通过自己的努力拉近现实与理想的距离，并在毕业后找到属于自己的那份工作，做个成功的人，让父母依靠我们来生活，让父母不再这么辛苦……

大家纷纷走上台展示自己的才华，有跳舞、唱歌、朗诵、葫芦丝，还有武术。大家不仅听得入神，而且看得高兴。

班会的尾声，学姐给我们讲述了她的经验：大学是为以后的生活奠定基础，既然说出了自己的理想，就要为之践行！

最后班主任做了总结，告诉我们要踏实做好每一件事，过好每一分钟，善待每一个人，做好自己的事情，朝着自己的目标去努力。她还告诉我们理想有多大，承受压力的能力就有多大，有理想就要有承担理想的能力。

班主任的话，我们铭记。为了理想，奋力拼搏。千里之行，始于足下，让我们现在就开始行动吧！

该文出自在校大学生之手。从稿件中可以获得班会主要情况，虽然存在一些语言问题，但可以看出某些段落作者很用心思。然而读过之后，还是不禁要问：这写的是什么？

副标题带有"记录"和"总结"字样，全文表达手法更像是散文，夹杂议论，而且该文是发布在网站的新闻栏目中，应为新闻文体。将这些因素综合起来，无法判断这篇稿件究竟属于何种文体，也难以评价优劣。如果要修改这篇稿件，相信无论是散文高手、公文高手还是新闻高手，都会感到茫然无措。

此类文稿在企业中并不罕见，例如下文，虽然与上篇相比更具公文特点，但仍然存在类似问题。

传输中心组合拳提升 LTE 传输故障处理效率

为提升××移动 PTN LTE 传输故障的处理效率，传输中心牵头××、××和××分公司成立了专项工作组，针对 PTN LTE 网络运维开展流程梳理和标准化工作，以期制定出适合全网的运维管理规范，提升故障处理效率。

首先，工作组对××移动 PTN LTE 网络的结构进行了深度梳理，将具象的传输网络进行了简化，形成了典型网络组网拓扑图。

然后，工作组针对网络组网拓扑图中各种运行风险进行了识别与评估，梳理出 8 大故障场景，并对每种故障场景制定了业务快速恢复应急预案。

最后，工作组对每种应急预案中所需的检查脚本进行分类，形成了故障测试套，将故障处理流程进行了标准化。经过对预案和测试套进行反复演练与修正，最终形成了 28 项应急预案，确保其能够覆盖每种故障场景中的故障处理。

该文包含大量移动通信专业知识，普通读者阅读理解存在障碍。如果抛开这一因素影响，仅从写作角度来看，最突出的问题仍然是：这是什么文体呢？

工作简报？工作总结？新闻消息？这三种文体的影子在文中都有体现，然而每一种都不够典型集中，无法给出明确答案，也无法以特定文体规范作为标准衡量稿件优劣。

企事业单位、党政机关中没有经过系统学习和训练的拟稿人，写的文稿大体如此。修改这类稿件将非常吃力。稿件的文种定位模糊，"写什么不像什么"，只修改语言、调整结构、增删内容都无法真正解决问题。从某种意义上讲，选定文种与确立主题具有同等重要的价值，这两项工作都做扎实了，其他修改才有实际效果。

初学者通病：文体杂糅

本书将文稿表现出多种文体特征的"杂交"现象称为"文体杂糅"，有以下典型症状。

1. 文体种类不明确。标题中点明的文体，正文内容与之背离，甚至矛盾。

2. 文体特征不典型。难以判断是何种文体，没有哪种文体特征得到集中体现，没有一种文体特征占据主导地位。

3. 内容顺序单一。公文安排内容次序有多种方式，不同文种有不同惯例。文体杂糅的文稿普遍以时间顺序、流程前后来安排主体内容，很少使用体现文种特点的其他逻辑顺序。

4. 表达方式随意。无意识地随机使用各种表达方式，与文种特点匹配的表达方式未占主流地位，如在应当说明的通知、计划等文体中有很多不当议论。

文体杂糅是初学者最易出现的普遍问题之一，也是最致命的问题，却往往被忽视。

一般公文作者基本能够区分应用文体与文学文体的差异，二者严重杂糅的情况并不多见，即使存在该类问题也很容易被发现和纠正。相对而言，应用文体之间的杂糅较难发现和纠正，经常杂糅的文体有以下几对：

新闻消息——简报　　新闻消息——总结　　报告——讲话　　报告——请示
简报——总结　　　　总结——计划　　　　通知——计划

其实，拟稿者意识中并不存在这么多种文体，也不了解这些文体特征，更不是有意将众多文体结合为一体。换句话说，他们完全无意为之。

反对文体杂糅，并不是反对适度借鉴多种文体的写作手法，更不是反对进行综合创新。恰恰相反，只有树立了明确文体意识，扎实掌握各种文体的本质特征和写作规律，才能在保障文体明确的前提下灵活运用多种写作技巧，更好地发挥公文作用。

文体杂糅的根源：文体意识缺失

如何纠正这个问题呢？很多审稿人采取的方法是逐句批改，或提出细化意见让拟稿人修改。其实这种方法效果并不明显，实施不便，拟稿人和审稿人都很痛苦。

解决这个问题需要从根源入手。真正的根源是：拟稿人缺乏清晰明确的文体意识。

导致文体杂糅的原因不是拟稿人掌握了多种文体的写作方法，恰恰相反，他们对各种文体没有明确认知，不了解各种文体的真正意义和规范。与其说"不会写"某一种文体，不如说"不知道"这种文体。

他们并不知道自己要写的是什么，只是认为要写一篇"东西"。这个"东西"的本质是什么，与其他"东西"有什么区别，这些问题不在思考范围之内。在他们眼中，无非是要写一篇文字，只要是一堆文字，就算完成任务，甚至会存在一篇文稿应付多种需要的现象。这既是职业态度问题，更是公文写作能力问题。这个问题令很多领导和公文老手哭笑不得，却真实存在。

没有意识，就没有行动。缺乏文体意识，怎么可能写出规范的特定文体呢？

文体意识，即对所写文章体裁的明确认知，对特定文体本质特征、规范、规律的确切把握，对文体独特性、差异性的确切领会。文体意识犹如一幅导航图，引导拟稿人按照符合文体规范的方向写出特定文稿。

树立文体意识就能完全避免文体杂糅吗？显然不是，但具备明确文体意识可为规范写作奠定必要基础。在这种意识之下，学习写作和实施写作就会形成公文知识的基本框架，划定文体之间基本边界，为避免文体杂糅创造主观条件。

树立和强化文体意识，需要递进式解决办法。

首先，明确公文与其他文体之间的差异与界限，这对初学者尤为重要。

其次，明确公文的各种文种之间的差异与界限，这对入门者尤为重要。

最后，明确每种公文文种的本质规范与易错点、创新点，这对有一定写作经验的人尤为重要。

在明确的文体意识指引下，从酝酿构思到写作输出的每个环节细节都要认真反思、校正，确保文稿沿着正确方向"发育生长"，避免在完成后才发现"长歪了"的尴尬。

何为公文

公文是一类书面文章的统称，而书面文章不只公文一种类型，还有文学作品。在公文与文学作品的对比中，可以比较准确地理解公文的本质特征。

本质特征一：写作目的明确

公文为实用目的而存在，具有直接实用价值，当工作和生活中有事务需要处理时，就有必要使用公文。公文为实现特定目的服务，其写作动因与目的十分明确。

这一特征明显区别于文学作品。在文学创作中，相当一部分作家创作不是为了现实功利目的，甚至动笔之初没有明显目的诉求，而仅仅出于自我表达的需要。

本质特征二：内容真实可靠

公文全部内容材料必须实事求是、客观真实，严禁对材料进行虚构、想象、嫁接、夸张。公文中的事例、数据、引言等材料，必须符合现实客观实际，经得起实践检验。

这一特征与文学作品形成鲜明差异。文学作品是虚构的语言艺术，源于生活而又高于生活。文学源于生活是指文学的素材在现实中存在，文学高于生活的重要表现是文学内容可以根据艺术需要进行自由想象、虚构。

本质特征三：语言表达规范

为保证信息传递过程中不会发生畸变，公文语言必须符合规范化要求，只有这样才能在作者与读者之间、读者与读者之间进行信息准确复制传递。不同读者阅读同一份公文所产生的理解应当一致，而且这种理解还应当符合作者原意。

公文语言表达"去个性化"，这一点明显不同于文学作品。不同作家总是有自己的语言风格，进而形成独特的艺术个性。

本质特征四：格式体例稳定

稳定的格式体例，不仅可以使撰写者节省构思时间与精力，而且使读者快捷地理解与把握主旨和信息要点。同时，稳定的格式体例标志着文体成熟程度，是衡量稿件规范化程度的重要标准。

文学作品会打破常规，往往在形式方面进行新探索。相比之下，公文文种已经形成通用格式体例，这是其规范性和严肃性的重要体现，拟文时必须遵守格式体例要求，不可随意"创造""创新"。

本质特征五：时间维度明确

时间对公文而言尤其重要。公文所针对的事务和现象总是在某一定时期内存在的，而公文的撰写、审批、发布、执行等过程也在相应时间内展开。时间维度在公文中有多种体现，既包括针对工作事务而设定的时间界限、执行时间，也包括公文本身的有效期限、成文日期、印发日期等时间信息。公文如果存在时间模糊的缺陷，往往会带来贯彻执行中的混乱。

基于以上本质特征，一般将公文分为广义和狭义两种概念。

广义的公文，泛指办理公务的各种文书，是各类机关、企事业单位等社会组织在工作中用以处理各种事务、传递交流信息、解决实际问题所使用的具有直接实用价值、格式规范、语言简约的多种文体的统称。

狭义的公文，特指党政机关公文，简称党政公文，或法定公文。这里的"法"是指《党政机关公文处理工作条例》这一党政机关系统公文工作规范。《条例》第一章第三条界定了其内涵。

> 党政机关公文是党政机关实施领导、履行职能、处理公务的具有特定效力和规范体式的文书，是传达贯彻党和国家方针政策，公布法规和规章，指导、布置和商洽工作，请示和答复问题，报告、通报和交流情况等的重要工具。

这个定义全面准确界定了党政公文的主体、特征、作用。很多企业、事业单位的公文处理工作制度对本单位公文的界定表述，都是基于该定义并适当修改的。

一般语境中，公文主要指广义概念，特定情境中指党政公文。关于公文的一些争议、误解，其实是没有区分这两种指向导致的。本书中大多数情况采用广义公文概念，某些规则如果仅适用于狭义的党政公文，也会作必要说明。

党政机关公文、事务文书、专业文书

关于公文分类有很多种不同见解和标准。本书不再对每种分类方法进行深入探讨，而是采用比较简单易懂的"三分法"，即将广义公文分为三大类型：党政公文、事务文书、专业文书。

党政公文的定义上文已经引用，此处不再赘述。党政公文文种包括以下 15 种：

> 决议、决定、命令、公报、公告、通告、意见、通知
> 通报、报告、请示、批复、议案、函、纪要

一名专业公文拟稿人应当准确无误地牢记这些名称，并对每个文种的适用情况了如指掌，为写作选体（即选择文体）奠定可靠基础。

事务文书，是国家机关、团体组织、企事业单位在办理日常各种常规事务时所使用的文体，权威性与约束力不及党政公文。常用的事务文书主要有计划、总结、汇报、简报、会议记录、调查报告、规章制度等。

日常事务文书一般在单位内部制发，如果有特殊需要也可以对外行文。这类文书的格式与党政公文不同，不能直接采用"红头文件"，而是印制成一般文件样式。根据工作需要也可将这类文稿正式发布，大多作为党政公文的附件下发。例如，某单位在年初制定了当年度的工作要点（属于计划类文体）下发给各部门作为拟定工作计划的依据，可以制发一份通知并将该工作要点作为附件随同下发给所属部门。

专业文书，是专业领域中面向特定专业性事务的文书。例如，司法文书、经济文书等。这些文书的写作能力是专业岗位技能之一，不仅内容特殊，具有较强的专业性，而且格式体例也具有非常明显的独特性和行业惯例，不同专业领域的相关文书具有较大差异。

党政公文的法定效力最高、强制性最强。"理解的要执行，不理解的也要执行，而且要在执行中增强理解"是党政公文在贯彻执行过程中的真实写照。如果不执行，或不完全执行，就应当被问责、追责。

党政公文正式行文时，如果针对重要严肃事务，则应当根据行文对象、事务性质等多

种条件选择恰当文种，以"红头文件"行文。针对不重要常规性工作，也可采用党政公文文种非正式行文，无须套用"红头"，不编文号，即俗称的"白头文件"。

党政公文的写作要求比较高，本书中篇以党政公文为主要对象，介绍各个结构环节的写作规范。

深入理解党政公文文种名称

党政公文文种名称是非常细化的写作要素，很多人对此并不在意。文稿中的一些失误，根源可以追溯到对文种的肤浅理解。

例如，领导决定某事项，并不意味着需要用"决定"这一文种行文，如果一些常规工作也发决定，就会造成该文种误用。纪检工作中，对某人作出诫勉决定，需要发诫勉通知，如果使用决定行文，便出现失误。汇报工作，正式行文用报告，如果写成汇报或汇报材料，是不严谨的。

这种"背离现象"说明，公文文种规范名称不能简单等同于一般认识中的相应概念。

党政公文文种都是名词，是文体种类的名称。明白这一点，对深入理解、灵活应用各种文体产生微妙作用。解释这个问题之前，先来看两个标题。

误：关于××的通知函　　　误：关于××的请示函
正：关于××的告知函　　　正：关于××的商洽（请批）函

"通知""请示"这两个词在一般情况下作为动词使用，但在标题中，如果表达动词意义就应当和文种名称用词有所区别。否则，仍然在动词意义上使用，标题中会出现两个文种，导致失范。解决办法是更换同义或近义动词。

汉语词语的性质往往需要结合语境判断。孤立地来看文体名称，很容易把它们理解为动词。事实上，日常事务文书和公文正文句子中，"通知""请示"之类的词语都是作为动词使用的，如"现将相关事宜通知如下"。受这一习惯影响，初学者在潜意识中也会将其理解为动词。然而，在标题中它们都是作为文体名称的名词，发挥名词语法功能的。拟稿人对该词的运用需要在动词和名词之间灵活准确"切换"，才能进一步增强公文的严谨性和规范性。

理解文种内涵与本质时，文种名称不可避免地会受到动词意义的影响，但是并不能将文种简单化地理解为动词或动作过程。文种名称揭示的是一类文体所具有的本质属性和特征，是抽象思维产物。如果不明白这一点，那么对文体的理解就停留在表面上，而不是从概念对象内涵出发的理解，正文语言使用诸如"通知"之类的词语时将出现混乱。

务必掌握党政公文文种规范名称，这是公文严谨性的基本要求。

很多文种名称好像孪生兄弟，经常被混淆。例如，报告不能写为"汇报"，请示不能写作"申请"。虽然日常工作中汇报和申请都是常见行为，也存在相关文稿，非正式行文可以使用"汇报""申请"构成标题，但正式行文文种名称应当严格按照《条例》确定的规范名称来写。

此外，文种名称会出现"貌似"现象，如同面貌相似的父子。例如"调查报告""可行性研究报告""财务报告"等貌似"报告"，但它们的类属并不相同，前三个属于事务文书或专业文书，"报告"是党政公文，不能将"调查报告"等形形色色的"报告"视为党政公文"报告"的一种子类型。

理解文种不要受日常观念的影响。

例如，一般将"意见"理解为人们对事物的看法或想法，特别指分歧性、差异性、批评性的负面观点。但是作为一种党政公文，意见是对重要问题提出见解和处理办法的文体，内容具有极强的建设性、可行性，往往由上级下发，可作为依据文件用于指导下级开展工作。如果根据日常意义来理解作为公文文种的意见，会出现很大谬误。

准确灵活把握服务同项工作多种文体的内容共性和特征差异性。

重大工作对文稿的需求量往往很大，同一项工作，尤其周期长、要素多、涉及面广的复杂工作，要使用多个文种。事前拟定工作方案、发布通知、起草会议讲话稿，事后发布纪要、总结、新闻等文稿。这些文稿只有互相配合才能反映、推动整个工作进展。

同一项工作的通知和方案具有共同点，在写作时根据方案起草通知。这一特点既为写作带来便利，也让一些拟稿人有了偷懒机会。围绕同一项工作的多个文稿有相同或相似内容，但它们在发文意图、内容组合、结构模式、语言风格等方面必然存在明显差异。不能因为是同一项工作，就简单地将其他文体稍加改造变身为新的文稿去应付。

总之，全面深入理解公文文种主要包括以下几个方面。

1. 作为文种名称，它们都是名词，需要注意与动词的区别。
2. 要注意区别名称相似文种的本质差异，掌握规范名称，为准确"选体"打好基础。
3. 理解文种不能"想当然"，不要被日常观念误导。
4. 完成一项复杂工作，往往需要使用多种文体。
5. 文种互相转化时要体现各个文种的独特性和差异性。

企事业单位为何使用党政公文

企事业单位的初学者常提出一个很有意思的问题：党政公文应该是党政机关使用的，为什么企事业单位也大量使用这类公文呢？

事实上，就算不理解这个问题，也并不影响写公文、用公文，但它作为一个先在性问题总是让人觉得无法形成理解闭环。的确，从字面看，"党政公文"限定其使用范围是党政机关，《条例》第一章第二条指出"本条例适用于各级党政机关公文处理工作"。企事业单位的类型属性不同于党政机关，使用党政公文似乎有些名不正言不顺。

企事业单位都在使用党政公文，能否就此认为这是一个普遍失误呢？

有人为解释清楚这个问题，简单化地将企业使用的公文改名为"企业公文"或"商务公文"，将学校使用的公文命名为"教育公文"，如此等等，似乎换个名称就顺理成章了。

这样做在逻辑上更加难以为继，根本无法回答这个问题：企业、学校和党政机关制发的通知有什么本质差异呢？这些通知在文种名称、适用情况、写作规范等方面完全相同，却分属不同类型，岂不荒谬？显然，根据使用主体而改变文体类型名称，并不科学合理。

究竟如何理解"企事业单位中使用党政公文"呢？要解释清楚这个问题并不容易，这里从类比和学理两个角度入手解释其中原因。

我们可以通过生活中的一个现象来类比理解。

川菜在全国各地非常流行，针对川菜提出如下问题：是不是只能由四川厨师制作？是不是只能由四川人食用？是不是只能在四川地区食用？是不是只能用四川当地出产的食材制作？

针对这些问题的回答都是否定的。"川菜"这一概念中"四川"的地域意义已经被极大地淡化了,"川菜"仅仅是菜系名称,指发源于四川、带有独特风味、具有代表性菜品的一个菜系。

党政公文在企事业单位中的应用与此类似。党政公文发源于党政机关并形成了一套成熟的标准体系,是一种公文类型的名称。

从学理角度来看,企事业单位管理工作对公文的需要与党政机关基本相同。

党政公文在各类社会机构中所发挥的作用是相同的。社会机构属性虽然不同,但是在管理和履行职能方面具有很高相似性,都要实施领导,履行职能,处理公务,传达贯彻党和国家方针政策,公布法规和规章,指导、布置和商洽工作,请示和答复问题,报告、通报和交流情况。正是基于这些共同需要,《条例》第八章第四十条明确指出"其他机关和单位的公文处理工作,可以参照本条例执行",为党政公文在企事业单位中的应用建立了制度保障。

基于上述两方面原因,企业、事业单位等社会组织,完全可以沿用党政公文这一概念,而且在公文相关制度中,对公文文种的界定应当与党政机关保持一致。

文体意识是写作专业程度的重要标准

整篇文稿中明确体现文体文种的方面不多,只有标题等少数位置直接点明,文体文种标志所占比例几乎可以忽略不计。

因此,很多人误以为文体不是关键因素,不从事写作的人很难理解其重要意义,他们不明白为什么要在"文体"这个问题上那么纠结,为什么要对文种进行反复筛选。

如果一个作者不能准确选择文体、不能时刻重视文种对写作行为的约束导向作用,那么这个人就永远徘徊在写作大门之外。进行文学创作如此,写作公文文稿同样如此。

例如,同样一段内容,放在讲话稿中没有问题,会产生精彩效果,却不宜放在总结、通知等其他文稿中。原因何在?

写作公文根据工作需要、发文意图、组织关系、行文规则等因素选择确定文种之后,文种将反作用于素材筛选、内容组织、结构安排、语言风格等各个方面。这种反作用直接体现在标题、主送机关等细节方面,只有经过长期大量写作才能体会、理解、把握、遵循文种的这种反作用。

一般读者阅稿时只能看到写作成果，很难还原写作构思过程，只看到了"这样写"没有"那样写"，但很难理解内在原因，作者在文稿中也从不解释为什么"这样写"。当明白文种作用后，再来追溯作者思路，就能找到切入路径。某种文体必然有与之相应的特定构思模式，通过文种去理解和掌握这种构思模式不失为一条捷径。

文种发挥的实际作用和它在文面上不显山不露水的表现形态并不相称。作为一名公文专业拟稿人，必须时刻警惕这种表象可能带来的误导，时刻将文种作用摆在拟稿工作的突出位置上。可以毫不夸张地说，文体意识是否突出，是否充分发挥文体对写作的制约和引导两方面作用，文稿文体特征是否典型，是衡量拟稿人专业水平的重要尺度。

"诗外功夫"再强大，也需要转变为"诗内功夫"（即写作能力），文体意识正是沟通"诗外"和"诗内"的桥梁。增强文体意识、体现文体作用、展现文体特征是锤炼"诗内功夫"的重要任务。

第六章 公文处理工作中的领导者

公文处理工作涉及的角色主要包括两种：拟稿人、领导者。

这两种角色时而分离，时而合一。为方便表述，更为增加多维视角从而获得更丰富的认识，本书将这两种角色分离，分别从领导者和拟稿人两种角度思考公文处理工作中处于支配地位的领导者角色。

决定公文文稿质量的主体不只拟稿人，还有领导者。领导者对公文处理工作的整体质量具有决定性影响。重视公文的领导，根本无法容忍劣质公文，不仅对自己的文稿质量要求很高，而且对下属报送的文稿总是提出严格的要求。

虽然有的领导对"书面功夫"不以为然，但究其原因并非思想认识原因，而往往是这些领导本人不具备扎实的公文功底，心有余而力不足，只好降低要求。

领导者，无论其层级高低，都能清醒地意识到公文的重要性，都会利用各种机会提高自身和下属的公文写作能力。

从领导者角度来看，领导能力天然内置了公文写作能力，公文写作能力是领导力的构成部分。提高公文写作能力，是领导者提高自身综合管理能力的重要方面。不懂公文、不了解公文规范、不掌握公文处理工作制度，不能有效指导下属提高公文文稿质量，必然成为领导者的能力短板。

从拟稿人角度来看，具备领导者视野将会为撰拟稿件开启"第三只眼睛"，是提高文稿质量的必然要求。

公文拟稿人，不仅需要提高自身的写作能力，还需要具备角色转换意识，"身在兵位，心为帅谋"，能够准确把握领导者的角色作用、公文管理原则、对公文的需求等方面。只有理解了领导者这个最重要的读者、审核者和服务对象，才能保障公文写作的正确方向。

公文处理工作视野中的领导力

各级各类领导者在实际工作中会频繁接触与应用公文，公文已经成为提高治理效能、履行领导岗位职责、推动工作的重要工具。

很多领导者在面对下属提交的公文时处于尴尬境地。领导者没有系统深入了解公文知识，但"领导范儿"不允许其暴露这一短板，于是勉为其难地对文稿提出一些"不一定对""不专业"的意见。在旁人看来，领导者口中的"不一定对""不专业"纯粹是自谦之词，但领导者最清楚，这真的不是谦虚，而是心里确实没底气。

部分领导者公文素养稍高，他们长年累月接触公文，尤其是上级优质文稿，潜移默化之中形成了不错的"公文感"，对公文规范、规则、规矩有明确感受，知道好公文是什么样子的。如果下属提交的文稿与已经形成的感知存在较大差异，他们能够准确判断该文稿有问题。

然而尴尬的是，他们无法一针见血地指出问题所在。知道有问题，却不知道哪里有问题。即便知道哪里有问题，却说不清如何改正问题。

当下属或同事提出不同看法时，领导者往往很难为自己的修改意见辩护，原因是他们没有掌握公文那套术语系统和规则体系，难以用专业语言表达自己的合理观点。

如果下属引用了其他领导的不同观点，甚至提出某篇范例来反驳，那么领导者更是无言以对，无法"怼回去"，即便"怼"几句，也感到很无力。

这些情况无形之中削弱了领导力。在围绕公文的交流、交锋中败下阵来，领导者的权威、素质、能力将在一定程度上被消解，这是任何领导者都难以接受的。

领导力是领导者的核心素质、核心能力，体现了领导者所能够达到的最高境界，决定着其所在组织所能取得的最高成就，领导者及其所具备的能力水准就是其所在组织的"天花板"。同时，领导力也是一个极为复杂的课题，一般包括学习力、决策力、组织力、教导力、执行力、感召力等方面。

提升领导力的各种具体方法不在本书主题范围之内，本书关注的重点是，增强公文处理工作能力对提升领导力发挥更加积极的作用。遗憾的是，长期以来领导力研究者们有意无意地忽视了公文这一实施领导的工具，公文处理工作能力在领导力体系中很难占有一席之地，即便有所涉猎，也多纳入沟通能力之中，无法获得独立地位和透彻研究。这种状况，严重脱离高频使用公文领导者的工作经验，这也说明领导力研究存在着一块空白。

公文处理工作存在问题，是否就一定说明相关领导者的领导力不足呢？

答案当然是否定的。公文质量和领导力之间虽然存在着密切的关系，但从逻辑上看，二者之间并不存在必然因果关系，其中任何一个并不是另一个的充分条件、必要条件或充要条件。

公文处理工作质量和领导力之间的关系，应当定位为相关性关系，而且是高度相关性关系，不能定位为因果性或其他属性关系。本书不赞同对公文处理工作作用无限夸大的任何观点。只有合理界定公文处理工作与领导力之间关系的属性，才能保证对两者的思考沿着正确方向深入下去。

公文处理工作体现领导者的决策力、控制力、教导力

文风体现作风，文风体现干部能力。

从公文处理工作视角来反思领导力，就可以发现，构成领导力的各种能力在公文处理工作方方面面均有体现。

领导者核心职能之一是在本级权力所覆盖的领域内作出正确决策、决定。实现决策决定目标，需要强大的执行能力。从决策制定到执行的整个过程，不一定处处采用公文，但在重大事项、涉及面较广的事项中，以公文体现决策、协调行动就非常必要。

在大多数情况下，领导者已经形成了成熟而明确的决策，然后用公文固化表达、发布传达。在这个过程中，决策是否科学合理，并不取决于公文这个表达工具。

同时也应当看到，在很多情况下，尤其针对重大事项、长远战略的决策过程并非独立于公文之外，而是随着公文起草、征求意见、审阅、修改等进程不断趋于清晰、明确、成熟。

领导者决策形成过程也是公文不断优化的过程，二者是同一进程的两个侧面。这种情况普遍出现在党政机关、事业单位、国企或央企等系统中较高层级的领导者群体身上。从这个角度看，领导力集中体现为对公文的掌控。

对公文处理工作失去控制，反映了领导力模型中控制力的弱化，甚至缺失。

一些负责人抱怨"现在的年轻人真不懂规矩",很多情况下这个"规矩"不是工作纪律、政治规矩,而是"公文规矩"。

领导让刚毕业不久的年轻下属撰写文字材料,有的完成初稿后,不提交给领导,而是直接在工作群公开,还有的直接发给相关部门或人员。这种"神操作"让领导火冒三丈,追问年轻人为什么这样做,回答是"您没有要求先给您看啊"。

这种情况之所以会发生,一方面是年轻下属确实没有相关经验,考虑欠缺,另一方面更值得领导反思,那就是领导对公文处理工作过程的把控没有落到实处。在下达拟稿任务时,领导如果对年轻下属提出明确要求,哪怕只是一句叮嘱,相信也不会出现"不讲规矩"的情况。

团队建设、员工素质提升,需要领导者付出很多心血。领导者不仅要用人,更要培养人。教导下属,领导者责无旁贷。目前,领导力课题中获得普遍认可的是"教练式领导力",不是以职务权力,而是以对下属成长的推动引导作用获得下属的由衷尊重和追随。

很多人在回顾自己职业生涯时,都对领导给自己修改文稿记忆犹新。从领导修改文稿过程中,真切体会到领导的工作态度、专业能力,甚至人格魅力。

"作品即人",下属提交的初稿是他的作品,是他思想智慧的体现,是其知识境界的展现,是他的另一重人格精神。领导对初稿的认可、修改,甚至重写,都是对下属的重新塑造。这个过程虽然艰难、漫长,但是非常必要。

领导获得下属持久认可的一个重要途径,就是真诚而专业地与之探讨其文稿的写作问题。从主题立意、材料取舍,到结构安排、标点文字,方方面面体现了领导的教导引领作用。相信每位下属都能从这一过程中受到积极正面的影响。

总之,审核公文时,领导者需要挖出下属埋的"雷",填平下属挖的"坑",引导下属走"正途"。

领导者必须以严谨的态度对待公文处理工作

这里给各级各类领导敲敲警钟:公文处理工作是严肃的职务工作,不能出于看上去"合情合理"的原因将这项工作娱乐化、儿戏化。

某年,某地方高校一位院系领导在自己朋友圈发布招聘启事,吸引了很多"眼球",舆论把此次招聘称为"佛系招聘",引发社会热议。

这份招聘启事坦诚、耿直,直言自己学校"不是什么名校""平台很一般""交通不高速,没高铁,待遇也一般""对老师要求也简单,只要是博士,免面试、免试讲、免托免,来了就签录用合同,科研随意,申请项目随意,讲课不要太深奥(学生听不懂)""压力较小,适合养老"。

和一般招聘启事公事公办的冰冷面目相比,这则启事的确"很接地气"。然而,在火爆网络仅仅一天之后,出现了"神转折"。

据媒体报道,该校党委宣传部部长表示,院长发布的此则启事并未经过人事招聘部门审核,有很多不实之处,该启事不代表官方招聘,系个人行为,"学校正介入调查,纪委和人事处对该院长进行了约谈"。

一方面是网友追捧,一方面是校方澄清内容,并且约谈当事人。约谈,虽然不是处分,但肯定不是表扬,给这位院长带来一定压力。

站在公文处理工作专业角度,应当支持校方。这位二级机构领导发布招聘启事,违反了公文处理工作多项原则,显得有些"任性"。

第一,发文程序涉嫌违规。

招聘启事,虽不是党政公文,但考虑到实际效用,尤其是社会影响,也应按照党政公文的基本发文程序来处理。

协商程序没进行。公文内容如果涉及其他部门或单位的职权范围,发布的前置程序是,应当与相关单位或部门协商并达成一致。从新闻信息看,该院长没有提前与人事部门协商。

审核程序被忽视。人事部门已经制定了招聘工作的相关规定,各院系也无须再次进行协商。各个二级机构可以制作自己的招聘启事,但前提是,内容应当经人事部门或上级的办文部门审核,确保全单位政策统一。显然,该院长忽视了这一要求。

可以说,以上两个程序履行任何一个,这份"耿直"的招聘启事都会"胎死腹中"。

第二,启事内容涉嫌失实。

启事中说"免面试、免试讲、免托免""来了就签录用合同"。稍有工作阅历的人都能明白,这不符合招聘录用工作程序。层层设防,还难免有一些不良人员混进教师队伍。如果不设防,人事部门则严重失职,负责人恐怕就该下岗了。

求贤若渴，一人一策，特事特办，都能理解，甚至在某些情况下是必须的。可"来了就签录用合同"，显然不是实事求是、负责任的说法。

第三，对文风的不当创新。

中央一直倡导"短平实新"的新文风。其他几个字都好理解，唯有"新"最易使人误会。公文的新思想、新内容、新举措、新方法都值得肯定，而新形式、新语言、新结构是否有效，则要警惕。

对于公文写作而言，首要的是守正，其次才是创新。包括招聘启事在内的各类公文，都有各自的文体特征和思路模式。随意颠覆，可能给人阅读快感，但是否能够真正促进工作呢？"吃瓜群众"固然非常偏爱这类文风清奇的启事，但当事单位只会感到焦头烂额。

创新是守正基础上的微创新、局部创新，而不是"颠覆式创新"。如果将大家都遵守的"最大公约数"颠覆了，虽然给人耳目一新之感，但极可能干扰正常工作。

干扰了工作，创新的所有结果都归零，甚至负数。公文本质功能是推进工作，而不是创新。时代在变，形势在变，工作要创新，方法应创新，但这不等于公文另起炉灶、开山立派。

有媒体评论认为：大家担心的不是一个招聘帖之变，而是用格式化思维扼杀了"偶现灵光"的创新与可爱一面。校方如此正儿八经地对待一个已然娱乐化的事件，不禁令网友兴味索然。很多人转而讨论，高校的招聘启事，"画风"就能不能变一变，接地气说实话，不好吗？

这种言论暴露出对公文的无知。

真善美、短平实，都是公文追求的方向，但不能"爽爽爽"，不能"自嗨""他嗨"。这两种倾向都不是创新，而是歪路。公文出彩的前提是不出格。

总之，在"佛系招聘启事"事件中，二级机构领导这个始作俑者违背了公文处理工作的多个原则，某些方面甚至突破了公文处理工作底线。这个事件虽然极端，也不是常态，但揭示的教训却具有普遍意义。每位领导者都应当引以为戒，务必以严谨严肃的态度对待公文处理工作。

领导者是写作任务发动者：明确发文必要性

公文从无到有、从 0 到 1，需要一个契机。这个契机，从根本上讲，是工作的实际需求。工作需求又由人来发现和解决，这个人就是领导者。

领导者是公文写作任务的发动者，第一推动者。

普通工作人员可能也会承担公文写作任务发动者角色，但不是常态。在大多数情况下，普通工作人员不会、不能主动提出撰写需求。他们只是遵照领导的指令，启动文稿拟写工作。公文处理工作的这个特点也被叫作"遵命写作""被动写作"。

领导者发出拟稿指令前需要对发文必要性作出准确判断。

发文必要性，是发文理由，是之所以要发文的基础。事事发文、动辄发文，难免造成文牍主义盛行，是形式主义的表现。当发不发、应发不发，难免影响工作，降低管理效能，是懒政、不作为的表现。

精准判断发文必要性，成为领导力的一个重要方面，也是领导者区别于一般工作人员的重要标志。

判断发文必要性，可以参考以下几条标准。

1. 作为工作开展依据的行文（如请示——批复、请批函——审批函）。

2. 涉及重要工作、主营业务、核心职能的行文。

3. 发挥长期作用的行文（如规章制度）。

4. 涉及要素较多、事务复杂的行文（如工作方案）。

5. 上级或有关部门明确要求的行文（如工作报告）。

6. 无法被其他方式替代的行文。

这些标准大体上可分为两个方面：工作现实需要、政策制度依据。

明确发文必要性，不能仅仅看事务的大小与否、复杂与否。如果事务是具体的工作小事，也不复杂，那么就不需要发文了吗？

一个真实工作案例有助于理解这一问题。某金融保险集团，二级公司总经理出差到香港，恰巧集团董事会准备召开会议。这位领导无法返回集团总部参会，于是二级公司向集团发出一份请示，请求这位领导通过远程视频会议形式参加董事会会议。集团接到请示后，以批复行文同意二级公司的要求。

二级公司和集团都以正式行文、"红头文件"的形式来处理，履行了比较完整的收发文流程。有人对此非常不解，认为这件事只是二级公司领导参会方式的变通调整，不是什么重大事项，严格按照行文流程处理非常烦琐，不如口头申请或电话申请简便高效。

这种看法固然有一定道理，而且很多单位的确也这样处理类似事情。但是该集团董事会议事规则等相关制度对董事会成员参会有明确要求，规定了参会方式。如果需要变通，必须经过批准，批准程序需要相应文件作为凭证依据。因此，请示与批复的正式行文就是必要的。

仅从工作大小程度、复杂程度或重要程度等单一角度判断发文必要性，非常容易陷入误区，很可能削弱公文应有的效力，对此需要足够警惕。

同时还应看到，工作中有些事项"貌似"需要行文，实际上未必。下面这篇请示，应该用更加简便的处理方式替代。

关于在××银行变更联系人需出借营业执照原件的请示

公司领导：

　　现因工作交接，需携带营业执照原件前往××银行北京××支行办理银行联系人变更。

　　妥否，请批示

北京××有限公司
20××年××月××日

该请示主送机关不符合规范。抛开这一点，看其内容，这项工作的确需要凭据。根据行文规则，下级以请示行文后，上级应当以批复作出答复。请示与批复发挥了凭证作用。

但是另一方面，如果出借营业执照原件是常态化的，每次都按照请示批复的完整行文流程来操作，必然增加办文工作量。这时就应考虑用格式化审批表代替复杂的办文工作，同样可以发挥凭证作用。领导在借用审批表上签字即可办理，简化流程，提高效率。

从上面的案例可以看出，判断发文必要性，既有刚性的一面，又有弹性、柔性的一面。如果僵硬地理解发文必要性，很容易给工作带来不必要的麻烦。

与普通人员相比，领导者的站位高、视野宽、信息全、理论强、政策透，因此理解发文理由更具优势，更能精准判断发文必要性。

领导者要充分发挥自身的优势，准确把握行文理由和必要性。如果需要，应当将理由和必要性向承担拟稿任务的下属做充分沟通和交代。

领导者需明确发文动机与意图

公文是客观因素和主观因素交汇碰撞的结果。发文必要性指向客观实际，发文动机意图指向领导者主观期待。

动机意图，是领导者根据工作需要，期待公文在贯彻中产生的效果。

领导者判断文稿质量最重要的标准之一：是否准确体现发文动机与意图。

领导者和拟稿人都非常清楚发文动机与意图的重要意义，但是吊诡之处在于，领导者的动机与意图往往不够清晰明确，甚至不断自我否定，"朝秦暮楚"。

动机模糊、推倒重来这两种情况出现的概率，并不少于动机明确、一以贯之的理想情况出现的概率。当面对复杂工作时，领导者的动机意图往往呈现如下动态过程：

没想法→有想法　　　不要什么→想要什么
这样想→那样想　　　笼统模糊→明确清晰

领导者动机意图的反复调整、不断变化，无疑会给拟稿者带来很大影响。"一稿二稿三四稿，最后确定用一稿"虽是带有夸张色彩的笑谈，但也反映了拟稿过程中部分真实情况。

领导者考虑的维度越多，统筹的因素越多，必然使动机与意图出现动态变化。很多时候，这种变化并非完全是领导者个人主观因素导致的。面对这种情况，拟稿人应当摆正心态，密切配合领导者在对文稿的反复推敲修改中，进一步明确发文动机意图。拟稿人应当充分认识到，领导者动机意图的变化，归根到底是为了更好地推进工作。

在行文之前，领导者必须明确发文动机与意图，哪怕还不够理想、"差点火候"。领导者审核时，如果文稿体现动机与意图不明确、不准确，领导者需要自我反思，原因是否为本人尚未明确动机与意图。

工作需求、文种类型、行文对象、场景情景等多种因素，导致发文动机与意图有多种多样的类型。

有的行文动机与意图只是增强感情，进一步融洽关系，无实质性工作。

有的行文动机与意图只是告知相关情况，无须对方采取行动措施。

有的行文动机与意图不仅告知情况，还希望对方配合行动，但并无强制约束力。

有的行文动机与意图只是提高对方思想认知水平，不针对特定工作事项。

有的行文动机与意图不仅引起对方重视，还提出工作要求，指导工作的开展。

有的行文动机与意图只是向上级汇报工作情况，而有的则是希望上级提供帮助。

如此种种，不一而足。

如果粗略归纳，根据是否指向具体行动这条标准，行文动机与意图大体可分为实践性动机和观念性动机两大类。实践性动机主要指向特定具体工作事项，侧重提出具有可操作性的工作要求。观念性动机主要指向认识、思想、情感等主观层面，侧重以理服人、以情动人。基于这两种类型，结合具体情况进一步细化明确每次行文的动机与意图。

领导者是初稿的审核者

领导者可以不写稿，但是不能不审稿。

公文审核能力是领导力的重要体现。领导者不能、不愿承担审核责任，导致公文处理工作失控，是领导力的缺失。做个高效的公文审核者，应当成为每位领导者的自觉追求。

领导者必须将自己视为公文质量的把关人。公文质量首先取决于拟稿人写作水平，然而在现实中，如果文稿质量低劣，甚至造成消极影响，外界普遍认为发文单位领导者能力存在短板，或者思想疏忽大意。

草拟工作结束后，必须将文稿交给主管领导进行审阅，根据领导者的审核意见进行修改，直至稿件成熟定稿。在审阅修改过程中，除领导者与执笔者参加外，也可以根据需要进行集体讨论、会议研究。

承担审核职责的领导者角色比较多，必要的话需要层层报审。一般而言，以下领导者肩负审核责任：

拟稿本级单位（部门）领导　　本级办公室主任　　上级分管领导　　上级主要领导

审核工作是一项极为"烧脑"的工作，工作量和艰难程度并不比撰写公文低多少。很多审核者坦言，审改公文不如自己另起炉灶重写一篇更节省时间和精力。

审核工作需要首先针对重大问题、根本性问题，再到具体细节问题。《条例》第五章第二十条全面梳理了审核重点工作。

公文文稿签发前，应当由发文机关办公厅（室）进行审核。审核的重点是：

（一）行文理由是否充分，行文依据是否准确。

（二）内容是否符合国家法律法规和党的路线方针政策；是否完整准确体现发文机关意图；是否同现行有关公文相衔接；所提政策措施和办法是否切实可行。

（三）涉及有关地区或者部门职权范围内的事项是否经过充分协商并达成一致意见。

（四）文种是否正确，格式是否规范；人名、地名、时间、数字、段落顺序、引文等是否准确；文字、数字、计量单位和标点符号等用法是否规范。

（五）其他内容是否符合公文起草的有关要求。

需要发文机关审议的重要公文文稿，审议前由发文机关办公厅（室）进行初核。

以上内容可以简化归结为五个方面。

一是，发文是否必要，文种是否正确。

二是，内容是否体现发文意图，是否合规，是否全面，是否可行。

三是，结构是否得当。

四是，语言是否准确。

五是，程序是否完备。

这些方面任何一个都可能出现问题。审核者既要"抓大"，也要"抓小"。

文稿高频易错点

文稿细节虽小但"爆雷"可能性极高。这里归纳出几种高频易错点，如表 6-1 所示，希望引起拟稿人和审核者的充分重视。

表 6-1 公文高频易错点

类型	错误示例	正确表达	错误原因或防范方法
日期时间	2022 年 1 月 1 日（星期二）	2022 年 1 月 1 日（星期六）	大意马虎 反复核实，万无一失
数字数据计量单位	××市年生产各类口罩 108 亿只（再次纠正：口误，不是 108 亿只，是 18 亿只）	年生产能力 108 万只	对最新数据掌握不及时不准确 未意识到单位的意义
	全市 4.1 万人无偿献血 5.1 万吨	全市 4.1 万人无偿献血 5.1 万单位	向业务部门、相关工作人员求证，必要时需请其核实
人员姓名单位名称职务头衔	汪峰	王峰	大意马虎 反复核实
	武汉中心医院	武汉市中心医院	
人员范围	中层正副职领导、职工与党员代表	中层正副职领导、职工代表、党员代表	没有站在对方立场，充分考虑对方情况的多样性 公文表述对象范围，允许交叉重叠，但不允许错误、遗漏
形近字同音字	热列欢迎	热烈欢迎	拼音输入法导致 认真审核、校对
	立志成人成才，报销国家	立志成人成才，报效国家	
特定概念固定表述	国学	中华优秀传统文化	学习上级文件精神不够认真不到位，缺乏文字敏感 对重要概念和表述务必与上级保持一致
	"一带一路"战略 "一路一带"	"一带一路"倡议 "一带一路"国际合作	
	京津冀一体化	京津冀协同发展	
	国家主权安全、发展利益	国家主权、安全、发展利益	
标点符号	《公文写作课程》 《荣誉证书》 《身份证》	公文写作课程 荣誉证书 身份证	受到习惯影响，对易用错的标点符号缺乏重视 需要严格按照国家标准《标点符号用法》使用
	现场悬挂的"不忘初心、牢记使命"、"改革、创新、发展"两幅标语格外醒目	现场悬挂的"不忘初心、牢记使命""改革、创新、发展"两幅标语格外醒目	

表中所列这些易错点，严格来说并非语法问题导致（当然语句语法也是审核重点），这些错误即便是在一个语法规范的句子中，仍然是错误。这些细节易错点在全文任何地方都存在，当遇到时，务必反复核实，确保万无一失。

领导者是公文处理工作失误的首要责任者

所有公文工作者应该充分重视一个问题：谁对公文承担首要责任？

公文如果没有问题，发布施行一切正常，当然不涉及追责问题。

但是，公文处理工作中如果存在"雷"，爆"雷"后，谁先"顶雷"？如果有个大"坑"，谁先掉进去呢？如果有口"黑锅"，谁先"背锅"呢？明确来讲，发布公文后如果造成消极后果，在追责时谁是首要责任人？

很多人，包括部分领导者和普通工作人员认为，首要责任应由拟稿人承担。理由很简单，也很充分：稿子是谁写的，当然就是谁的责任。

这样认定和划分公文责任，太想当然了，事实并非如此。两个案例就充分说明这个问题。

2018年4月，某市某小学举行校名变更揭牌仪式。校办工作人员发布活动通知，对仪式进行详细安排，主要内容包括时间、地点、参加人员、活动流程、工作分工、相关要求等信息，不可谓不全面细致。

打印纸质文件后，拍照发布在教职工群中。有教师将通知照片转发到朋友圈或微博，很快引起网络热议。当地教育局经研究并报上级组织部门批准，对该校校长作出停职检查处理。

一份再普通不过的通知，涉及的工作也非重大事项，为什么让领导承担"停职检查"的严重后果呢？原来，通知中有一项要求"属马年与狗年出生（即虚岁49岁、41岁、37岁、29岁、25岁、17岁、13岁）的师生不宜参加"。正是这个内容引起了舆情，教育行政部门认为校长身为党员，违反政治纪律，搞封建迷信活动，造成社会负面影响。

这份通知是否由校长本人亲自撰写、亲自发布，无法考证。较大规模小学设有办公室及工作人员，这份通知很可能不是校长本人亲自制发。即便由其他人员制发，但公文出了问题，首先需要追究领导的责任。

在这个真实案例中，领导似乎"不冤"。下面这个事件，很多人认为领导"很冤"。

2019年11月，某市某区某街道办在辖区内张贴《××市××区人民政府关于进一步加强中心城区犬类管理的通告》。居民认真阅读后发现，其中存在错误，便上传社交媒体。

电视台记者收到线索后，现场核实，果然发现多达20处错误。例如，将《中华人民共和国动物防疫法》写成《中华人民共物防疫法》，"犬只"写成"犬值"，"饲养犬只"写成"思想全职"，"防疫合格证"写成"防信合格证"等。除错字别字外，还存在一些语句不通顺和标点符号错误。当地媒体曝光后，中央媒体也作了跟进报道，引发社会广泛关注。

事后调查发现，街道办张贴的通告是根据区政府网站上发布的通告制作的，原文并无错误，社区工作人员通过扫描提取电子版发给广告公司，在未对广告公司打印内容进行认真校对的情况下印制并张贴。

当地纪工委给予社区主任党内警告处分，对社区党支部书记诫勉谈话，对社区居委会委员给予批评教育并责令作出书面检查。

这起事件，并不涉及公文起草拟制，只是传达上级文件，出现问题造成消极后果，领导同样需要承担责任。

被追究责任的领导，有的并没有直接参与这项工作，只是作出工作布署，而且还是主动作为，但是遇到"猪队友"，被工作作风浮躁的下属狠狠"坑了一把"。这个事件中，被处分的领导似乎"比窦娥还冤"，但实际不是。

公文处理工作本质上是管理职能的体现，是工作开展的载体，并不是私人行为。公文处理工作出现问题，也就意味着管理职能、本职工作出现问题。对此承担首要责任的只能是相关领导者。这个"锅""甩不掉"，也不可能找临时工之类的普通工作人员来"顶锅"。

承担公文处理工作的普通工作人员千万不要做"坑领导"的人，各级各类领导者务必警惕办理公文工作的下属会不会是"挖坑者""埋雷者"。

公文差错等级

公文文稿可视为一种产品，从生产到使用的过程，质量管理是重中之重。

审核是公文正式发布之前的内部质量控制手段，目标是消除公文中存在的各种隐患与差错，发挥着预防把关作用。严格审核降低了公文出现问题的可能性，但不能百分之百消除各种潜在隐患，还会有少数"带病"公文成为漏网之鱼，进入下一环节。

公文经过起草、审核、签发等环节进入发布执行阶段，作为成品面世，在贯彻执行过程中也会暴露出未曾发现的问题。这些问题会造成客观消极影响，要评价消极后果的严重程度，必须建立一套评价标准体系，可称之为公文差错等级。

起草工作松懈，审核工作马虎，必然导致公文出现不同程度的差错，其质量问题也就会形成不同等级。无论是拟稿人还是审核者，都应当深入理解不同等级差错所具备的特征。

差错的不同等级，代表消极后果的严重程度，由低到高可划分为四个等级。

一级差错：技术错误

技术错误主要是由起草、审核、签发环节"偷工减料"、马虎大意或缮印、校对等环节疏忽造成的问题，典型表现是错别字、不当标点符号、病句、版式格式失范等情况。虽然出错，但一般不影响理解和执行公文。

技术错误表明，工作人员和相关领导者工作态度不严谨、不认真，缺乏一丝不苟的敬业精神，甚至在公文处理工作方面存在知识缺陷或能力短板。

技术错误比较容易纠正和改正，工作人员只须增强责任心，有针对性地提高公文处理工作能力即可。

二级差错：一般错误

一般错误指公文内容不全面、不完善、不明确，存在比较明显的疏漏，会在贯彻落实中导致理解困难或执行不便。

收到公文的单位或个人，一般会主动与发文机关联系，对相关内容进行反复确认。发文机关往往还会补充发文，造成"一事多文"。公文一般错误会极大地增加时间成本，降低公文效能。

时常出现一般错误，说明发文机关工作人员对具体业务不熟悉、不了解，业务工作能力较低，甚至是外行。

解决这一问题别无他法，只有熟悉各个领域业务工作，扎扎实实提高自身业务能力，深入研究不同工作的构成要素和特定规律，成为"多面手"和"行家里手"。

三级差错：事实错误

事实错误主要指公文内容不符合客观实际，不符合事实，如数据错误、时间地点错误、重要人物姓名及职务错误，等等。事实错误造成的后果比较严重，可能导致公文无法被正确理解和贯彻。甚至给人弄虚作假、有意误导、有意隐瞒的印象，严重削弱发文机关和公文的权威性和公信力。

事实错误进一步衍生出措施不具有可行性的情况。关于未来工作的部署、措施、安排缺乏现实基础、条件或政策依据，在贯彻中无法完全被执行，或根本无法被执行。面向未来工作的措施很难被认为是一种事实，而往往被作为要求。其实，措施虽带有一定前瞻性，但本质上都是基于过往的工作事实，而且都具有极强的现实性。

公文中提出的措施完全脱离既成工作经验，或完全脱离目前事实现状，必然难以被贯彻执行，即便勉强执行也无法达成预期效果。因此，缺乏可行性的措施也属于事实错误的范畴。

解决公文事实错误，必须强化求真务实的工作作风。对那些不便写入的事实、数据、情况，可以做适当处理，但必须杜绝弄虚作假。提出的工作要求和措施，应当充分考虑其现实性、可操作性，基于已有的条件，可适度超前。

四级差错：政治错误

在主题定位、定调方面，公文未能与党中央保持一致，未能坚持正确的政治立场，未能坚持社会主义核心价值观，未能体现社会主流观念，甚至误解、曲解国家政策，违背正确价值观念，违反国家法律法规。这种错误造成的结果是思想混乱，严重削弱发布机关和公文的权威性和公信力。

已经发布的公文如果被发现存在三级或四级错误，尤其是四级错误，必须严肃对待，直至撤销该文件。文件被撤销，也就意味着该文件自始至终无效，不能作为开展工作的依据，应当采取必要措施消除文件造成的消极后果，依规追究相关领导和工作人员的责任。

公文差错等级体系与公文审核标准总体相对应。不同的是，审核标准着眼于公文文本自身，而差错等级着眼于问题公文造成的客观后果。审核标准的作用是提高文稿质量，差错等级的作用是评估后果严重程度，为追责制度化、规范化奠定基础。

现行公文处理工作制度，已经明确了审核的标准要求，但忽视了公文差错等级，不能不说是一个缺憾。不同单位应当结合各自情况在公文处理工作中逐步建立具有针对性和可操作性的公文差错评价与认定制度，为保障公文质量再增加一重"保险"，为工作人员考核评价机制补上一块短板。

必须要说明的是，外界对公文产生的误解、曲解，甚至歪解，不能简单地直接认定为公文本身的问题。公文自身存在问题可能引发质疑，但质疑不一定由公文本身问题引发。有时虽然公文自身没有问题，但仍不能完全杜绝被质疑的风险。

外界由于各种原因而对公文产生误读，是一种常态，甚至断章取义、张冠李戴已经成为高频事件。遇到这种情况，办文部门必须理性地分析原因所在，不能盲目地将板子打在办文人员身上。

领导者审核文稿需评估舆情风险

随着自媒体、社交型媒体等新媒体的普及，公文已经成为舆情风险的高发领域，前面提到的几起案例就是由新媒体引发的舆情风波。审核环节是消除舆情风险的重要基础性工作，领导者审核文稿时务必树立舆情风险意识，进行必要的舆情风险评估。

文稿的主题内容、方法措施、政策依据、表述语言等各个方面几乎都存在舆情风险隐患，审核工作需要对此进行预判。基本思路是，设想在各类媒体上发布这篇公文，社会公众、工作当事人可能会有怎样的反应。

社会公众一般会以猎奇、挑剔、嘲讽、吐槽、看热闹等不同心态来看待公文。如果文稿中没有这方面的明显内容，一般不会引起大范围关注。

公文中如果有明显的负面内容、细节化的工作"内幕"、业内的"潜规则"，一旦通过新媒体渠道传播，面对"人人都有麦克风"的媒体环境，大概率将产生舆情风波，甚至舆情会比较猛烈，消极后果也更为严重。

有关工作的当事人往往会从自身利益出发，针对文稿中的规则、措施、安排提出质疑或批评。公文如果没有对当事人的合法正当利益诉求作出回应，很可能带来舆情风险。

审核文稿时，领导者需要统筹兼顾多元化利益主体的不同诉求，依法依规作出妥善安排。同时需要留有反馈、校正的余地，在出现舆情时能够按照工作程序开展处置工作。

领导者需要在平时加强工作积累，尤其要从已经发生的公文舆情事件中吸取教训，"摸着别人的石头，过自己的河"。领导者在审核工作中，需要增强"媒介情商"，时刻保持舆情风险意识，有策略地将风险隐患降到最低。

不同领导的修改意见冲突时如何处理

草稿完成后，依次提交部门领导和上级领导审核。领导们的修改意见可能不同，甚至对同一部分、同一段落、同一句话、同一词语会产生分歧。这种情况会使拟稿人左右为难、无所适从。这种情况普遍存在，如何应对成为拟稿人不得不解决的课题。

这个问题的本质很容易被理解为"二主一仆"三角式人际关系的反映。在这种复杂人际关系中，即便是情商"爆表"的人也很难从容面对，更何况具有几分书生气的文字工作者，左右为难是必然的。

领导修改意见不同，根本原因不是领导文字表达水平差异，而是领导站位、角度的不同导致的。每位领导都站在自己的层面和角度，理解、处理文稿所涉及的工作，他们的立场、目的、意图具有天然差异性。

面对这种情况，必须尊重直接领导、部门领导、业务型领导的修改意见。当然可以与之进行必要讨论，交换看法，多提参考建议。如领导仍然坚持自己的意见，拟稿人必须充分尊重，并在文稿中准确体现。

通俗地说就是：不要和领导抬杠。

根据领导意见修改后，如果有更高层的领导对此提出不同意见，不宜明确说明这是前面领导的主张。拟稿人只要笼统简单介绍一下由本人起草、几位领导作了修改即可。

事实上，更高层领导往往能够觉察到文稿中某种意见来自何人。在他们看来，即便这些方面有不妥之处，只要没有明显问题，不影响工作，也会保持一定宽容。更高层领导也不会因此而对拟稿人作出"差评"。

如果更高层领导指出之前领导意见中的不妥之处，拟稿人也不能将其视为"尚方宝剑"，简单否定前面领导的意见。在这种情况下，拟稿人更应该为直接领导、部门领导、业务型领导做好"善后"，维护他们的尊严和在更高层领导眼中的形象。

领导修改意见分歧无论有多大，领导层级无论有多高、多复杂，拟稿人都应当将保障文稿质量作为出发点，努力提高站位，达到领导的高度，多视角、多维度理解领导意见分歧的根本原因，尽可能提出能为各方都接受的修改方案，努力在对工作负责、对领导负责、对文稿负责之间找到平衡点。

第七章　从"诗外功夫"走向"诗内功夫"

本篇以上各章着重探讨了制约公文处理工作、影响作者写作能力的若干外部因素，如业务工作、组织机构、角色身份、文种类型等。这些虽不是着眼于某次具体写作行为，但又从更深层面影响每次拟稿工作。

这些"诗外功夫"是作者能力模型的一个侧面，另一个侧面是"诗内功夫"。

"诗外功夫"不会自动、自然、自发地变成诗。写作，终究是在"作诗"，因此不能仅仅片面强调"诗外功夫"，而忽视"诗内功夫"。要充分重视将"诗外功夫"转化为"诗内功夫"。

写作过程的本体论意义：写作能力究竟取决于哪些因素

怎样提高写作能力？这是许多人困惑的问题。大家希望有快捷的方法，或者抓住关键因素迅速提高。就这个话题，许多人发表经验之谈、甚至苦口婆心的文章，但都很难让人完全认同。

关于专业背景、思维水平、工作能力等因素对写作能力的影响，相信很多读者听过并且认同这些观点：理工专业出身的理科生更能写好文章，因为逻辑思维能力高于文科生；思维能力决定写作水平，要想提高写作能力首先要提高思维能力；工作能力决定写作水平，唯有丰富的工作经验、人生阅历、思想境界才能让文章出神入化。

这些观点当然有其合理性，同时也应当警惕可能产生的误导作用。

第一，专业背景因素对写作能力具有决定性作用吗？

从事公文写作的人一般都具备特定的专业学历背景，所以我们首先探讨这个问题。

没有任何权威数据表明，专业背景和写作能力之间存在必然的因果关系。在文科和理科专业背景人群中，并存着庞大的写作高手和不善写作的群体。无法统计每种专业背景写作高手和"小白"的人数比例，也就无法得出特定专业背景在提高写作能力方面更具优势的结论。

之所以有人认为某一专业背景的人更擅长写作，很可能只是基于某些人主观的经验和感受。有些个体倾向于将本人写作能力归因于自己的专业背景，并将这种认识扩大成为普遍性结论。但从总体来看，专业背景因素对写作能力的影响几乎可以忽略不计。用专业背景来解释写作能力，如同用喜欢红茶还是绿茶来证明有多少财富一样逻辑不通。

在公文写作这个领域，理科生和文科生都不应有专业优越感或自卑感。公文写作这项技能，对两者"一视同仁"。无论哪种专业背景出身，大家从事公文写作之初都站在同一条起跑线上。

第二，经常和写作能力产生纠葛的因素是思维能力。

常见的结论是，思维能力是提高写作水平的基础。从一般角度看，这个结论不算错误。但事实是，思维能力强的人，有的写作能力优秀，也有很多写作能力低下的，可见思维能力并不是提高写作能力的充要条件。

所以关于思维和写作之间的关系，最大的一个谎言或许就是"思维决定写作"。

第三，工作能力因素和写作能力之间的决定性关系，同样是模糊不明的。

基本事实是，在工作能力强的人中，写得好的和写得不好的同时大量存在。所以，工作能力和写作能力构不成充要条件。

总之，专业背景、思维能力、工作能力等因素，都不是提高写作能力的充要条件。这些因素和写作能力之间只有相关性，并无因果性。甚至，相关性也只是弱相关性。

花费大量笔墨片面强调这些因素和写作能力之间的必然性关系，只是浪费时间，浪费自己、读者的时间，甚至误导学习者。

做馒头离不开面粉、开水，更离不开酵母。问题是，有了这三种原料就会做馒头了吗？

一个人幽默有趣，会开玩笑，会写段子，难道他就是天生的艺术家，登台自然而然就能说相声、演小品、表演脱口秀了吗？

看到风景，感情激荡，诗兴大发，难道就能赋诗一首而不是只能感叹"啊！"了吗？

让我们回到基本事实：写作终归是"写"的过程。

在这个过程中，要能调用自己的知识储备、人生经验、工作感悟、思维能力。这些因素对提高写作能力的作用，只有在写作过程中才能得以发挥。离开写作过程，孤立地强调其中任何一个方面都没有实际意义。

写作高手们只有一个共同点：按照写作规律进行大量重复的写作实践。通过写作过程，倒逼思维能力提高，倒逼对工作经验的萃取，倒逼专业知识深化，而不是相反。

很多问题只有在写作过程中才能暴露出来。只有开始写作才能发现，原来自己对某个问题的理解如此肤浅，原来自己并没有真正想清楚、想明白，原来自己的经验存在很大不足。为了使写作过程顺利进行、圆融自洽，就必须解决这些问题。

就像本书作者写这段文字，写之前以为自己已经思考清楚，观点明确。可是在写作过程中发现，很多自以为明确的东西恰恰是朦胧模糊的。本来只想表达一个观点，也没有这么多小观点，谁知道越写越长，观点越来越多。

事先设想构思和写作展现的实际结果之间存在很大差距，甚至相反。这种情况不正说明思考并不能单方面决定写作吗？

公文写作时或许并不存在"想清楚，写明白"前后衔接的过程。只有在写明白的过程中，才能逐渐想清楚。如果不借助文字或其他形式将所思所想呈现、固化，"想清楚"也就不存在。

只有在写作过程中，人的知识、经验、思维能力等因素才有价值，才能参与到意义生成过程中，才能获得现实的转化。如果硬要排序，那么写作实践应当排在第一位。事实上，并不存在排序问题。

从这个角度看，写作过程具有本体论意义。写作就是写作，而不是什么其他东西借助语言的展现。甚至，写作过程会弥补进而创造新的经验，补足曾经存在的知识和思维短板。

如果不清楚写作有哪些规律，在写作过程中也体会不到这些规律，不能自觉掌握运用这些规律，不能理解并把握知识经验如何编码，不能借助文字将思维逻辑展现、展开，那么写作就是"梦游"，只能低水平重复。

严歌苓写作学习经历的启示

著名作家严歌苓创作了很多有影响力的作品，代表作有《陆犯焉识》《金陵十三钗》《小姨多鹤》《铁梨花》《芳华》等。她在一次节目中特意谈到在美国学习文学写作的经历，和本书上述观点不谋而合。

　　我考上的是哥伦比亚大学在芝加哥一个私立艺术学校里的文学写作系……我当时就感觉到他们的训练方式是非常科学的。

　　上课时，我们的同学都是坐成一个圈，十二个同学，老师坐在中间，然后他就说，某某某，你出一个词儿。

　　被点名的同学先出一个名词，然后老师叫第二个人，"你接一个动词"，用任何一个你想到的最最独特的一个动词来让这个名词动起来。

　　这样一种训练首先就是告诉你什么能使文章变得非常有活力。

根据 2014 年 7 月 22 日视频节目 "一席北京"
《严歌苓：职业写作》文字整理

　　文学写作和公文写作虽然有很大差异，但归根到底都是语言的书面运用，严歌苓所谈文学写作训练方法对公文写作同样极具价值。

　　以职业化态度面对公文写作这种创作活动，用职业化科学方法进行训练。类似于严歌苓所说的这种方法只在写作时才使用，如果其他活动中也用到，那就不算职业化方法。一个词引出下一个词，一句话引出下一句话，一个段落引出下一个段落。认真打磨这个过程，从中找到表达规律、思维规律、优化规律，这就是职业化的写作方法。谁能说自己不是这么写的呢？离开这个过程去谈写作技法，都是空谈，结果不是骗人就是害人。

　　在写作能力培养训练中，很多人混淆了结果要求和过程技法。

　　对于司机的要求是能够安全抵达目的地，但是对于驾驶过程的要求就应当是遵守交通规则、安全行车、准确控制车辆、一踩二挂三喇叭这些具体规范。训练培养司机时，几乎不用强调平安顺利，而是要反复强化交通规则和操作方法。

　　反观公文写作训练，很多人对公文提出言之有物、言之有理、言之有情等要求，原则上没问题，也应当遵守执行。问题是，这些要求都是对写作结果——文稿的要求，而不是对写作过程的要求。

　　许多人用非常空洞的原则来指导公文写作过程，无异于缘木求鱼，不得要领。讲的人口干舌燥，听的人眼花耳鸣。讲的人埋怨听的人层次低，听的人责怪讲的人"假大空"。双方"互相伤害",很重要的一个原因是讲话人将一些原则要求当成了技巧方法。

拟稿人应当着眼于写作过程方法论,对写作活动的语言规律、信息组合规律、思维规律深入挖掘和归纳梳理,从而得出可以迁移的一套技法,为高效写作提供基本遵循。

当然,在某些课题上,方法和原则很难区分,也不能否认原则要求的重要意义。如果将注意力集中在语句、段落的延伸展开过程,写作方法规律的独立性就会得到突显。写作方法更多指向语句构成,偏向写作"纯技术",偏向"如何写",而不是"写什么"。

总之,公文是"写"出来的,不是想出来、看出来、谈出来的。提高写作能力的根本出路非常简单明确,那就是:

多写作、多练笔、多对比分析。

中篇
打磨结构细节

"细节中有魔鬼",从标题、主送(抬头)、开头段、主体到落款的每个结构环节,拟稿人时刻面临"这样写"还是"那样写"的多重选择。

如果没有刚性规范,文稿极可能"走样""变形"。

"像不像，三分样"。按照公文样式"照葫芦画瓢"，是很多初学者的选择。这种作法不算错，甚至必要，但如果只是满足于此，只能写出"凑合"的公文，勉强满足工作需求，距离真正优质文稿尚有很大距离。

工作中常出现"散装"公文。表面上看，具备公文的基本结构环节、典型特征，例如，"为了""根据""××如下"、分条列项等。但是，每个方面都经不起推敲，都不够严谨，存在优化提高的很大余地。

仅仅做到"貌似"和"三分样"远远不够。"散装"公文最大的问题是随意化，"跟着感觉走"，想到哪里就写到哪里，写到哪里就只能如此，即便是去修改，也不知从哪里入手改起。

很多写作老手已经完全习惯公文的各种"套路"，但没有时间系统研究其中规律，在写作中难免带有随意色彩。写作状态良好时，稿子就工整漂亮，状态欠佳时，质量就缩水下滑。文稿质量不稳定，很重要的一个原因是对很多内在规律缺乏反思和归纳。

领导在指导下属修改稿件时，往往会"不知道怎么说"。领导发现问题，但无法解释问题。为什么不能"这样写"，为什么必须"那样写"，只能凭感觉解释其中原因。

近年"工匠精神"成为热词，得到大力提倡。工匠精神内涵并不完全统一，主要包括精益求精、一丝不苟、耐心专注、专业敬业等职业精神。重细节、重积累，"化整为零"是工匠精神的一个主要特征。把大结构体拆卸成很多小零件，认真打磨每个细节。细节扎实，整个结构也就扎实了。

公文写作也应发扬工匠精神，把整篇文稿拆解成若干部分，对每个结构细节进行反复斟酌，从中归纳出可复制、可传承的普适性规律。

多数党政公文文稿都包括标题、主送机关、开头、小标题、结尾、附件说明、落款等基本构成环节。党政公文之外的其他公文，如计划、总结、讲话稿、调研报告，甚至规章制度等文体，也基本具备这些共性环节。

公文写作的真实过程就是逐个儿地将这些结构环节一一搞定，步步推进，最终完成整篇稿件。在这一过程中，体察写作技法规律，形成内容模型和表达模型，为起草、审核提供基本遵循，帮助新手快速入门、老手稳定输出、领导高效审核。

第八章　标题

俗话说"看文看题"。"题"既指文章标题，也指文内各层次小标题，本章重点探讨公文标题（大标题）的写作方法。

标题，即文章名称，也称"题目"或"题名"。

命名是表达的必要前提。每个人都有名字，一项工作有名字，一份公文也要有名字，标题是公文的必备结构环节。实践中，极少数文种，如便函，经常不写标题。但是，从规范角度来讲，所有文稿都必须有标题。

标题的根本作用是准确揭示文稿主题内容。以此为基础，标题发挥多方面功能，例如，帮助读者理解文件内容，代表整篇文章，帮助检索者准确快速找到目标文献，吸引读者注意力、提高关注度和点击量，体现发文机构形象等。

在一些政府部门网站上，存在用发文字号（或其他编号）代替标题的情况。显然，这样根本无法发挥标题应有作用。存在这种情况的原因有二：一是原文没有标题；二是同类工作公文的标题相同，标题无法区别事项，只得用编号代替。要解决这种问题，必须为每份文稿有针对性地拟定规范严谨的标题。

拟写标题，是公文写作基本功，标题有问题往往意味着正文也有问题。写好公文，先从写好标题开始。

标题写作"五宗罪"

拟写标题是起草公文遇到的首个重大挑战，不少人大败而归。先来感受以下几个标题。

标题一：垃圾公告牌

标题二：××市发展改革委关于转发省发展改革委关于转发国家发展改革委办公厅关于对真抓实干成效明显地方加大中央预算内投资激励支持力度的通知的通知的通知

标题三：兹证明

这几个标题都很"奇葩"，具有典型意义，代表了标题写作中形形色色的问题。

标题一只有三个词构成，每个词都有问题。

正文内容主要是要求不能随意乱扔垃圾。"垃圾"这个事由显然令人极为费解，根本无法概括正文内容。

公告适用于向国内外宣布重要事项或法定事项（《条例》第二章第八条第二款），这个文种显然也不适合发布禁止乱扔垃圾。

"牌"应用于标题是普遍现象。严格来讲，"牌"是公文发布的物质载体。公文标题不包括所使用的物质载体，如果将载体形态作为标题构成要素，如"关于××的通知纸"，将非常可笑。

标题二冗长烦琐，违背语言表达的正常习惯，有人笑称"不讲人话"。事实上这是一个"老大难"问题，让很多办文人员极为头疼。这种情况出现的背景通常是将上级发文进行层层转发，发文这一级比较靠近基层，距离最初发文机关层级较远，标题体现了前面的转发过程，从而导致极为冗长。

这个理由是客观的，看上去非常合理，但不能作为借口。无论理由多么合理，都不能把标题写得"连地球人都看不懂"。

标题三虽短，但将正文开头句子中的常用副词"兹"错误地写为标题，暴露出拟稿人随意化的工作态度和对标题无知的知识缺陷。

以上极端案例代表公文标题的常见问题，将其归纳为"五宗罪"。

1. 意识淡薄。不知标题为何物，忽视标题、遗漏标题，将物质载体写入标题。
2. 过于简略。标题构成要素不完整、不规范，无法表达完整信息。
3. 过于复杂。以"合理"借口设计冗长烦琐的标题，违反语言习惯，增加理解难度。
4. 事由不明。未能全面准确揭示主题，无法达到只看标题即可理解正文内容的效果。
5. 文种滥用。使用文种不当，自造文种，遗漏文种。

标题基本要求：简明

无论何种文体、何种标题，都应当体现两个字的基本要求：简明。

所谓"简"，即构成模式简单、语言表达简洁、篇幅简短。

所谓"明"，即准确全面概括全文内容，体现正文主题。读者哪怕只阅读标题，也能够准确理解正文涉及的内容和工作事项。这一点对于检索公文极为重要。

此外，可以根据文种特点属性增加其他要求。例如，某些文体标题应具有一定艺术性、可读性。但总体上看，"简明"是各类文体标题的共同要求。

少数公文拟稿人在标题写作中过度创新，不由自主地滑向"标题党""知音体"等错误方向，对此要有清醒的防范意识。

标题类型及适用文种

公文的文体种类很多，相应地标题种类也比较复杂。这里化繁为简，根据标题构成模式特点，将其大致分为三种类型：普通式、组合式、关于式。

第一类：普通式标题

这类标题的特点是"没有套路"，很难归纳特定模式，相对比较自由灵活，只需用简洁的语言清晰表达主要信息和观点即可。

新闻消息标题：女教师车祸瞬间推开学生　自己被轧双腿截肢

简报信息标题：参观红色教育基地　助推"两学一做"学习教育

总结、讲话稿、调研报告标题：以市场需求为导向，全面提高科技创新水平

普通式标题多由一个单句或两三个单句构成，同时往往省略主语。

第二类：组合式标题

这种标题有"套路"，形成固定模式，大多数由正题、副题组合而成。

"蒜你狠""豆你玩""姜你军"是怎么产生的？

——农副产品价格暴涨调查

正题使用修辞手法，带有一定程度"标题党"色彩，主要作用是吸引读者；副题质朴简单，直接揭示主题。

很多人偏爱这种类型的标题，但在使用时不够精细，导致出现三种失误。

失误一，只保留花哨的正题，而丢失质朴的副题，彻底沦为"标题党"。这样的标题显然无法准确全面地揭示正文主题，违反明确性要求。

失误二，正题和副题颠倒，排版时将质朴的副题放在上一行，而将花哨的正题放在下一行。这种做法的根本原因是没有把握正题、副题表达风格的差异。

失误三，与第一种失误相关，破折号标示作者或部门名称，而不是副题。

第三类：关于式标题

这种类型标题由发文机关名称、事由、文种等三个要素及介词"关于"、助词"的"构成，主要应用于党政公文标题。

国务院关于进一步做好稳就业工作的意见

国务院关于开展第七次全国人口普查的通知

国务院关于表彰全国民族团结进步模范集体和模范个人的决定

国务院关于同意新设6个自由贸易试验区的批复

××公司关于召开职工座谈会的通知

××公司关于李×违纪情况的通报

与前两种类型标题相比，这种类型标题"套路"最明显，模式最稳定，看上去写作难度不大，但失误概率非常高，下面将进行详细探讨。

标题三种类型可匹配不同文种，如表 8-1 所示。换言之，有的文种只能使用其中某一种标题，而有的文种比较灵活，可以用几种标题。

表 8-1　标题类型与适用文种

标题类型	构成特点	适用文种
普通式	无固定要素和组合方式，简短词组或句子直接揭示主要信息、主题观点	总结、计划、简报、讲话稿、调研报告、通讯、消息等
组合式	正标题+副标题	
关于式	发文机关名称+事由+文种	大多数党政公文：决定、通知、通报、通告、报告、请示、批复、意见、函 某些事务文书（计划、总结、简报、讲话稿、调研报告等）可参照使用

党政公文只能使用关于式标题，没有灵活创新的空间，必须按照特定模式规范拟写。

标题中文种名称使用规律

在各种类型的标题中，文种名称这个要素时隐时现，使用规律如表8-2所示。

表8-2　标题中文种名称

使用情况	主要文种
不能包括文种名称	新闻消息、通讯、简报等
可用可不用文种名称	计划、总结、调查报告等
必须包括文种名称	党政公文：通知、通报、通告、报告、请示、纪要等

部分初学者没有掌握其中惯例或规律，写作时比较随意，凭感觉处理。例如，新闻消息稿的标题写成"献爱心活动新闻"或"献爱心活动消息"，会议通知标题写成"召开年终总结会议"。这样的标题都不规范，应予纠正。

党政公文标题基本构成要素及省略情况

党政公文标题构成要素是发文机关名称、事由、文种，以及"关于""的"。

这种标题具有显著优势：综合体现了文稿多个方面的信息；构成模式稳定，便于统一规范，提高写作效率；庄重、简洁，风格质朴。

党政公文标题看上去很简单，但"浑身都是知识点"，写作时"一步一个坑""一步一个坎儿"，每个要素都可能出现问题，有的问题还是顽疾。若能将这些问题都解决，会极大增强标题规范性。每个要素的写作要求如图8-1所示。

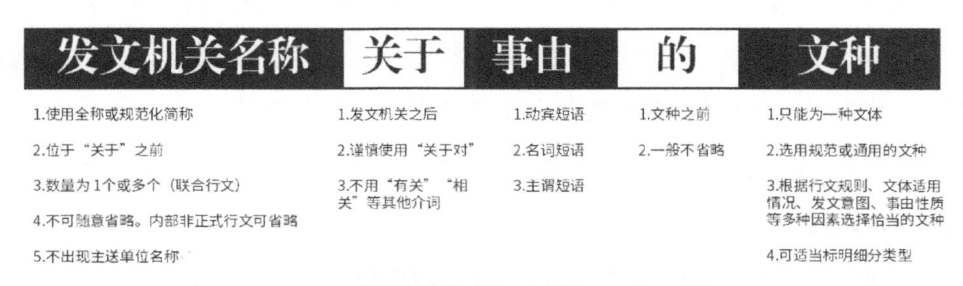

发文机关名称	关于	事由	的	文种
1.使用全称或规范化简称	1.发文机关之后	1.动宾短语	1.文种之前	1.只能为一种文体
2.位于"关于"之前	2.谨慎使用"关于对"	2.名词短语	2.一般不省略	2.选用规范或通用的文种
3.数量为1个或多个（联合行文）	3.不用"有关""相关"等其他介词	3.主谓短语		3.根据行文规则、文体适用情况、发文意图、事由性质等多种因素选择恰当的文种
4.不可随意省略。内部非正式行文可省略				4.可适当标明细分类型
5.不出现主送单位名称				

图8-1　党政公文标题构成要素及写作要求

各个要素齐全就构成了完整式标题，可根据情况适当省略其中一个或两个要素。完整式和省略式标题适用情况有所不同，二者构成要素及适用情况如表 8-3 所示。

表 8-3　党政公文标题类型、构成要素及适用情况

类型	构成要素	适用情况
完整式标题	发文机关名称+事由+文种	正式发文 对外发文
省略式标题	事由+文种	内部发文 非正式发文
	发文机关名称+文种	
	文种	
	事由	不使用
	发文机关名称+事由	

很多基层单位公文普遍省略发文机关名称，这种现象使人误以为这才是"正确规范"的。相当多的基层人员认为，"红头"已经有了发文机关标识，末尾也有署名和单位公章，标题中再出现发文机关名称就显得非常烦琐。

这种朴素看法带有"想当然"的色彩，和规范化要求相抵触。针对这种普遍误解，必须坚定重申：完整式标题是规范的，正式行文应当使用完整式标题。

在生活中我们称呼某人，往往直呼其名，省略姓氏。但在正式场合，或填写书面材料时，肯定采用完整姓名。

标题是公文的名称，规范化是刚性要求，没有变通余地。公文存档后，需要编制目录以便检索利用。如果标题没有发文机关名称极可能和其他文件混淆，给检索带来不便，编目时需要为其补全。

拟稿人在撰写公文时应采用完整标题，这个结构环节不能犯"懒癌"病。

虚词不"虚"："关于""的"省略与"跑偏"问题

探讨党政公文标题先从最简单的两个虚词"关于""的"开始。

"关于"和"的"是虚词，发挥语法功能，分量很轻，"存在感"很弱，常被忽视，即便出现问题也让人浑然不觉。

首先，探讨"关于""的"是否可以省略。本书建议是，一般不要省略。

省略这两个虚词，标题由三个实词构成，虽然表达意义一般不会出现大问题（某些情况会导致产生误解），然而非常不符合阅读理解习惯。试比较以下两个标题，就能体会到省略后会感觉比较别扭。

国务院办公厅延长 2020 年春节假期通知
国务院办公厅关于延长 2020 年春节假期的通知

省略事由，标题中仅有发文机关名称和文种两个要素时，"关于""的"必须去掉。

当标题三个要素齐全时，只有在极少数情况下，某些文种标题会省略这两个词，而且要同时省略二词。

特殊情况下，省略介词可能会造成误解，如《财务部提高出差津贴标准的通知》，很可能会使人误以为仅在财务部一个部门内施行。

转发文件的通知标题，往往可以省略"关于"，尤其是被转文件标题中已经带有"关于"字样时，可以省略前一个"关于"。

集团总经办转发财务部《差旅补贴标准（2019 年）》的通知
集团总经办转发培训中心关于 2019 年新员工培训优秀学员的表彰通报的通知

其次，务必重视"关于""的"的位置。

新手高发错误之一，就是让这两个词"跑偏"。

"关于"是标志性词语，新手非常清楚需要写"关于"，凭感觉把"关于"放在标题前端，而发文机关名称及事由在后，如下面两个错误实例。

误：关于××银行信用卡中心短信提醒手续费调整的公告
正：××银行信用卡中心关于短信提醒手续费调整的公告

误：关于××有限公司开展安全工作大检查的通知
正：××有限公司关于开展安全工作大检查的通知

标题中"关于"跑偏后，从语法和阅读理解两个角度来看都没有明显问题，很有迷惑性，一般人很难察觉，但本质上不符合党政公文标题规范。

务必明确的是：发文机关名称必须放在首位，"关于"必须在其后面。

当然，"关于"后面可能会有单位名称作为事由的主语，但绝不是发文机关。这个问题，在下文探讨事由概括方法时还将涉及，此处暂略。

"的"同样存在"跑偏"情况。

"的"应当位于事由之后、文种之前，如果不在该位置，阅读时会觉得很不习惯。

中共××机关党总支关于下属支部选举的结果报告
中共××机关党总支关于下属支部选举结果的报告

上面两个标题显然第二个标题更符合阅读语感。这种语感更深层原因是"的"的语法功能导致的。"的"紧贴文种，充分发挥结构助词功能，使整个标题构成一个以文种为中心词的偏正式短语，"的"前面的发文机关名称、事由都发挥对文种的修饰作用。这样的语序能够使标题语法关系更加明确。

从另一个角度看，"选举结果"是一个词，中间不适宜插入"的"，所以"的"应当调整到后面。

"的"跑偏还有另一个原因。事由中有"的"，如果文种前再用，显得不够简洁。于是，很多人选择保留事由前"的"而删掉文种前"的"。二选一，本书建议去掉事由前"的"。

文种的细分类型也容易导致"的"出现位置失误。

人力资源部关于"送温暖"活动的情况报告
人力资源部关于"送温暖"活动情况的报告

"情况报告"是报告的一种细分类型，当出现"情况"二字时，很自然地将其与文种结合起来，从而把"的"调整到前面。上例这个报告不是情况报告，而是工作报告，所以第二种写法更加合理。

类似的还有"情况通报"，标题也适宜写为"关于××情况的通报"，而不宜写为"关于××的情况通报"。

"关于对"究竟对不对

在写作实践中,"关于"出问题的概率相当高,务必引起重视。

有人不自觉地使用"相关""有关"代替"关于"。其实,事由中会用到这两个词,但是并不能用来代替"关于"。事由标志,只能用"关于",不能用其他类似的词。

"关于"最大、最不容易发现和纠正的问题,是用"关于对",尤其在处理处罚类公文中。"关于对"不是不能用,而是极易出错,使用时务必保证正确。

以下面这个标题为例进行深入分析。

关于对××校区部分教师聚餐饮酒问题的通报

粗读没有问题,完全能够理解公文表达的主要内容,这正是"关于对"迷惑性所在。

"关于对"并非一个词语,汉语中没有"关于对"这个词。"关于""对"是两个独立的介词。从语法规则来看,介词不能单独使用,也不能两个连用。

介词必须要和实词结合,构成介词短语,修饰、补充谓词性词语(或中心语)。介宾短语不能"落单",必须有"好朋友",也就是后面的谓词性词语(或中心语)。

标题"关于……的通报","关于"和"通报"构成一组搭配。这种情况下,"对"和"……问题"组合后,没有搭配相应的中心语。

关于对××校区部分教师聚餐饮酒问题的通报

可以将上例改为以下两种写法。

关于××校区部分教师聚餐饮酒问题的通报
对××校区部分教师聚餐饮酒问题的通报

公文标题使用介词是"关于",显然应该去掉"对"。

标题中不能使用"对"这个介词吗?感觉某些情况用上似乎更加合理。在国务院权威公文中，类似文件标题有的使用"对"，有的没有使用。

国务院办公厅关于2016年第二次全国政府网站抽查情况的通报

国务院办公厅关于对全国第二次大督查发现的典型经验做法给予表扬的通报

国务院办公厅关于对真抓实干成效明显地方进一步加大激励支持力度的通知

使用"对"的标题中，"对××"后面一定有动词谓语中心语（即"给予表扬""加大激励支持力度"），这个介宾短语成为状语。理解这个问题请参考上两例示意。

其实，类似的事由，完全可以不用"对"，而用动宾结构表述。

国务院关于表扬全国"两基"工作先进地区的通报

这个标题可以用"对"，写成《国务院关于对全国"两基"工作先进地区给予表扬的通报》。叠床架屋，有些烦琐，所以建议尽量避免使用"对"。

再举一例供读者体会学习。

误：关于对××实业股份有限公司的年报问询函
正：关于对××实业股份有限公司年报问询的函
正：关于××实业股份有限公司年报问题的问询函

"关于"使用注意事项归纳如下。

1．"关于对"并不是一个词，而是两个介词，需要各自构成完整搭配。

2．"关于"后面一般不用介词（介词短语），避免两个介词连用，而是动宾短语、名词短语或主谓短语。

3．如果使用"对"，那么一定要为其搭配中心语。

发文机关名称的主要要求

图8-1中，对发文机关名称提出了五点要求。

1. 使用全称或规范化简称。

2. 位于"关于"之前。

3. 数量为 1 个或多个（联合行文）。

4. 不可随意省略。内部非正式行文可省略。

5. 不出现主送单位名称。

其中，第 2 条、第 4 条已经在上文作了介绍，此处不再赘述。

发文机关名称需要使用全称。所谓全称，简单来说即正式名称，可以理解为公章、营业执照、组织机构代码证上的名称。每位拟稿人都应有十足把握准确无误地写出本人所在单位、部门的完整名称。

很多基层单位全称很长，甚至多达二十几个字，如果写入标题将会冗长烦琐。规范化简称可以替代全称，以缩减标题长度。

所谓规范化简称，可以理解为经过官方或上级认定的，或是组织章程等规范性文件中载明的，也可以是长期形成的固定简称。

有些单位或部门的简称比较随意，经常出现变化。例如，很多单位人事部门的简称不统一，常见的有"人事部""人资部""人组部""人事行政部""行政人事部"等。这种情况给行文带来一些干扰，需要统一明确。

部分企业公文用品牌名称、产品名称、团队名称代替发文机关名称，这是不规范的。例如《××云关于调整产品价格的通知》《××物联关于××的议案》《××运营团队关于××的公告》，其中的"××云""××物联"应当改为"××电信公司""××物联网有限公司""××有限公司"。

基层单位中联合行文的情况较少，主要以本单位、本部门单一名义发文，标题中只需一个发文机关名称。

根据工作需要联合行文时，发文机关的层级应当相同或相当，上级和下级不能联合行文。联合行文需要在标题中写多个发文机关名称。发文机关数量较少时，可以全部列出，主办机关列在首位，机关名称之间用空格（不是顿号）隔开。联合行文机关数量比较多时，如果全部列出将导致标题冗长，可以只写主办机关，后面用数字概括其他发文机关。

商务部等五部门关于进一步落实城乡高效配送专项行动有关工作的通知

标题中发文机关名称后一般不写主送单位或送达对象的名称，如下两例是不当的。

　　误：××公司致××公司关于××工作的商洽函

　　误：××公司致××的邀请函

这个问题在以函行文时比较常见，一个原因可能是受到信件格式的影响。信件标题可以用《甲致乙的公开信》《致乙的信》，函与信件有相似性，所以受到影响。另一个原因可能是分发时为避免装错信封，在标题上体现收文者名称。无论哪种原因，党政公文标题中都不应写主送对象名称。

概括事由的三种基本模式

事由，即事件缘由，但标题中的事由并不仅指原因理由，体现更多的是发文意图、主题内容、主要事项。

公文篇幅可长可短，但标题不能冗长，按照格式规范排版后一般不超过三行，大多数一到两行。标题长短主要取决于事由，因为发文机关名称和文种长度基本固定。

概括事由是拟写公文的重点课题之一，需要花费较多精力。衡量拟稿人写作能力，一个重要参考标准就是能否以简洁语言准确概括事由。

公文涉及的工作千头万绪，如果有多少种工作，就有多少种表达模式，显然不行。必须找到具有普适性的表达模式才能将纷繁复杂的事项浓缩到一个简短语言结构之中。事由的表达模式不能过于复杂，否则不利于提高表达效率和写作效率。

很多人侧重从事项出发提炼概括事由，这种思路不错，但不同的人会存在理解差异，同一事项会有多种不同表达，难免会出现"公说公有理婆说婆有理"的情况。

对事由的概括本质上是写作行为，是运用语言反映思想和现实的表达行为，在这一过程中，语言占据重要地位。概括事由应当从"面向事项"转变为"面向语言"，通过抓住事由底层的语言规律形成稳定的表达模式。

在长期写作实践中，形成了三种比较成熟的事由概括方式：动宾短语、名词短语、主谓短语。

下面详细介绍每种概括方式。

动宾短语概括事由

事由以动宾短语呈现，基本模式是：动词+名词。名词作为动词的宾语，两者一般比较简短（后文将简要介绍复杂形式的动宾短语模式）。

> 中共中央　国务院关于表彰全国劳动模范和先进工作者的决定
> 国务院关于深入开展爱国卫生运动的意见
> ××股份有限公司关于召开2020年年度股东大会的通知
> ××银行关于下调部分理财产品销售起点金额的公告
> ××省电力公司关于推广应用安全风险管控系统的通知

动宾短语直接指向工作行动和要求，确定色彩强烈，非常便于读者阅读理解。日常工作中，要注重积累动宾短语搭配，尤其是那些表达精准、构成新颖的动宾短语。

公文标题事由中使用频率较高的动宾短语如下所列：

召开××会议	开展××工作（活动）	举行（举办）××活动（比赛）
加强××工作	加快××工作	推进（促进）××工作
做好××工作	规范××管理	深化（优化）××改革
完善××机制	建立（健全）××机制	成立（调整、取消）××机构
表彰（处罚）××	公布××结果（情况）	
印发（下发、公布、转发）××制度（意见、方案、行动计划等文件）		

其中，"加强××工作""做好××工作""规范××管理"所能覆盖的工作比较广泛，可谓万能组合，拟稿中使用频率较高。

需要注意动词和名词的语序问题。汉语的典型语序是动词在宾语之前，而口语和书面表达中大量存在宾语倒装前置于动词之前的情况，这种倒装易与主谓结构混淆。撰写事由时，应采用典型的"动宾"而不是"宾动"。下例中，第二个要比第一个更佳。

> ××银行信用卡中心关于短信提醒手续费调整的公告
> ××银行信用卡中心关于调整短信提醒手续费的公告

在动宾基本模式基础上，根据实际需要，动词和名词会有多种变化，形成不同衍生情况。

例如，动词和名词宾语可以采用两个（不会更多）。

国务院办公厅关于组织做好疫情防控重点物资生产企业
复工复产和调度安排工作的紧急通知

动词和名词前面可以适当添加修饰语，即增加状语或定语。动词前的状语多强调程度、范围、时间，常用状语有"进一步""在××"等。

国务院关于进一步做好稳就业工作的意见
国家能源局关于在能源领域积极推广政府和社会资本合作模式的通知

名词的后面可以增加一些模糊色彩的词语，进一步扩大指涉的对象，常用的有"××有关（相关）工作（情况、问题、事项、事宜）"。

国务院办公厅关于加强困难群众基本生活保障有关工作的通知
中国银监会关于规范商业银行理财业务投资运作有关问题的通知

动宾模式可以进一步演化，形成动词+名词+动词的形态，即兼语结构，其中的名词既是宾语，也是主语。相对而言，这种模式使用频率较低。

国务院办公厅关于推进政务新媒体健康有序发展的意见

事由可由两组动宾短语构成，但会使标题篇幅较长。两组动宾短语概括事由，主要应用于重大事项，基层单位使用较少。

中共中央　国务院关于抓好"三农"领域重点工作　确保如期实现全面小康的意见
国务院办公厅关于深入开展消费扶贫　助力打赢脱贫攻坚战的指导意见
发展改革委等四部委关于加快推行合同能源管理　促进节能服务产业发展的意见
国家能源局综合司关于进一步加强电力安全生产监督管理
防范电力安全生产人身伤亡事故的通知

事由的两组动宾短语，需要合理安排次序，一般前一组表达措施手段、思想原则，后一组表达效果目标。两个部分之间一般不使用逗号或顿号，而是用空格相间，或者分上下两行排布。

名词短语概括事由

这种模式将事由概括为一个名词或名词性词组。其中有的词，孤立来看是动词，但在更大的结构中本质上是名词性成分。

国务院办公厅关于西安地铁"问题电缆"事件调查处理情况及其教训的通报

中国银监会关于规范性文件清理结果的公告

人力资源部关于"送温暖"活动情况的报告

中共××机关党总支关于下属支部选举结果的报告

在这些标题中，几乎都有貌似动词的成分（如"调查处理""清理""选举"等），但是综合前后内容来看，整个事由本质上还是名词性短语。

概括事由的名词性短语大多比较简短，根据需要适当增加修饰定语。

主谓短语概括事由

这种模式将事由概括为一个主谓结构，即由主语、谓语中心语（动词）构成，某些情况下还带有宾语。

国务院关于国有企业发展混合所有制经济的意见

中国银监会××监管局关于××银行修改公司章程的批复

深圳市规划和国土资源委员会关于我市部分地铁站点名称变更的通告

关于设备部电气部分岗位公开竞聘的通知

在主谓结构中，包含明确的谓语动词（上例中的"发展""修改""变更""竞聘"），这一点与第一种概括方式动宾短语模式相同。不同的是，动作的施动者有差异。

动词代表动作，动作必然有施动者。施动者如果主要是除发文机关外的其他单位或相关主体，那么应当将施动者名称写在"关于"之后，作为事由部分的主语。

施动者如果主要是发文机关，那么应当位于"关于"之前，事由就以动宾短语表达。

这个写作规则也可以用"关于"作为参照点来理解。"关于"的后面可以有单位部门名称，但绝不是发文机关名称，而是工作涉及的其他主体。如果是发文机关名称，那么应当将其放在"关于"之前。

如何选择表达事由的恰当模式

上文介绍了表达事由的三种表达模式：动宾短语、名词短语、主谓短语。三种选择不多不少，针对某项具体工作拟写标题时，究竟如何选用恰当的模式呢？

对这个问题的探讨从同一份公文的两个备选标题开始。

关于 2019 年义务植树活动的通知
关于开展 2019 年义务植树活动的通知

这两个标题都符合简明的要求，读者也都可以清晰理解。不同的是，第一个标题的事由采用名词短语概括，第二个标题则用动宾短语概括。

经过对比，直觉告诉我们第二个标题要比第一个标题更好。事实上，如果让公文"老司机"来写的话，一出手就会写成第二种，而很多新手大概率会写成第一种。

必须思考：概括事由选择表达模式的内在规律是什么？什么情况下应当用动宾短语，什么情况下应该用名词短语？选用表达模式的依据是什么？

不理解并掌握这个规律，写作时就会受到个人状态和"手感"的影响，难免随意化，导致文稿质量不稳定。

这里，通过三个维度来分析确定概括事由的恰当模式。

维度一：参考事项时间节点

公文所指向的工作无非发生在过去、现在和未来。时间节点明确，很容易判断确定，也很容易取得共识。可以此为维度，对概括事由的模式提供选择依据。

以拟稿发文时间为基点，文件涉及的工作如果已经结束，换言之，工作发生在过去，事由概括以名词短语为宜。工作如果正在开展，或即将开展，换言之，工作发生的时间是当下或未来，那么事由概括以动宾短语为宜。

国务院办公厅关于西安地铁"问题电缆"事件调查处理情况及其教训的通报

国务院办公厅关于部分地方优化营商环境典型做法的通报

上两例用名词短语概括事由。这两份通报发文时，前期相关工作已经完成或结束，产生了阶段成果。虽然会对未来工作提出一些要求，但全文主要内容是介绍过去情况。从时间角度来看，两文都是侧重于过去已完成的工作。

指向过去已完成的工作，标题事由为什么用名词短语比较适宜呢？从属性角度来理解，名词性短语反映一个既定事实、认知结果，带有鲜明的"完成时态"色彩。这一点和过去结束的工作正好一致。

以下几例用动宾短语概括事由。

国务院关于进一步做好利用外资工作的意见

国务院关于在自由贸易试验区开展"证照分离"改革全覆盖试点的通知

国务院关于取消和下放一批行政许可事项的决定

××银行关于调整××理财系列产品预期年化收益率的公告

关于开展2020年度安全生产工作大检查的通知

这些公文主要内容都是对下一阶段工作作出部署，提出要求，指导未来工作开展。标题事由中动词占据重要地位，具有鲜明的行动属性。

所谓工作，本质上就是行动。过去工作行动已经结束，下一阶段需要继续行动，事由中的动词强化了工作的行动属性、实践属性、动态属性。如果去掉这些动词，要么语法不通，要么无法体现工作的行动属性。

从时间线角度来确定事由表达模式，未必是绝对的，也有个别标题不符合这个规律，但总体上而言，大多数标题遵守这个规律。

维度二：匹配文种适用情况

结合时间这个维度，进一步梳理文种属性和应用惯例发现，时间特征和特定文种之间存在一定程度的关联，事由表达模式和文种之间也存在一定关联。因此，事务工作时间、事由表达模式、文种三者之间具有高度稳定的关系。

通报、报告两个文种主要表达过去工作或情况，二者的标题事由多用名词短语。

通知、请示、决定、意见等文种主要部署未来工作，标题事由多用动宾（或主谓）短语。

正是由于这个原因，拟写通知标题事由，往往不由自主地采用动宾短语。极少有人去思考内在原因和规律，形成了"自动化"式反应，拟稿经验丰富的人基本遵从这种反应。

上文中多处有相关标题示例，此处不再引用。

当然，事务时间、事由模式、文种三者之间的联系也不是绝对的，这种惯例在某些情况下也很可能被打破。

维度三：体现工作事项本质

如果说前两个维度不能完全保证事由表达模式的严谨性，那么从事项本质出发，是否使用动词作为事由核心就显得极为必要和重要。只需做一个去掉动词的简单测试，就可以判断标题事由采用的是动宾短语还是名词短语。

去掉动词后，事由是否准确体现工作事项、发文意图，是否会造成事由不明，是否导致读者多种理解。如果可能导致这些消极结果，那么就应当采用动宾短语来概括事由。

人力资源部关于推荐第二批内训师培养人员的通知

人力资源部关于第二批内训师培养人员的通知

这两个标题，显然第一个更能体现这项工作的本质。仅仅是让各部门推荐人选，并未确定人选。如果人员确定以后，需要告知各部门，那么标题可以写成《人力资源部关于公布第二批内训师培养人员的通知》，事由仍然采用动宾短语模式。

第二个标题采用名词短语，无法体现工作本质，会让读者产生两种理解，难以把握工作进展到了什么状态，需要结合正文内容来明确工作事项究竟是什么，表达效果显然不如第一个。

批复标题中，事由常采用两种模式，即省略审批意见或带有"批准""同意""核准"等动词。

中国银监会××监管分局关于刘×任职资格的批复
中国银监会××监管分局关于核准刘×任职资格的批复

通过以上分析，很容易判断出来，第二个标题（带有审批意见）更优。

分析工作事项本质这种判断方式，简单来说，就是将几种表达模式都写出来，然后对比效果，从中找出最佳表达模式。有得选总比没得选要好，多选一比一选一更能提高质量。必须熟练掌握至少三种表达模式，以便于筛选对比。

上文从三个维度来判断概括事由应该选择哪种表达模式，主要针对动宾短语和名词短语模式作了介绍，基本没有涉及主谓短语模式。其实主谓短语在本质上和动宾短语是一致的，二者中的动词都发挥着极其重要的作用，因此不再单独介绍主谓短语模式的选择问题。

通过分析标题事由概括方式，可以说"文无第一，武无第二"这句话未必完全正确。"武无第二"没什么争议，但"文无第一"在公文写作领域很难成立。

对公文写作而言，拟稿人在能力范围之内穷尽各种写法，提出多种备选项，总能在其中找到一个"最优解"。公文高手的能力就体现在这一方面，他们总是能够写出"改无可改"的语句、段落，甚至篇章。其重要原因之一是，他们已经事先经过了多重筛选。

综合大量文稿实际情况，党政公文标题事由的动宾短语、名词短语、主谓短语三种模式，使用频率是不同的。相对而言，动宾短语使用频率最高，名词短语次之，主谓短语较少。拟写事由可以首先考虑动宾短语，如果不能满足需求，再选用其他两种模式。

事由动词应避免与文种重复并注意施动者角度

如本书第五章所述，标题中的文种名称是名词，而这个词在其他语境中一般作为动词使用。如果动词用法也体现在标题中，将会导致重复的问题。

为避免重复，标题事由动词不宜使用和文种名称相同或部分名称相同的动词，而需要选择另外的同义动词或近义动词，或者将其删去。

> 关于通知会议相关事宜的通知
> 关于申请××项目经费的请示
> 关于汇报××工作进展的报告
> 关于通报表彰××先进事迹的通报

前两个标题中的动词"通知""申请"可以更换为"召开""下拨"等其他动词。后两个标题事由中的动词"汇报""通报"可以删去，不影响表达效果。类似问题在写作中时常发生，应当引起必要的重视。

有动词，就必然有施动者。动词选择应当充分考虑施动者的角度，施动者和动词保持一致，换言之，动词是从特定统一的施动者角度体现的动作。

标题一：××部关于下拨××项目经费的请示

标题二：××部关于解决××项目经费不足问题的请示

这两个标题都可以使用，但进一步分析发现，标题一中"下拨"的施动者是上级，和发文机关不匹配。标题二中"解决"的施动者既可以是发文机关也可以是上级（这里上级作为施动者）。相比之下，标题二更优。

事由中动词的施动者无非两种：发文机关、主送机关。特殊情况下会扩大到更广泛的范围。事由动词是否恰当准确，判断标准包括两个方面：一是，是否体现工作本质、发文意图；二是，是否体现施动者角度，是否与施动者一致。这两个方面本质上是一致的。

大多数标题中需要明确写出施动者。动词应当站在施动者角度，将不同施动者的不同动作分别表述清晰。

施动者如果是发文机关，发文机关名称必然在"关于"之前，事由默认就是发文机关的行为，因此事由会采用动宾式短语，动词为发文机关的动作。

××部关于召开××会议的通知

××部关于参加××会议的通知

这两个标题显然第一个标题更恰当，因为发文机关的动作是"召开"而非"参加"。"参加"是主送机关收到该通知后的动作。

事由如果采用主谓式，即"关于"之后有发文机关之外的另一个主体（可能是主送机关或其他主体），那么事由动词应当与之保持一致，体现其他主体的行动。

如果事由的动作是发文机关、主送机关及其他主体等多个施动者的行为，那么动词可以泛化，也可以使用两个。如果上级开展某项活动，本级也要进行这项活动，则本级发文的标题有三个备选。

××部关于开展××活动的通知

××部关于组织参加××活动的通知

××部关于组织全体员工参加××活动的通知

第一个标题可以使用，相对而言，后两个标题更加精当。后两个标题的事由包含多个动词，除发挥强调作用外，更多的是因为需要为不同施动者匹配不同动词。"组织"是发文单位的动作，"参加"是员工的动作。这两个动词体现不同主体的不同行为，使发文意图和工作事项更加清晰准确。

事由须体现事务本质与发文意图

以上三种事由概括模式，是从语法构成特点划分的，是从形式类型的角度考虑。在写作实践中，仅仅搭建一个语法形式并不能完全满足表达需求。在同一种概括模式下，每个要素又有多个可选项。哪个选项能够准确体现事务本质和发文意图，还需要进一步深入探究。

以动宾短语为例，选哪个动词、哪个名词，必须结合具体工作事务分析。

首先来看下面三个标题。事由都是动宾短语，动词完全不同，名词宾语基本相同。

财务管理中心关于加强"两金"占用管理的通知

财务管理中心关于规范"两金"占用管理的通知

财务管理中心关于压降"两金"占用的通知

三个事由概括都是动宾搭配，也都没有语法问题。仅从构成模式这种形式角度分析，三个标题旗鼓相当，很难分出优劣。这就需要从内容角度，即工作事项出发进行辨别。

这篇公文涉及企业"两金"占用，需要了解这项业务工作的具体内涵。"两金"指财务会计账簿记录的各类应收款项和存货。从某种意义上讲，这两种资金不是积极、优良的款项，甚至带有消极不良色彩。

第一个标题的事由使用动词"加强"，虽然"加强管理"没有问题，但考虑到针对的对象带有明显消极色彩，"加强"的表达效果并不理想。

第二、第三个标题的事由分别使用"规范""压降"，更适合"两金"这类消极对象。其中，"压降"体现发文意图极其准确到位。

这个例子不禁使人联想到著名的"推敲"典故。

"僧推月下门"还是"僧敲月下门",诗人贾岛所纠结的"推""敲"也正是两个动词,一字之差,氛围相差很远。没有写作经验,或者写作经验不丰富的人,会很不理解这种纠结。在他们看来,怎么做就应该怎么写,这种认识显得肤浅。无论文学写作还是公文写作,都必须考虑哪种表达效果更佳,这也正是写作专业性所在。更何况,制发公文通知时,工作并未开展,仅仅有发文意图,事由必须准确体现发文动机和意图。

还有一种特殊情况,语法模式、动宾搭配都没有问题,然而表达的意思与行文意图完全相反。

关于违反考勤制度的通知

"违反考勤制度"这个事由只有动宾结构外形,孤立看动词无问题,但是不符合发文意图。通知用于安排布置具体工作,不可能作出让员工违反制度的布置。发文意图应当是要求员工严格遵守考勤制度,或者将违反考勤制度的情况告知员工以引起大家的重视。通知这个文种已经间接地表明了发文意图,事由需要与之相匹配。该标题可以修改为《关于违反考勤制度情况的通报》或《关于进一步加强考勤管理的通知》。

总之,事由中的动词选择是个重要课题,需要注意以下几点。

1. 要能够与宾语搭配,避免出现语法问题。

2. 体现发文意图和工作本质。是"加强"还是"规范",如果针对消极现象,则使用"规范"更佳,甚至要加"进一步"。如果针对积极倡导、支持、推进的工作,则"加强"更佳。

3. 动词体现施动者角度,应当与施动者一致。

4. 多使用表示过程的动词,一般不使用表示结果的动词。党政公文文种,如通知、意见等文种的标题用过程性动词,其他文种,如总结,标题可以使用结果性动词。

5. 动词应当避免与文种重复。

事由须准确全面概括全文内容

写公文不能出现"帽子大,脑袋小"或"帽子小,脑袋大"的失误。这种失误有多种表现，体现在标题中就是事由不能准确全面概括全文内容。

以上对动宾短语模式事由中的动词作了分析，下面侧重从名词宾语角度进行分析。名词往往代表范围、对象，应当保证指向精准。

在新冠肺炎疫情防控工作中，很多地方对公共交通采取管制措施，发布了一些通告。有的地方通告标题为《关于暂停公共交通运营的通告》，正文内容片段如下。

……经研究决定，自2020年1月27日起，全市道路班线客运和旅游包车、市区公交线路全部暂停运营，具体恢复时间另行通知。

公共交通类型非常广泛，常见的有公交车、出租车、网约车、线路班车、地铁、轮渡、火车、飞机及近年出现的共享自行车。正文暂停营运的主要是其中三种，其他公共交通，如出租车，仍然在营运。该通告标题显然出现"帽子大"的失误。

类似问题在很多基层单位公文中频繁出现。

关于抽调黄××支持培训中心工作的函

××部：

培训中心近期拟面向全体员工开展培训工作。贵部黄××同志具有丰富授课经验，培训计划中有其擅长课题。根据培训中心实际工作需要，拟抽调黄××同志讲授2~3次安全培训课程。授课时间另行沟通，请给予支持为盼！

联系人：×× 电话：××××

培训中心

2019年4月16日

正文内容所商洽的工作非常明确具体，即请当事员工授课培训，这的确是对培训中心工作的支持，然而培训中心的工作范围很宽泛，授课只是其中一个方面。标题修改为《关于商请（抽调）黄××开展授课的函》更为精准。

出现这类问题与公文写作思维模式有关。公文写作主要应用抽象思维，尤其是在拟写标题时，难免泛化抽象思维，使用具有高概括力的抽象概念，甚至是普泛概念，反而不能精准地表达具体工作。

如果公文正文涉及的工作仅仅是局部的、临时的、具体的事项，那么表述事由务必注意不可过于抽象，不可过于宽泛，不可人为"拔高"。

概括事由时还容易将工作背景作为事由而忽视了工作事项，不能准确体现发文意图，如下文所示。

关于临时停电的通知

各部门：

接××区供电局通知，由于××区整体供电线路检修，定于2017年3月1日（星期三）8:00~18:00全区停电。其间产业园将停电一天，园区内所有设施设备也将停用。鉴于此，公司决定3月1日（星期三）全体员工休息一天，3月4日（星期六）补班一天。请各部门提前作好准备，安排好相关工作。

特此通知。

××金融配套服务有限公司
2017年3月1日

上述事件，停电是后续调班的背景原因，此文发文意图是作出调班安排，标题将背景原因概括为事由，没有体现工作安排这个中心。此外，该文应当是执行性通知，而从标题事由看，只突出了周知事项，没有体现执行事项，可以修改为《关于临时停电期间调班安排的通知》。

事由须遵守"一文一事"原则

"一文一事"原则，保障公文主题内容集中统一，体现工作要求。这一原则不仅对于构思全文有重要约束作用，拟写标题事由也必须遵守。

下面这个标题，事由反映两项不同的工作，放在一篇公文标题中明显失当。

关于2019年安全生产情况和2020年重点工作安排的通报

虽然这两项工作可能存在交集，但不同点也非常明显，范围大小不同，工作要求不同。前一项工作适用通报行文，而后一项工作部署适用通知行文。

标题事由应遵守"一文一事"的原则，并不是否定两个部分短语来概括事由的做法。下例标题就采用两组动宾短语表达事由，篇幅较长。

国务院办公厅关于深入开展消费扶贫　助力打赢脱贫攻坚战的指导意见

从语义角度分析，以上标题仍然围绕一项工作来构思，前后两个部分只是角度不同而已，并非事项不同。类似标题并不鲜见，甚至事由的前后两个部分从表面上看缺乏足够联系，但从工作角度分析，仍然是针对同一事务进行的概括。

××集团关于供应链中心组织架构调整及人事任免的通知
××集团关于成立××部和调整部分项目部及其隶属关系的通知

上面两个标题事由都包含两个方面内容，但本质上是同一项工作的两个侧面，或者后一事项是前一事项的逻辑延伸。这样的事由概括仍然体现了"一事一文"原则。

标题文种的唯一性与规范性

前面详细介绍了党政公文标题构成要素的发文机关名称、事由和"关于""的"，下面重点探讨标题中的文种这一要素。

有的文种标题不能带有文种特征（如新闻消息、通讯），有的文种标题可以有也可以没有文种特征（如计划、总结），而有的文种标题必须保留文种特征（如党政公文）。

文种在标题中的占比很小，似乎无足轻重，是经常被新手忽视的要素。本书第五章"强化文体意识"，详细介绍了文种所发挥的重要价值与作用，这里简要回顾：文种代表了组织关系、行文方向与规则、发文意图与动机，还影响正文内容组织、结构安排，甚至语言风格。文种虽小，但"集万千宠爱于一身"，是公文多重维度的交汇点。

本处重点探讨标题中文种的使用与表述规范。

文稿的文种类型，如同人的性别特征，只能是一种类型。因此，标题中的文种只能写一个。不少初学者有时会写成两个。

关于追加××项目经费的请示报告

关于××进展情况的通知函

关于××工作的请示函

出现这个问题的原因有二：第一，对标题文种写作要求理解不准确、不全面，存在随意化理解；第二，对文种理解不到位，混淆了名词和动词两种词性的差异，在动词意义上使用文种名称。

如果确实需要表达相应动词意义，那么应避免与文种名称相同。以上三例可修改如下。

关于追加××项目经费的请示

关于××进展情况的告知函

关于××工作的请批函

第一个标题，文种直接采取规范名称即可。第二、第三个标题，在文种之前使用体现发文意图的修饰语，也可以理解为明确了文种的细分类型。

标题中的文种要素不仅要唯一，还必须是规范或通用的文种，不能自造文种。

规范的文种，主要指党政公文的 15 种文体。

通用的文种，指除党政公文外，其他普遍使用的文体（如计划、总结等）。这里需要说明的是，"关于"式的标题模式适用于党政公文，其他文体标题也可参照使用。

正式发文时（以"红头文件"形式发文），应当采用规范的党政公文文种，不要被日常观念误导。

非正式行文：春节期间安全生产工作汇报

正式行文：××部关于春节期间安全生产工作的报告

非正式行文：关于××的申请

正式行文：××部关于××的请示

通过这些例子可以看出，文种容易受到行文情景的影响。正式行文和非正式行文最大的一个区别是选择的文种是否为党政公文，专业办文人员应当时刻注意这种区别。

标题文种须恰当

选择恰当文种，即选体，也是拟写标题的一个重难点、易错点。其实，从实践来看，选体的难度并不像想象的那么大。

党政公文文种包括15种。15选1，看似很难，其实对基层单位（尤其是企业基层）而言，没有那么复杂，很多文种并不常用，可以完全不予考虑。文种的使用情况归纳如下。

1. 基层单位基本不使用的文种：决议、公告、公报、命令、意见、议案。
2. 基层单位使用率较低的文种：决定、通告、批复。
3. 高频使用的文种：通知、报告、请示、函、通报、纪要。

准确选体是公文写作的基本功，一般应当综合考虑以下因素。

1. 文种的适用情况和条件。
2. 组织体系与行文规则。
3. 具体的发文动机、发文意图。
4. 具体工作事项中的特殊因素。

针对一项工作选体时，往往有多个"备胎"可选。在所有"备胎"中，总有一个最恰当。综合考虑以上四个方面，同时避免文种使用中的一些常见问题，基本就能搞定标题的文种选体。

如果综合考虑以上四个方面还无十足把握，可以参考上级就同一事务或相似事务已有发文所用的文种。

易混淆文种辨析

高频使用的文种，几乎每个都带有鲜明的特征，一般不会混淆。在公文实践中，容易混用的文种主要有这样几组：通知与函、通知与通报、请示与申请、请示与报告、请示与函、纪要与会议记录。重点防范这几组高频误用文种，基本能够保障选体正确恰当。

第一组：通知与函

一些单位使用"通知函"行文，将两种文种糅合为一种，显然不规范。这也间接说明，通知和函在某种程度上具有相似性。如果让使用"通知函"的拟稿人在二者之间作出取舍，很容易出现失误。

通知和函在行文方向、适用范围等方面具有共同点。某些单位函的使用频率很高，同一事务甚至需要同时制发两种文种，如组织举办会议等活动，面向不同的对象分别制发会议通知、邀请函，为了简便就将二者融为一体。

函是一个典型的平行文，没有隶属关系的单位之间都可使用。这种行文规则的"优先级"甚至超越了具体的发文意图、事务性质等其他因素，是选用函的首要判断依据。

由于通知也可平行，因此在满足平行这个标准基础上，需要进一步在通知和函之间作出选择。

《条例》第八条第十四款对函作出界定：适用于不相隶属机关之间商洽工作、询问和答复问题、请求批准和答复审批事项。

根据这一界定可以归纳函三种不同适用情况的共同特点是：不确定。

无论商洽、询问答复，还是请批答复，均须双方共同参与、配合，不可由单方独立确定。换言之，函所处理的事项是尚不确定或不完全确定的事务。

事务是否已经确定，这正是通知和函适用条件的最大不同。准确判断事务的确定性，是筛选通知和函的重要依据。

没有隶属关系的单位之间，如果工作事务由单方确定，另一方执行或周知，那么应当制发通知而不是函。例如，在单位内部，财务部门就费用报销工作提出要求，可以向其他部门发布通知。

反之，平级单位之间如果需要对方配合办理、提出意见或建议，则使用函更加恰当。例如，征求各单位、各部门的意见，邀请对方参加某项活动，请求对方批准某一要求。平级单位之间也存在信息单方向传递的需要，并不需要对方答复、配合，这种情况下使用函，可在标题中写明"告知函"。

第二组：通知与通报

通知与通报的适用情况差异较大，一般不会混用或误用。混用或误用情况主要有两种：一是表彰或处罚，二是针对工作中存在的问题发文部署整改。

表彰单位、部门或个人时，本应使用通报，却误用了通知。

××公司关于表彰奖励获得2019年度先进员工称号人员的通知

此标题除事由存在问题外，最显著的毛病就是文种误用了通知。

误用通知的一个重要原因是，正文中既包括奖励先进人员的措施，也包括号召向其学习的要求，这两种内容带有执行的色彩，与通知的属性非常相似。另一个原因是，文中介绍先进人员的事迹，带有周知的意图，这一点也符合通知发布周知事项的作用。

通知确有发布周知或执行事项的功能，但并无表彰、处罚的功能，用通知表彰先进是不当的。

相比之下，通报的主要功能之一是表彰先进，必然包括对先进人物的介绍和希望号召等引发行动的内容，这两种内容都是"表彰先进"这个主要功能意图的需要。在上例中，用通报行文更为妥当。如果表彰层级较高，或表彰奖项重大，还可以考虑使用决定行文，以凸显先进典型的重大意义。

通知和通报混淆的第二种表现是，整改通知的内容主要是情况通报。

下级工作中存在一些普遍性问题，上级发文要求整改，应当用通知还是通报呢？一般选择通知行文。通知需要介绍存在的问题，是详写还是略写呢？很多人的选择是详细说明具体问题，对整改措施简化处理，从而导致通知的主要内容"失重"。

出现这个问题的根本原因是，发文意图不明晰。究竟是部署工作，还是告知情况，在动笔起草之前应当进一步认清这个问题。

如果发文意图侧重部署整改工作，那么应当选择通知行文，相应地对存在的问题应当简要概括（多在全文开头段），可以"不点名"批评，不详细介绍问题的具体表现，更不用将问题专设为一部分在结构上予以突出。

如果发文意图侧重告知情况，引起重视，那么选择通报行文更恰当，相应地整改要求可以更具原则性、抽象性、宏观性。

针对同一问题情况，通知与通报内容差异如下：

通知：问题概况+整改具体措施

通报：问题详情+原则宏观要求

如果选择通知行文，而内容却是"问题详情+原则抽象要求"，那么就"跑偏"了。事实上，通知中的问题内容可详可略，但具体措施要求务必详细全面。

通知中的"周知事项"一般需要概括、简述,"执行事项"一般需要详细说明。如果详略处理颠倒了,也就意味着通知与通报这两种文体各自的本质特征没有得到准确体现。

通知与通报在发文意图、内容安排、语言特点、行文方向等多个方面均有共同之处,易导致二者混用。为了便于理解二者的异同,选用更加准确,特将两个文种的异同归纳如表8-4所示。

表8-4 通知与通报异同对比

异同		通知	通报
共同点	行文方向	下行 平行	
	发文意图	周知 执行	
	内容安排	基本情况 工作要求	
差异点	行文方向	下行平行均可 下行居多	下行平行均可
	适用情况	已确定开展的具体工作	表彰 处罚 告知情况 正反面工作和客观情况
	内容安排	简单介绍背景情况 重点突出工作事项 明确提出工作要求	重点介绍基本情况 准确判断事件属性 明确表彰处罚决定 简要提出工作要求
	时间面向	多面向未来工作	多面向过去工作情况 在介绍过去情况的基础上提出未来工作的原则要求

大多数通报在提出工作要求时,采用原则性的表述,不会细化要求和工作措施。同时,部分通报(尤其是涉及事故情况的通报)会融合通知的写作方式,对未来整改工作的部署比较详细全面,具有较强的可操作性。

第三组:请示与申请

在实际工作中经常会使用申请,如"辞职申请""拨款申请""出差申请"等。不从事专业公文工作的人反而对请示有陌生感。请示与申请针对的事项、发文动机具有相似之处,主要区别体现在以下方面。

1. 文类不同。请示是党政公文,是正式行文采用的文种。申请是日常文书,不是正式行文的文种。

2. 格式不同。请示可以套用"红头文件"格式,申请格式版式比较灵活,经常采用表格形式,或者"签报表""呈批件"等形式。

3. 行文对象不同。请示的对象是上级（部分请示的对象是平级，属于不规范行文），申请的对象可以是上级，也可以是平级。

4. 使用主体不同。制发请示的主体多为单位或部门，制发申请的主体多为个人或部门。

5. 写作规范化程度不同。请示需要严格按照党政公文的要求撰写标题、主送机关、主体内容等各个结构环节，语言简要庄重。申请带有一定随意性，标题、正文等环节因人而异，甚至"世界那么大，我想去看看"都可以作为辞职申请的正文。

总之，请示是正式行文的正式文种，申请是日常非正式行文的文种。本书建议，以部门或单位名义正式行文时应当选择请示。

第四组：请示与报告

公文新手往往混淆请示与报告。第一个，也是最直接的原因是，这两个文种同为上行文，都会被送到领导面前。从下属角度来看，既然总要被领导看到，何必分那么清楚呢？站在发文者角度这样想，当然可以理解。但是站在领导角度来看，这样想就太简单化了。

上级接到文件后需要启动相应处理程序，对请示、报告的处理程序是不同的。面对报告，领导可以只签一个"阅"字就够了。当然勤政的领导针对重大事项报告也可能作出更多批示。相比之下，面对请示，哪怕再懒惰的领导，也要认真研究如何答复下级的要求，并启动制发批复的程序。

明白了这些道理后，下级在给领导发文时务必要考虑，究竟是"请示"还是"报告"，因为二者带给领导的后续工作可是大相径庭的。

请示与报告混用的第二个原因是：发文单位的拟稿人对"发文动机""发文意图"不明确。

换言之，没想清楚为什么要给领导发文，完全是梦游式、随机式、糊涂式发文。

如上所述，请示表明下级行文动机对上级有所求。下级如果对上级没有任何诉求，只是反映相关情况给领导，那就写报告。

所以，下级在给上级行文之前，务必明确两个问题：

第一，自己对上级究竟是否有诉求？

第二，有什么诉求？有什么要求？想让上级如何配合并支持自己的工作？

请示与报告混用的第三个原因是，受到领导的误导。

领导在接受下属当面汇报工作时，往往会表态支持下属的要求，并且会说："你们打个报告吧。"

下属听到这个要求有喜有忧，很纠结。喜的是，领导批准自己的要求了。忧的是，这事属于请批的事项，按照规定应当写请示，可领导十分明确指示"打报告"。

在两难之中，下属只好折中处理，用了"请示报告"。一方面遵照了领导的指示，另一方面也体现了发文意图。可以想象，这种稿子交上去，一般会受到领导批评。

在类似问题上，如果有确切把握，一定要严格按照公文规则选体行文。

请示与报告的差异体现在多个方面，行文动机、行文时机、内容范围、主题构思、报送制度等，此处不再一一赘述。

第五组：请示与函

甲单位与乙单位没有隶属关系，甚至也不在同一组织体系之中。甲单位开展的某项工作，属于乙单位的管理职责范围，需要事先经过乙单位的批准同意。这种情况无论是在党政机关系统，还是在企事业单位，都是一个常见现象。甲单位向乙单位行文提出请求批准的事项，应该选择哪种文种呢？

从行文规则看，应当用函行文。甲单位发出请批函，乙单位作出答复后发审批函（批准函）。

然而在现实工作中，甲单位往往会以请示行文，乙单位用批复行文，甚至在个别政府部门中也存在类似情况。其实双方都明白这样做有悖于行文规则，然而又各自有些不便说明的缘由。

需要明确的是，无论什么理由，都不是违反行文规则的借口。有些地方政府办公厅制定的公文管理制度，明确禁止"以请示代函""以批复代函"，如果出现这类问题将对公文作退回处理。

第六组：纪要与会议记录

纪要与会议记录是同一会议的重要信息载体，准确辨析二者的差异能够帮助拟稿人写出符合文种规范的稿件。纪要与会议记录对比如表8-5所示。

表 8-5　纪要与会议记录对比表

文种	类别所属	功能效力	适用会议	主要内容	写作过程	行文方式
纪要	党政公文	传达会议精神 指导工作开展	重要会议	基本信息 议定事项	会议结束后起草并审定	可正式印发
会议记录	事务文书	记载会议情况，存档备查	各类会议	各方面情况	随会议进程产生	一般不对外公开

除了表中所列差异，纪要与会议记录在语言表达、结构环节等方面也存在明显不同。纪要的语言更加庄重简洁，而会议记录具有一定灵活性。纪要结构的规范性、模式性更强，会议记录则带有记录者个人习惯特点。

发文动机是选用文种的重要参考

文种一般被认为是形式要素，与发文动机或意图似乎很难产生联系。然而在行文实践中，根据发文动机选择恰当文种是非常重要和必要的，这里重点结合上行文的请示与报告来探讨这一问题。

上级在部署某项工作时，经常下发意见（实施意见）、通知之类的公文。上级文件中一般会要求下级将工作开展过程中的情况及时上报，或者要求下级在工作开展之前上报实施方案、工作方案。汇报工作进展情况，毫无疑问应当写报告。那么，上报工作方案应该使用什么文种呢？

由于行文对象是上级，因此只有两个文种备选：报告、请示。

究竟应该使用哪个，取决于下级发文动机。发文目的对文种选择发挥关键作用。

发文动机一：希望上级批准工作方案

向上级汇报工作方案，最根本目的是希望上级能够批准或审查即将执行的工作计划，希望上级能够拿出明确的意见或态度，因此，应当使用请示，而不能使用报告。

根据行文规则，报告不得夹带请示事项，请示可以有报告内容。上级可以不答复报告，但是必须答复请示（即下发批复）。向上级汇报工作方案，使用请示，根据行文规则能够得到上级书面答复，使用报告可能得不到书面答复。

发文动机二：向上级备案

向上级汇报工作方案，如果只是按照上级的要求进行备案，既不需要上级批准，也不需要答复，那么可以使用报告。

向上级备案还有一种特殊处理方式，即本单位给所属下级单位发出工作通知或印发工作方案，同时将该通知抄送给本单位的上级，上级也就了解了下属的这项工作安排。

行文动机究竟是哪一种，需要下级根据具体情况判断。下级行文动机，在很大程度上又取决于上级的要求。这就需要仔细研读上级发文，从中把握精神实质。

一般情况下，如果是常规性工作、业务性工作，上级文件中没有明确要求，工作方案只须上报备案，使用报告即可。如果上级文件已经明确说明经批准后方可开展工作，那么下级工作方案应当以请示上报。

行业法规和行文惯例是选用文种的重要尺度

发展成熟、监管严格的行业具有比较完备的各类行政规定或法规，在对某些工作作出限定时，会直接或间接说明行文所应当使用的文体种类，为拟稿人准确选用文种提供了重要尺度。例如，电信行业的各类规章比较健全，《电信服务规范》（中华人民共和国信息产业部令第36号，2005年4月20日起施行）对电信企业提供服务时的各类责任义务有明确规定，一旦遇到这些情况，企业在制发文件时应当按照要求选用相应的文种。

第七条　电信业务经营者应建立健全服务质量管理体系，并按规定的时间、内容和方式向电信管理机构报告，同时向社会通报本企业服务质量状况。发生重大通信阻断时，电信业务经营者应当按规定的要求和时限向电信管理机构报告。（后略）

第八条　电信业务经营者提供电信服务时，应公布其业务种类、服务时限、资费标准和服务范围等内容，并报当地通信管理局备案。由于电信业务经营者检修线路、设备搬迁、工程割接、网络及软件升级等可预见的原因，影响或可能影响用户使用的，应提前七十二小时通告所涉及的用户。影响用户的时间超过二十四小时或影响有特殊需求的用户使用时，应同时向当地通信管理局报告。

工业和信息化部网站

这两条规定中的"报告""报""通告"等词语虽然是作为动词使用的，但与文种名称的联系非常密切，可以作为行文选用文种的依据。

如果没有类似规章制度，或者难以查到明确依据时，发文单位可以根据行业形成的惯例，参考其他单位公文情况，选择相对合理的文种。例如，银行业往往使用公告这一文种告知用户网站系统更新暂停服务，虽然不完全匹配公告的适用情况，但已经形成了行业惯例，具有一定合理性，仍然可以沿用。

文种选用规则与实践的背离

选用文种是写作的基础工作，也是重要前提。不从事公文写作的人很难理解公文写作人员对文种的"纠结"心态。纠结的重要原因包括，文种规则和现实行文实践之间存在一定程度的差异、错位，甚至背离、矛盾。常见的情况有以下几种。

1. 无上下级关系的单位之间，请求批准事项应当使用函行文，但现实中往往用请示。

2. 答复上级的询问，下级应当使用报告，但现实中往往用函。

3. 表彰奖励单位或个人，应当制发通报，但现实中很多单位使用通知。

4. 发布普通事项信息，基层单位应当用通告、通知，或者用启事、声明等非党政公文的文体，但现实中多用公告。

其他文种的不规范选用问题也时有发生。

这类现象层出不穷，原因是多方面的，既有办文人员业务能力不高的原因，也有领导硬性要求的情况，还有的是沿用惯例，积习难改。

面对这些问题，公文工作者应当保持理性心态，不宜为了理念的东西而牺牲现实的东西，不宜过于"偏执"。只要不影响工作，只要能发挥公文应有作用，不妨以宽容眼光和灵活方式面对。

可喜的是，越来越多的地方和单位已经明确意识到了这些问题，在施行的公文制度中明确提出来文"文种不当将作退回处理"的要求。随着规范化意识的增强，有理由相信这类问题会逐渐得到重视和缓解。

标题文种可细化类型或加修饰

文种前可以适当增加修饰语标明细分类型，或揭示部分内容。

国务院办公厅关于建设大众创业万众创新示范基地的实施意见

国务院办公厅关于切实做好汛期灾害防范应对工作的紧急通知

关于推进医疗卫生与养老服务相结合的指导意见

关于加强生育全程基本医疗保健服务的若干意见

关于2019年新员工培训优秀个人和先进集体的表彰通报

关于××工作的商洽函

关于××工作的答复函

文种前的这些修饰语，并不完全都表示细分类型，有的修饰语仅作定语，不代表文种具体类型，更多是出于惯例而添加的，即便去掉也不影响表达效果。

党政公文标题中的标点符号

标题是否使用标点符号，以及如何使用标点符号，是一个容易引发争议的话题。

曾有规定"标题中除法规、规章名称加书名号外，一般不用标点符号"，对标题中标点符号几乎采用"一剪没"式的处理。然而，标点符号对于提高表达的严谨性、便利性极为重要，往往不得不用。即便在该禁止性规定有效期内，中央文件标题也普遍使用标点符号。一方面是禁止规定，另一方面是实际需要，在这两种作用的合力之下，标题形成了标点符号的应用惯例，有些惯例沿用至今。

2012年7月1日起开始实施的《条例》已经没有禁止使用的条款规定了，其中第三章第十一条对公文使用标点符号是这样规定的。

> 公文使用的汉字、数字、外文字符、计量单位和标点符号等，按照有关国家标准和规定执行。……

这条规定显然也适用于公文标题。

国家标准《标点符号用法》（2012年6月1日起实施）没有规定标题中不能使用标点符号。公文工作依据的另一个国家标准《党政机关公文格式》（以下简称《格式》）（2012年7月1日起实施），也没有对标题中的标点符号作出任何限制。

综合以上依据，不能再将"标题中除法规、规章名称加书名号外，一般不用标点符号"作为遵循的规则。标题不是标点符号的禁区，在符合用法规范的前提下，标题完全可以使用标点符号。

标题毕竟不是句子，其中的标点符号用法有特殊之处。党政公文标题中的标点符号用法归纳如表8-6所示。

表8-6 党政公文标题中的标点符号

使用情况	标点符号	示例	主要用法规则
可以使用	引号 " "	国务院关于在自由贸易试验区开展"证照分离"改革全覆盖试点的通知 国务院办公厅关于金融服务"三农"发展的若干意见 国务院办公厅关于建立政务服务"好差评"制度提高政务服务水平的意见	应用于特殊名词或专有名词
	逗号 ，	关于开展"改善农村金融服务，建立现代农村金融制度"在线访谈的通知	语气停顿
	顿号 、	国务院办公厅关于加快推进"五证合一、一照一码"登记制度改革的通知 住房城乡建设部等部门关于进一步鼓励和引导民间资本进入城市供水、燃气、供热、污水和垃圾处理行业的意见	联合行文发文机关名称间不使用 事由中多个并列对象之间使用
	空格	环境保护部 发展改革委 住房城乡建设部 水利部关于落实《水污染防治行动计划》 实施区域差别化环境准入的指导意见	多个发文机关名称之间使用 事由两个部分之间使用
	书名号 《》	国务院关于修改《烈士褒扬条例》的决定	具有法规性质的文件
	圆括号 （）	国务院关于印发国家重大科技基础设施建设中长期规划（2012—2030年）的通知 国务院关于印发中国（上海）自由贸易试验区临港新片区总体方案的通知	注释内容或补充说明

续表

使用情况	标点符号	示例	主要用法规则
一般不用	句号 。	标题末尾一律不使用	
	问号 ?	党政公文标题不使用，其他文体标题可适当采用	
	冒号 :		
	叹号 !		

标题中的标点符号并不是一个关键问题，即便存在轻微失范情况也不影响信息表达，但标题是公文的重要环节之一，规范性要求很高，如果标题存在标点符号问题，将严重降低全文的质量水准。拟稿人必须对标题精益求精，做到无懈可击。

党政公文标题中的书名号用法

书名号的形式有双书名号"《》"和单书名号"〈〉"两种，公文标题中多使用双书名号。

书名号是比较容易出现应用错误的一个标点符号。书名号的基本功能是标示语段中出现的各种作品的名称，基本使用前提有二：一是用于作品名称，非作品名称不宜使用；二是在特定语境中使用，即前后有内容，孤立标题不使用。

书名号并不是用在本级标题之外，而是用于标题内部嵌套引用的另一文件的标题。党政公文标题对书名号的用法，目前仍然难以取得普遍性共识，对此需要分情况进行讨论。

第一，明确不需要使用书名号的情况。

如果不是文件名称、作品名称，只是一种泛称或统称，虽然看上去和公文制度标题相似，但本质上不是标题，那么就不需要使用书名号。

国务院关于建立残疾儿童康复救助制度的意见

关于公布2019年省级示范物流园区名单的通知

第一个标题中的"残疾儿童康复救助制度"并不是一个已经定型的制度标题，而是泛指制度体系，故不为其加书名号。第二个标题中的名单也非作品名称，故不加书名号。

此外，各类组织机构、证书证件、课程、活动、会议等事物的名称，因不是作品，故不加书名号。

国务院办公厅关于调整国家教材委员会组成人员的通知（机构名称）
关于为新入职员工办理工作证的通知（证件名称）
关于快递发放荣誉证书、获奖证书相关事项的通知（证书名称）
关于开设大学生心理健康选修课的通知（课程名称）
关于组织参观"复兴之路"大型展览的通知（活动展览名称）
关于召开 2020 年经营形势分析会的通知（会议名称）

第二，可用也可不用书名号的情况。

原文照录的标题，换言之，是原文件自带的标题，而不是印发转发批转发文的本级机关拟定的标题。标题中如果嵌套了另一文件的原标题，无论文件类型，那么书名号都可以使用。这种情况下，使用书名号不能算错，因为符合标点符号用法规范。

如果被嵌套文件标题不是法规制度，那么可以不使用，虽然不符合规范，但符合传统惯例。

国务院办公厅关于印发职业技能提升行动方案（2019—2021 年）的通知
商务部 公安部等五部门关于印发《城乡高效配送专项行动计划（2017—2020 年）》的通知
国务院办公厅关于印发 2018 年政务公开工作要点的通知

需要特别注意的是，标题中虽然可以不为这些文件加书名号，但是在正文中引用时，如果是原标题，必须使用书名号标示。

当原文件标题较长时，嵌套在本级标题中，如没有书名号会增加阅读困难。使用书名号可增强被引文件标题的整体性，视觉层次也更加清晰，更易于读者阅读。

××部关于转发《××部等五部门关于进一步提高信息化水平，
大力营造良好营商环境服务中小企业更快更好发展的指导意见》的通知

在这个标题中，书名号将被转发文件标题标示清楚，更易于读者快速了解公文事由。

第三，确定使用书名号的情况。

明确需要使用书名号的主要是法律法规、规章制度等具有规范约束作用文件的原标题。这类文件作用具有强制性，是工作开展的依据，其标题也往往具有唯一性、稳定性、严谨性，使用书名号能够进一步增强这些属性，同时既符合标点符号用法规范，也符合传统惯例。

国务院关于《必须招标的工程项目规定》的批复
交通运输部办公厅关于全面做好《道路旅客运输企业安全管理规范》贯彻实施工作的通知
工业和信息化部关于印发《国家工业设计研究院创建工作指南》的通知
深圳市人民政府关于印发《深圳市城市轨道交通工程质量安全管理办法》的通知

上面第二种情况和第三种情况存在部分交叉，所涉及的部分文件标题是否使用书名号能够从两个角度得到合理解释。

公文标题使用书名号标示被嵌套文件标题时，常常配合使用圆括号，此时需要考虑圆括号标示的内容是位于书名号之内，还是位于书名号之外。

圆括号内的内容如果是原标题自带内容，那么在标示时，应当放在书名号之内。反之，圆括号内的内容不是原标题一部分，而是在发布时添加的，那么应当位于书名号之外。这两种情况分别见以下两例。

国务院办公厅关于印发《知识产权对外转让有关工作办法（试行）》的通知
中华人民共和国工业和信息化部　国家税务总局
关于发布《免征车辆购置税的新能源汽车车型目录》（第二十一批）的公告

在目前的公文工作实践中，法律法规、规章制度的标题如果带有"试行""暂行"等字样，一般加圆括号，并将其放入书名号之内。

第九章　主送机关

"机关"带有鲜明的党政色彩，其实可以结合具体情境用"单位""部门"等更具普适性的概念代替。为简化表述，本书就不再使用这些替代名称了。

主送机关是公文的主要受理机关，根据需要承担办理、执行、贯彻公文的主要任务。

主送机关是和发文机关具有对应关系的对象，代表公文明确的方向感，是行文规则的重要体现。主送机关还是党政公文的一种标志，代表文种具有独立的行文能力。

主送机关，俗称"抬头"，也称"上款"。这些名称受到其他文本惯用名称的影响，应用在公文中有失严谨。在致辞、讲话、信件等文书中被叫作"称谓"。无论名称是什么，功能都相似，即指明对象。

主送机关另一个常用的名称是"收文机关（或单位）"。本书上篇第二章中明确表示这种名称不妥当、不严谨，此处不再赘述。

本章主要探讨表述主送机关的基本方法和注意事项。

不知道主送机关名称怎么办

主送机关不要写成"贵公司""贵局""贵处""贵委""贵办"等第二人称式，它们可以用在正文句子中，但作为主送机关是不规范的。

主送机关有三种表达形式：全称、规范简称、同类型机关的统称。实际上，主送机关的全称和简称并非由发文机关确定。问题是，给对方发文，但并不知道它的名称，一旦写错，不仅表明工作态度和能力存在问题，而且将使对方尴尬，产生明显不受尊重的感受。

这是个普遍存在的低级问题，新手常常遇到，解决办法其实也很简单。

第一种方法：查阅对方来文。如果对方先前曾有来文，只要查阅来文的"红头"、标题、落款等，即可明确对方名称。

第二种方法：向对方咨询。通过电话、网络通信工具等多种方式，向对方咨询核实名称的具体表述。这种做法不仅不会让对方觉得烦琐，反而会给对方留下认真负责的印象。

第三种方法：网站查询。登录对方官方网站，通过首页主图、单位简介等栏目，明确对方名称。

主送机关的省略情况

除党政公文外的其他文书，如计划、总结等，也不标明主送机关。这里并非省略，而是这些文种本就没有主送机关。如果写上主送机关，就会出现规范性失误。

党政公文省略主送机关，和其他公文不标主送机关，从表现形式看是相同的，但内在原因并不相同。普发型下行文可以省略主送机关。所谓省略，即本来有但是不再写明。省略的主送机关可以补出。

上行文，如报告、请示，有且只有一个主送机关，则不可省略，并且主送机关不能写两个或多个，否则出现"多头主送"的失误。

主送范围明确：不可随意扩大

选择主送机关，应当根据工作需要、单位部门职责范围和行文规则明确范围。明确主送机关，为办理执行公文、推进工作奠定基础，甚至可以作为工作失误后追责时的一种依据。

随意扩大主送范围，是影响主送机关明确性的常见做法。

拟稿人并不清楚此项工作究竟由哪个单位或部门去承担办理任务，担心出现遗漏，所以尽可能多地将大量单位部门列入主送范围。不仅给自己发文办理和对方收文办理增加不必要的工作量，而且可能干扰正常工作的开展，降低工作效率。

扩大主送范围有时并非办文人员导致，可能是受到领导或同事等其他因素的影响。

有位年轻的秘书曾讲过他的亲身经历。发文件时，根据工作需要没有将所有部门列为主送机关。谁曾想，有次会上，一位部门领导当众抱怨为什么不把这份文件发给自己。办文人员解释说，这项工作只是涉及很少几个部门，所以就只发给这几个部门。那位领导"醋意难消"，一直投诉到主管领导那里，让办文人员非常被动。后来了解到，这个单位以前无论什么文件都是全部主送给所有部门，大家习以为常了。新来的秘书不知道这个情况，造成误会。

　　很多基层单位部门的公文写作不尽规范，有很多独特惯例，如果突然纠正，反而可能引起缺乏公文知识人的误会。这种情况下，需要首先逐步"科普"公文基本常识，循序渐进地增强规范性。

主送范围明确：慎用"有关""相关"

　　采用统称表达主送机关流行的形式是"各有关单位"。有句戏言：中国最神秘的单位部门就是"有关单位""有关部门"。很难确定究竟是哪个单位、哪个部门。它存在，但又很难清晰界定具体范围。

　　"最神秘的单位部门"走入公文，为主送范围留下非常大的弹性空间。

　　有人意识到这个问题，用另一种方式表述"各责任单位、部门"，效果能好多少呢？半斤八两。

　　"有关""相关"最大问题是可以多元化理解，难免产生分歧，也不能体现工作的主体责任。

　　这种情况非常考验拟稿人的表达能力，既要明确主送范围，又要有一定概括性。其实，根据工作自身规律和特点，完全能够找到代替"有关""相关"的兼具明确性和弹性的词语。

　　例如，社保管理部门给有关企业发文时，将主送机关表述为"各参保企业，参保单位"。污水处理厂在给有关企业的发文中，将主送机关写为"各污水排放企业"。单位内部统筹协调某项工作时，文件主送机关是"××项目承担部门"。

　　这几例主送机关的表述方式各不相同，但都在避免使用"有关""相关"的前提下，结合业务工作特点，从工作角度界定主送范围，体现了明确性与模糊性的统一。其表达效果远远优于简单粗暴的"有关""相关"。

当然，主送机关中使用"有关""相关"并不是错误，有时难以避免。当不得不使用时，建议按照下面的方式做些变通。

不推荐：各有关单位

推　荐：××部、××部，其他有关部门

将主送范围中具有代表性、典型性，或者承担工作任务较重的单位单列出来，为理解后面"有关"提供参考。通过这种间接方式界定"有关"范围，能够提高主送范围的明确性。

需要注意的是，"有关单位"不等于"各单位"，前者指向范围是模糊的，而后者指向范围是确定的，即发文机关下属的所有单位。

主送范围明确：明确站位角度

作为发文机关，必须明确自身在组织体系中的位置，将现实中的组织关系体现在公文的主送机关上。表述主送机关应当防止出现"心里清楚，行文糊涂"的问题。

关于下发 2021 年度集团培训计划的通知

各下属单位：

《××集团 2021 年度培训计划》已经集团公司党委会议审议通过，现正式下发，请各单位遵照执行。

集团人力资源中心
2021 年 3 月 24 日

该文发文机关是人力资源中心，主送表述为"各下属单位"，一般指人力资源中心的下属单位。实际上，行文对象是集团各下属单位。从行文方向上看，该文应为平行文，然而主送机关却标志着下行方向。

站在发文机关本级角度，制发下行文，主送机关一般用"各单位，各部门"或"各下属单位，各部门"，对象都是发文单位的下属单位。

当制发平行文时，就不能用"各单位，各部门"或"各下属单位，各部门"作为主送对象，而是应当用"集团各单位、部门"或"集团各下属单位、部门"。

综上所述，明确主送范围应当注意以下几个方面。

1. 根据工作需要、单位部门职责范围和行文规则明确范围。
2. 不能随意扩大主送范围。
3. 表述应当明确，慎用"有关""相关"。
4. 准确定位立场角度选择主送对象。

主送机关统称应当区分类型

全称、规范简称、统称这三种写法可以单独使用，也可以综合使用，即主送机关中同时用到全称、简称和统称。全称、简称多用于主送对象较少时，如果主送对象较多，一般用统称。具体写作中，全称、简称使用相对简单，统称的情况则比较复杂。

统称的前提是：主送机关、主送对象的类型相同。换言之，不同类型的对象应当分别统称。

这里的类型，可以按照多种标准区分，常用的有以下两种。

类型分类一：按照职能划分

根据机构的职能特点及属性分为单位和部门两种类型。

所谓单位，即具有完整的职能，独立存在，独立运行，财务独立核算。所谓部门，即只承担某一方面的管理职能，不独立存在，往往也没有独立财务资格。

在单位、部门外，还有各类其他组织，例如，派出机构、直属机构、临时机构等。

以上种种差异，在机构名称上有集中体现。单位名称往往带有"政府""局""公司""中心"等字样，部门名称往往带有"部""处""科""室"等。

当然，组织机构名称并不绝对代表其属性。尽管如此，表述主送机关时，根据组织名称特征进行分类，是一种常见的处理方式。

各区人民政府，市政府直属各单位：

各单位，各部门：

各下属单位，各职能部门，各处（室）：

总部各部门，各板块、各直属单位、支持服务机构：

各分公司，总部各部门：

类型分类二：按照系统划分

划分主送机关类型，还可以根据系统差异分为党组织体系、政府机关体系、企业体系、事业单位体系等多种类型，每种体系中可能还存在细分类型。

各银监局，各省、自治区、直辖市人民政府金融办（局），各大型银行、股份制银行，邮储银行，外资银行：

各省、自治区、直辖市通信管理局党组，部属各单位、部属各高校、部机关各司局党委（总支、支部）：

发文机关层级越高，发文面对的机构类型就越复杂，主送机关分类统称的表述也就越复杂，需要认真分析主送对象特点，并结合历史上形成的表述惯例，准确严谨地表述清楚。

主送机关排序应当合理

上行文中，由于只有一个主送机关，不涉及排序问题。平行文和下行文中，当主送机关数量较多时，无论是全称、简称，还是统称，都需要合理排序。

主送机关排序最重要的依据是办理职责与分工。处理具体工作任务时，根据职责大小、轻重，将承担主要办理工作的对象排在前列，其他单位部门排在后面。

按照这个原则，有的"大"单位部门可能会排在"小"单位部门之后，稳定组织可能会排在临时组织之后。这种安排会给拟稿者带来一些思想顾虑，但是应当充分认识到，这些情况都属正常现象，根本原因是为了体现主送对象在工作中的职责。

如果主送对象的办理职责相同或相当，排序可以按照常规次序。

在传统发文中，一般按党政军群团的次序安排主送机关。不过，这种排序对基层单位而言参考意义不大。更重要的排序是根据机构的类型属性，将单位排在部门前面，主营业务单位排在职能部门前面，政府机构排在企事业机构前面。

以下几例情况各不相同,体现了特定排序原则。

各省、自治区、直辖市人民政府,国务院各部委、各直属机构:

各省、自治区、直辖市及计划单列市、新疆生产建设兵团中小企业主管部门:

各区人民政府,市政府直属各单位:

各单位,各部门:

各省、自治区、直辖市、计划单列市财政厅(局),新疆生产建设兵团财政局,中央国债登记结算有限责任公司、上海证券交易所、深圳证券交易所,相关金融机构:

从主送机关表述类型来看,如果三种写法同时使用,全称和简称排在统称之前。

主送机关排序是个复杂的问题,当数量较多、类型复杂时,很难根据单一标准排列,需要综合考虑多种因素,或者参考以往文件惯例排序。

主送机关之间的标点符号

主送机关最后使用冒号,这是简单常识。但是当主送机关复杂多样时,中间如何使用标点符号呢?需要明确的是,主送机关之间可以使用顿号、逗号,以及圆括号,一般不使用分号、正斜线、反斜线。主送机关无论有多少数量、多少类型,顿号、逗号、圆括号完全能够将其合理区分。

主送机关如果是同一类型、同一系统、同一层级,那么只需要使用顿号。

人力资源部、财务部、市场部:

主送机关如果不是同一类型、同一系统的对象,那么一般使用逗号。

各区人民政府,市政府直属各单位:

各单位,各部门:

主送机关中,既需要区分类型、系统、层级,又需要在同一类型系统同一层级中细分对象,那么应当综合使用顿号和逗号。其中顿号用于同一层级同一性质的对象之间,逗号用于不同类型、不同系统、不同层级的对象之间。

　　各省、自治区、直辖市人民政府，国务院各部委、各直属机构：

　　由以上两种情况可以看出，逗号在主送机关中并不代表语气停顿，而是表示层级关系和类型差异，这个功能和它在句子中的惯常用法不同。逗号表示层级关系这种用法也可用在句子中，如果介绍多个人员姓名和职务头衔时，人员之间用逗号，人员多个头衔之间用顿号。

　　有些拟稿人遇到复杂多样的对象信息，会感到无所适从，不能准确综合使用顿号和逗号，而是采用分号进行区分。分号固然有分割作用，但主要应用于复句内部，显然不适合用在主送机关这种非句子结构之中。

　　主送机关中，正斜线和反斜线完全可以被顿号取代，所以也不使用这两种分割符号。

　　主送机关中也会用到圆括号，但其功能不等同于在句子中的用法。句子中圆括号的主要作用是标示注释、补充说明内容。在主送机关中使用圆括号，带有"或"的意义，即圆括号中的内容是前面机构的另一种形态，二者只是名称的差异，但级别和职能相同。也有的是"同一套人马两块牌子"，第二块"牌子"就需要用圆括号注明。

　　各省、自治区、直辖市、计划单列市财政厅（局），新疆生产建设兵团财政局：
　　各省、自治区、直辖市工业和信息化部主管部门、民政厅（局）、市场监管局（厅、委）：

　　主送机关要注意区分使用圆括号和顿号。顿号隔开的对象是同等并列关系，不能互相取代。圆括号中的内容和其前面的内容并非同等并列关系，而是"另一种"关系，是根据条件作出的名称变化。

　　例如，"各省、自治区、直辖市"不能写成"各省（自治区、直辖市）"，因为这三者之间不存在互相替代的关系。而"民政厅（局）"指的是"民政厅"或"民政局"，是二者的简化表达，二者只是名称差异，在特定地方只用其中一种名称。

　　基于这些理解，再从语法角度来看，顿号和圆括号的应用也存在规律。定语部分中往往使用顿号，表示限定的各种情况。中心语部分一般用圆括号，表示在定语限定的各种情况下形成的不同形态。

主送机关前不应标注"致"或"敬致"

企业文书普遍在主送机关前增加"致"或"敬致"。

  致：××公司：

  敬致：××公司：

后面的冒号或有或无。这种写法也许是受到外文书信文书的影响，外企作为惯例，国内企业觉得"时尚"。我国典范公文文本中没有这种传统，现行写作规范也无类似惯例。

主送机关（称谓、抬头）本身已经明确表达了行文的方向性、指向性，无须使用"致"之类的词语。另外，在同一行中连续使用两个冒号，也违反了冒号用法规则。

主送机关的编排格式

无论哪种文种（党政公文、信件、讲话等），主送机关（抬头、称谓）都需要在标题下方空一行位置，左起顶格，后加全角冒号。主送机关较长，回行也要左起顶格。

党政公文主送机关数量较多导致首页不能显示正文时，应当将其移至版记标注。

讲话、致辞的称谓格式比较特殊。如果称谓较多，出于礼仪需要，也为了版式更易于阅读，需要将每个称谓独占一行，均左起顶格。

  尊敬的××先生，

  尊敬的××董事长，

  尊敬的各位来宾，

  女士们、先生们：

这种版式中，前面单列的对象之后都是逗号，最后一行的泛称之间用顿号，这一情况也符合上文所介绍的主送机关中逗号和顿号两种标点符号用法规则。

主送机关的字体和正文相同，应当使用仿宋体。现实中，个别办文人员习惯将其设置为楷体，这是不规范的。

第十章 开头段

公文开头，也可称为导语或前言，即正文展开前的一段铺垫内容，主要为背景、发文目的、行文依据、事项概括等信息。

绝大多数公文都需要安排这段铺垫，而不是直接在标题之下展开正文主体。假如没有这段话，文稿结构不完整，读者也会感到正文出现的非常突兀生硬。这段话虽短，但具有传递信息、均衡结构、吸引读者等多方面作用。

需要特别指出的是，背景、目的、根据等内容并不只位于开头部分，在正文主体中也经常出现，是公文内容的"保留节目"。开头段的内容通用性很强，绝大多数文体均包括这些信息。掌握开头段写作技法，是增强写作基本功的重要课题。

万事开头难。

公文开头，说难，其实不难，因为有固定模式，不需要绞尽脑汁进行创新。

公文开头，说容易，其实也不容易，因为有大量细节极易出错。

公文开头，在模式化的表象之下，对写作基本功有着极高要求。

开头段基本内容及次序

一千个读者就有一千个哈姆雷特，但公文开头并不需要发散性构思。面对复杂的理解和表达情况，需要以"最大公约数"来降低理解和表达的差异性，提高写作效率。公文开头段已经形成了高度稳定的内容模型。这里给出"高配版"公文开头内容完整组合，如图10-1所示。

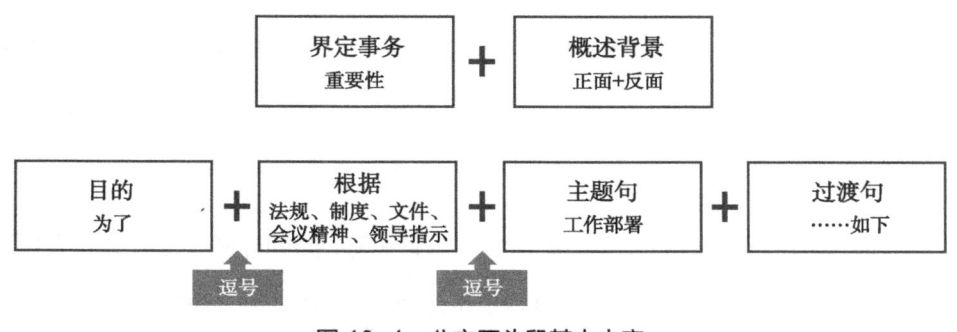

```
┌─────────────┐     ┌─────────────┐
│  界定事务   │  +  │  概述背景   │
│   重要性    │     │  正面+反面  │
└─────────────┘     └─────────────┘

┌───────┐   ┌─────────────────┐   ┌─────────┐   ┌─────────┐
│ 目的  │ + │     根据        │ + │ 主题句  │ + │ 过渡句  │
│ 为了  │   │ 法规、制度、文件、│   │工作部署 │   │ ……如下  │
│       │   │ 会议精神、领导指示│   │         │   │         │
└───────┘   └─────────────────┘   └─────────┘   └─────────┘
              ↑                      ↑
            [逗号]                 [逗号]
```

图 10-1　公文开头段基本内容

一般情况下，开头段无须包含以上所有方面内容，根据具体情况选择常规内容即可，如背景、目的和根据。有些事项无须表明背景或根据，则可省略，通过精简开头内容，使公文很快切入正文主体。

但是，重大事项，开头段内容应丰富，应尽可能将多方面相关内容介绍清楚。此外，如果正文主体较长，为平衡全文结构比例，开头段也可适当扩充。

背景介绍应位于目的句（为了）之前。这是因为，背景情况隐含了发文动机和意图。背景是客观情况，而动机或目的是主观意图。主观意图不能凭空产生，只能基于一定事实。先介绍背景后提出目的，无论从信息产生逻辑，还是从读者理解规律来看，都合理科学。

也正是因为这个原因，背景与目的之间不宜插入根据，有关根据的句子接在目的句之后更合理。行文实践中，不少公文采用背景、根据、目的的顺序，建议调整为背景、目的、根据的顺序。

目的可位于根据之前，也可在根据之后，但目的一般不在主题句之后（主题句之后的目的句会写成"以便……"）。除了目的、根据这两个方面内容次序可以调整，其他方面内容的次序相对固定。

本章将全面介绍开头段各个方面内容写作技法及避免失误的注意事项。

开头段易错标点

在详细介绍开头段每个方面内容的写法之前，需要解决一个高频错误即标点符号错误，主要是目的和根据之后误用句号问题。

● **硬核公文：打造写作技术流**

  为保证新员工上岗后能更好地履行岗位职责，尽快地了解公司的发展规划及具体工作要求，树立正确的工作态度及行为作风，了解公司的特点，掌握工作的基本技能，具有良好的职业道德及敬业精神。公司决定开展新员工培训工作。

  这个开头段存在语言表达若干问题"软伤"，此外还有标点符号"硬伤"。表达目的的内容后面使用了句号，应当使用逗号。上文之所以使用句号，很大原因是目的内容过于冗长，拟稿人误以为已构成一个完整句子。

  习惯上将目的内容称为目的句，其实它本质上并不是一个独立句子，而只是后面决定事项的修饰内容，为主题句发挥状语的功能，在状语句和主题句之间应当使用逗号，而不是句号。

  类似的问题也出现在根据句之后，很多人将逗号误标为句号，不再举例赘述。

  目的和根据后的标点符号问题，不仅在基层单位文稿中常见，甚至在中央部委文件中也时常出现，应当引起必要的重视。

  解决了标点符号问题，下面依次介绍错误出现频率较高的内容：目的、根据、背景。

目的句：存在感很弱但总存在

  目的句的标志是"为（了）"，介绍行文动机、工作意图。需要说明的是，"为""为了"的语法功能和具体应用有微妙差异。普通公文多用"为"，法律法规及规章制度常常使用"为了"。一般情况下，二者可以通用。

  目的句出现频率非常高，几乎所有公文都有，不仅可作为全篇开头内容，而且在正文主体其他段落中也存在，即便不会写公文的人也会本能地写上"为了"。

  为什么要写目的？

  第一，便于读者澄清思想误区，消除"阴谋论"，端正工作态度，认同工作缘由，从而自觉、主动贯彻落实文件精神。

  第二，根本原因是人认识事物的需要，便于形成认知闭环。人对事物的理解，往往从理解其目的与价值开始。

  第三，语言表达的需要。从抽象的目的到具体的工作任务，这是语言逻辑的一般过程。

第四，将已经发生的情况和即将开展的工作衔接在一起。目的句大多位于背景介绍和工作事项之间，发挥从历史过渡到未来的作用，有助于形成完整的时间感。

正是由于以上这些原因，公文如果缺失目的句，就会使读者感觉"缺点什么"。

目的句所占的篇幅比例非常有限，经常被有意或无意忽视。很多拟稿人对目的内容心不在焉，写作时简单、胡乱凑几句，导致目的句问题频发。

目的句的语法模型

"为（了）"好写，之后怎么写呢？

"为（了）"是介词，从语法功能角度看，后面可以搭配名词。试着对比下面几组目的句。

为物业服务行为，物业服务质量，居住和工作环境，……

为规范物业服务行为，提高物业服务质量，改善居住和工作环境，……

为城市轨道交通运营管理，运营秩序和运营安全，……

为加强城市轨道交通运营管理，保障运营秩序和运营安全，……

为集团公司高质量发展战略，精英搞经营的人才理念，区域经营管理活力，市场开拓能力，……

为贯彻落实集团公司高质量发展战略，深入推进精英搞经营的人才理念，激发区域经营管理活力，提升市场开拓能力，……

为了您和他人的身体健康，请不要在列车任何部位抽烟。

为了保障您和他人的身体健康，请不要在列车任何部位抽烟。

通过对比分析可以发现，"为（了）"后面如果搭配名词，虽然基本可以表达意义（个别情况不能表达），然而表达效果明显不如搭配动宾短语。介词后面的动宾短语发挥的是名词性作用，然而内部构成不是单个名词，而是动宾组合。

在日常生活和部分书面表达中，"为（了）"后面只搭配名词，然而在中央文件等权威公文文本中，其后搭配的都是动宾词组。

解决了"为（了）"之后的搭配问题，下面再进一步扩大视野，将后面的主句一并考察。试对比以下两句话。

为规范物业服务行为，提高物业服务质量，改善居住和工作环境，我部对申报2013年度全国物业管理示范住宅小区（大厦、工业区）的项目组织实施了验收工作。

我部为规范物业服务行为，提高物业服务质量，改善居住和工作环境，对申报2013年度全国物业管理示范住宅小区（大厦、工业区）的项目组织实施了验收工作。

第一段，全句主语位于目的句结束之后。第二段，全句主语位于目的句之前。很显然，第一种处理效果更佳，全句主语和谓语关系更加紧密。事实上，公文中经常省略主语，默认是发文机关或承接上句的主语。开头段如果写主语，应当位于目的句之后。

根据以上对比分析，可以归纳出目的句的语法模型：

（无主语）为了　+　动宾短语，（主语）

其中，每组动宾短语代表一种目的，可以有一组或多组。

目的究竟是什么：诗和远方

目的句的语法模式，为规范写作表达目的提供了依据。此外，还需要深入理解目的的内涵。分析下面这个目的句有什么问题。

为做好义务植树工作，公司决定于×月×日开展植树活动。

单独看前面的目的句是没有问题的。目的用动宾短语表达，符合语法模式，很多公文都采用"为了做好××工作"来表达目的。然而联系后面主句就会发现该句存在很大问题，即它的意思与主句意思基本相同，目的句重复了主句的信息，同义反复，类似于"车轱辘话"，也就是网络上所说的"废话文学"。

非常有必要思考这个问题：目的是什么？换言之，目的句表达的信息意义是什么？

用"生活不止眼前的苟且，还有诗和远方"这句流行语类比理解目的内涵非常贴切。

"眼前的苟且"可以理解为即将开展的具体工作,"诗和远方"可以理解为目的。

目的和工作事项之间存在层次差异。目的侧重于"高大上"的意义、价值,带有抽象化、理念化、概念化、终极化的色彩。工作事项则非常务实,指向具体的行动、实践。目的句和后面的主句应当体现出这种层次感。上面的句子可以修改如下。

为学习体验绿色发展理念,增强员工环保意识,公司决定于×月×日开展植树活动。

目的句必须和主句相匹配。目的的"高大上"意义价值不能走向极端,需要体现后面具体工作事项的特点和属性。试着对比以下三句。

为了您的家庭幸福,请不要在站台上玩手机。
为避免掉下站台造成人身伤害,请您不要在站台上玩手机。
为保障您的人身安全,请不要在站台上玩手机。

第一句,目的和提醒事项之间差距太大,以至于前后不搭。第二、第三句,目的更加贴近提醒事项的特点,同时目的和事项也保持一定层次差异。

下面这句机上广播,也暴露出目的句前后不搭的问题,修改为第二种效果更好。

为了给您提供更优质的服务,我们准备了留言卡。
为了收集您宝贵的意见和建议,我们准备了留言卡。

写作实践中还有很多莫名其妙的目的句,如"为了紧急动员起来"。这并没有体现"诗和远方",而只是胡乱折腾大家。拟写目的句务必准确把握其内涵特征,偏离这个特征就会不知所云。

上文中提到的"为了做好××工作"这种模式的目的句很常见,保证其正确使用的前提是,后面的主句与之保持内涵差异。

为了做好年终考核工作,现就有关事宜通知如下:

顺便指出的是,目的不同于目标。目的抽象,目标具体,二者表达有显著差异。

硬核公文：打造写作技术流

目的句的数量与顺序

目的句带有强调工作事项重要意义和价值的作用，很多拟稿人为了突出事务重要性，写作目的句容易"放飞自我"，堆砌大量目的内容，以为目的越多、越复杂就越能彰显工作意义。

为贯彻落实《××××》文件要求，弘扬正能量，唱响正气歌，弘扬"忠诚、严谨、开放、精进"的××企业共同价值观，凝聚起创新发展的强大合力，展示企业风采，丰富干部职工的业余文化生活，党委宣传部举办"大美××、我爱我家"摄影大赛。

目的内容过多，目的句过长，直接导致整个开头极为臃肿，不符合语言习惯，让人抓不到头绪，增加读者理解难度。

目的句具有表达事务意义的作用，但是强调工作意义和价值不能只通过目的句的表达，更好的方式是体现在开头段其他方面内容中（如背景或根据），或将其设为正文独立部分。

目的句务必要简练，目的内容务必要精选，一般包括1~4个分句，即需要将目的控制在4个以内，超出会明显降低表达效果，也会增加拟写难度。

多个目的，需要对前后次序作出合理安排，不能随心所欲地胡乱安排。下面通过几例来体会、感受目的内容的排序规律。

为进一步促进金融租赁行业健康发展，创新金融服务，拓宽中小微企业融资渠道，有效服务实体经济，经国务院同意，现提出以下意见。

为扎实推进能源领域供给侧结构性改革，促进煤电行业健康有序发展，国家能源局决定于近期组织开展煤电项目规划建设情况专项监管工作。

为践行以人民为中心的发展思想，解决客户面临的"在售套餐数量多，选择难"问题，××公司以下资费系列将于6月30日前下线。

为丰富干部职工业余文化生活，展示企业风采，弘扬"忠诚、严谨、开放、精进"的企业价值观，党委宣传部举办"大美××、我爱我家"摄影大赛。

为贯彻落实集团公司高质量发展战略，深入推进精英搞经营的人才理念，激发区域经营管理活力，提升市场开拓能力，经集团公司研究决定，在全集团范围内就区域指挥部经营岗位后备人选进行公开竞聘。

目的排序，需要结合不同工作的特点认真梳理。一般的次序是，从条件到成效，从具体到抽象，从现实到理念，从微观到宏观，从上级部署到具体业务等。

目的句的时间感：面向未来，不面向过去

汉语中没有以时态来表达时间特征的形式手段，但是有些表达意义要带有一定的时间感。表达时间感通常只能通过一些副词或助词（了、着）来实现，这给表达目的增加了困难。

目的句的一些失误非常微妙，很难被察觉，总觉得它有问题，但不知道问题在哪里，很大原因就是目的句的时间感出现了"扭曲""错乱"，结合下例来体会这个问题。

为进一步加强×公司薪酬绩效管理，截至2021年12月，已完成了《薪酬管理制度》《薪酬管理办法》《高管人员绩效考核管理办法》《所属公司绩效考核管理办法》的审批及发布工作。现根据《公司章程》《董事会议事规则》《董事会薪酬与考核委员会工作细则》相关规定，建议将以下薪酬绩效相关事项审批权限授予董事会薪酬与考核委员会。

这段话没有语法"硬伤"，内容很工整。很多文稿以"为了"开头介绍目的，这篇同样如此。但仔细阅读、体会就会发现，这里的目的是过去已完成工作的目的。

无论过去还是未来的工作，都具有相应的目的。但是在发文时，是表述过去已经完成工作的目的，还是表述下一阶段工作的目的呢？这个问题需要反思。

目的句是"诗和远方"。过去工作的"诗和远方"是当下的状态，没有必要重复。现在的"诗和远方"是未来，表达目的只能根据当前的时间点来确定未来的目的。

明确目的句的时间感之后，就找到了上例的修改方法。将过去已完成工作的情况处理成背景介绍，无须谈其目的。用下一阶段工作的目的，引出下一阶段的工作事项。修改后的表述见下文。

截至 2021 年年底，×公司已审批发布了《薪酬管理制度》《薪酬管理办法》《高管人员绩效考核管理办法》《所属公司绩效考核管理办法》等薪酬规章，薪酬管理制度体系初步建立。为进一步加强公司薪酬绩效管理工作，提高薪酬绩效管理效能，根据《公司章程》《董事会议事规则》《董事会薪酬与考核委员会工作细则》等相关规定，建议将以下薪酬绩效相关事项审批权限授予董事会薪酬与考核委员会。

目的句是立足于发文当下时间点，面向未来，介绍下一步开展工作的目的。换言之，目的句不表达过去工作的目的，只表达下一阶段工作的目的。符合这个规律的目的句给人"舒服"的感觉，否则会使读者稍感"别扭"。这个问题虽然不是什么重大问题，但体现了表达的严谨性。

不宜连用"为了"

对目的句的时间感理解不到位，就会出现另一个失误，即写两个"为了"，前一个"为了"介绍过去工作目的，后一个"为了"介绍下一项工作目的。

为了简化工作流程，提高办公效率，提升管理信息化水平，我部启用了××办公平台。经过为期一个月的试用阶段，不少员工尚未掌握平台使用方法。为了帮助大家掌握平台使用方法，最大限度发挥平台的优势，经领导批准，组织举办办公平台使用技能培训。

发文是针对举办技能培训这项工作，目的句应当表述该活动的目的或意图。然而第一句目的句表述的是过去部署办公平台的目的。过去已完成工作的目的没有必要介绍，只需要突出发文针对事项的目的即可，只须保留一个"为了"。

从内容时间角度分析，这段话主要包括两个方面，过去工作和下一阶段工作。将第一个"为了"删去或整合成为背景介绍即可。上文可以作如下修改。

自启用××办公平台以来，员工积极使用，办公效率明显提升。同时，也有部分员工尚未注册加入，已注册的部分员工使用不够熟练，平台功能难以得到充分发挥。为帮助员工进一步掌握平台使用方法，最大程度发挥平台优势，提高管理信息化水平，经领导批准，组织举行办公平台使用技能培训。

修改稿内容更加清晰，尤其突出即将进行工作的目的或意图，符合认知时间感规律。

目的句常见失误及修改方法归纳

通过以上探讨可以看出，目的句虽然"存在感"很弱，作者和读者都不够"重视"它，但写作难度极高，出现失误的概率极高。图10-2将目的句易错点及修改方法汇总展示，希望给拟稿者提供一些帮助。

与主句同义反复	数量过多	逻辑混乱	两组连用
抽象化、理念化、概念化"高大上"	将部分内容转化为背景、根据 精选1~4句 使用逗号	低层次→高层次 具象→抽象 条件→结果 微观→宏观	梳理逻辑关系、时间关系 将过去工作目的转化为背景

图10-2　目的句易错点及修改方法

应当结合实际情况，在撰写过程中时刻警惕这些问题，并有针对性地采取有效方法避免这些失误，切实提高开头段的写作质量。

根据句：存在感最强的内容

根据，即行文和工作事项的依据。表达工作依据的内容，一般称为"根据句"。根据句并不是独立句子，只是对后面主句发挥状语的语法功能，其后一般用逗号，不用句号。

拟稿时，需要准确表述根据。审核时，根据也是重点被审核内容。《条例》第五章第二十条明确要求审核重点之一是"行文理由是否充分，行文依据是否准确"，这里的"行文依据"一个重要方面就是根据明确、适用准确。

与目的句相比,根据句的存在感最强,但往往又不存在。它"存在感"最强,是因为根据在公文中发挥着至关重要的作用。它往往不存在,是因为很多拟稿人,尤其是新手,由于各种原因找不到必要的根据,甚至是因为"懒癌"严重,不肯花费力气和时间去查阅有关文件制度,导致文稿中缺失根据。

在合法合规要求日益强化的大背景下,任何社会机构及个人的行为都必须在许可的范围之内,不能"出格""出线""出圈儿"。"把权力关在制度的笼子里",行文依据明确、准确是这一要求的重要体现。

公文反映工作,公文中没有依据,很可能工作也缺乏依据。这样的公文会带来很大问题,削弱管理效能,或者引发社会批评和质疑。

2019年,某县纪委发布《关于集中整治违规吃喝问题的通知》,引发舆论关注。原来,该县纪委主要领导发现当地违规吃喝问题比较突出,有必要进一步提出要求,便安排工作人员起草通知。通知中有"对个人用私款聚餐的也要进行倒查""10种饭店不能去"等细化要求。县纪委主要负责同志未认真审核,将通知在公众号发布,引起社会质疑。

市纪委了解情况后,专门进行核查,认为"对个人用私款聚餐的也要进行倒查""10种饭店不能去"等措施要求均没有上级政策依据,于是撤销了该通知并依规依纪问责县纪委。

管理和施政都有边界。整治违规吃喝的确是纪委应尽职责,然而在提出措施时,必须严格按照党纪并结合具体情况作出安排部署。在这个问题上一旦"任性",就会导致不良后果。

下文是一篇出自公文新手之手的内部通报,问题较多,比较严重的是缺乏处罚依据。

通报批评

各部门:

本院员工杨××被发现在办公区抽烟,造成了严重影响。吸烟有害健康,污染空气,也会引发火灾,为了加强我院的规章制度,给予杨××罚款100元的处罚。希望全体员工引以为戒,遵守我院规章制度,如再发生此类现象,将给予严肃处理。

特此通报

综合办
2021年2月15日

类似处理、处罚等工作，直接涉及当事人自身权益，原则性强、政策性强，必须有明确依据，有关发文也必须写明依据。该文修改稿详见第十六章。

无独有偶。2019年，某县女教师体罚学生，所在学校和当地教育管理部门先后对其作出了停职1个月、赔礼道歉书面检讨、取消评优资格、党内警告处分、承担诊疗费、扣发奖励性绩效工资、不再签订聘用合同、纳入信用评价系统"黑名单"等多项处理措施。相关文件在网络曝光后，引起广泛关注。其中一些处理有相关政策依据，但纳入诚信"黑名单"受到质疑。后当地政府发文撤销无明确依据的不合理处罚。

该事件中，对同一人员同一行为作出多重处理决定，每项处理决定都须有相应的依据，不能"火力全开"。不顾客观事实和政策制度是否匹配，只会带来更大的麻烦。

如果事项确实有依据，就应当作出必要说明，以免产生误会。多年前，火车站、码头、机场等场所悬挂"军人优先"的提示。近几年，这个提示更加完善，变成了"军人依法优先"。增加"依法"二字，表述更加严谨，说明军人享受的这种特殊待遇是法律所赋予的，避免普通群众可能产生的误会。

提示的小小变化有助于理解依法依规、依据充分对公文的意义和价值。公文中的管理措施、工作部署、处理决定确有依据，应当明确、准确地表述，既体现合规性，又体现严肃性。

根据句基本规范与对象

写作根据句的总要求是：根据明确、适用准确。

这两个方面的要求都要以严谨规范的表述为基础。如果根据句存在问题，必然影响表达的明确性和准确性。通过规范表述，倒逼拟稿人和领导者去依法依规依纪作出工作部署和处理。

根据句的存在感很强，但写作难度不大。其基本标志是"根据""依据""按照""依照"等介词，但后接对象不同，"根据""依据"的对象多为普通法规、规定、规章或文件，"按照""依照"的对象为国家法律等权威性更高的文本。不管哪种情况，规范要求基本相同，同时为表述方便，本书介绍根据句写作规范时不再进行严格区分。

根据的对象多为公文或制度，在写作实践中根据句形成了以下四种表述。

根据《××××》（××字〔2020〕2号）

根据《××××》

根据××字〔2020〕2号文件

根据××字〔2020〕2号《××××》

其中，第一、第二种表述方式可取，第三、第四种表述是不规范的。

在第一种表述中，把标题放在前面，发文字号在后，不可像第四种那样颠倒次序。发文字号中的年份外用的是六角括号〔　〕，不要写作方括号［　］或黑头括号【　】。

第三种表述经常出现，令很多人误以为是规范的。发文字号本身只是公文管理的手段，隐去标题后不能表达任何有价值的依据信息，因此该表述很不严肃、严谨。之所以隐去标题，可能是出于保密需要。其实大可不必，如果依据是涉密文件，那么所拟写的文稿也应涉密，按照保密管理要求处理即可。

第二种表述只标引文件标题而不加发文字号（编号），分两种情况。

一种常见的情况是，所引用的文件本身不是正式行文，没有编号。

另一种情况是，引用依据是规章制度，不是发布规章制度的文件（多为通知），这时发文字号可以不用标示。因为发文字号是发布文件（通知）的编号，不是规章制度的编号。

根据的对象主要有以下几种。

1．公文、文件，或其他规范性文件。

2．本级的规章制度、条例规定、章程守则等。

3．国家法律法规、行政规章等。

4．本级或上级会议精神要求、部署安排。

5．本级或上级领导的指示、决策、要求。

6．合同、协议等文本。

这些对象的共同特点是文本化，即"白纸黑字"的文件、规章或其他文书，可供查证。然而在写作实践中，经常出现将客观情况作为根据的表述。

根据（鉴于）当前形势，……

根据该同志的日常表现，……

"以事实为依据，以制度为准绳"，在公文写作中应当修改为"以事实为基础，以制度为依据"。事实是个别零散的客观情况，具有特殊性，制度是在大量事实基础上归纳的解决共性问题的保障，具有普适性。

因此，根据的对象应当主要是更具规范约束作用、普适性的制度保障。客观情况不适宜作为根据，而更适合作为背景。

根据文件的简称形式

根据文件标题如果较长，后文中反复提到该文件，表述会比较烦琐。在开头段初次说明根据时，可以注明其在本文中的简称。

为整顿规范银行业金融机构吸收公款存款行为，防范道德风险，提升服务水平，根据银监会《关于进一步规范银行业金融机构吸收公款存款行为的通知》（以下简称《通知》）……

根据文件完整标题在前，后用圆括号注明简称，一般为文种名称简称外加书名号的形式，不使用引号等其他符号。如果有多个根据文件，那么相应的简称也须不同。

根据的变体：受权发文

受权和授权是从不同主体角度形成的动作和概念。在某些情况下，针对一些具体工作事项，上级授权给办文机构或职能部门制发相关文件，没有以上级名义发文，而是以部门名义发文，对于发文机关而言，是受权发文，即发文机关接受上级授权。

对于办文机构（办公室、办公厅、秘书处等）和某些职能部门而言，受权发文是种常态工作，需要在公文开头明确表述。

国务院办公厅关于促进建筑业持续健康发展的意见

国办发〔2017〕19号

为贯彻落实《中共中央 国务院关于进一步加强城市规划建设管理工作的若干意见》，进一步深化建筑业"放管服"改革，加快产业升级，促进建筑业持续健康发展，为新型城镇化提供支撑，经国务院同意，现提出以下意见：

受权发文的常用表述为"经××同意（批准、许可）"。换言之，当用这一表述时也就意味着，授权主体是上级，授权对象是下级。

平级单位部门之间的协商、商洽过程，不能使用"经××同意（批准、许可）"的表述。如果不是授权与受权关系，而只是经过了协商，那么可用"经商××""经与××协商"等表述。

这些表述和公文的经办用语（经××会议研究通过、报经××批准）比较相似，受权过程也可以视为公文经办过程。但受权发文本质上是工作依据，而不是公文处理程序。

根据明确、适用准确

前文介绍了根据句表述方式及根据对象，下面进一步探讨如何实现根据明确、适用准确的写作要求。

做到这两点，最根本的是要对业务工作涉及的国家法规、行业规章、上级文件、本级制度、最新文件等各类文本了如指掌，能够准确理解并领会其目的、范围、对象、所针对的现实问题。

根据明确，即需要明白无误地写出依据的对象。如果做不到，可能有两种原因：一是没有相关依据；二是拟稿人工作作风浮漂，工作态度松弛，没有认真查阅制度文件，或者即便查阅了，也没有严谨表达。

2020年1月，某地多家电信运营商被迫暂停为某村庄提供通信服务。在运营商发布的说明公告中，引用多个依据，将其中一份标题写为"河南省通信基础设施建设保护"。

仅从标题就可看出，这不可能是制度名称。经查阅相关资料证实，这份地方法规的规范完整标题是《河南省通信基础设施建设与保护办法》。在处置性质严重、社会关注度高的事件中，出现这样的低级错误，每位拟稿人都应该引以为戒。

缺失依据、将依据标题写错、以文号代替依据标题，都会损害根据的明确性原则。

适用准确，即针对事务事项具体情况，有的放矢地找到文件制度和客观实际的"结合点"。适用准确包括两个层面：依据文件制度要准确、依据条款要准确。这里重点谈谈依据条款要准确的问题。

有的工作，只需找到相关文件制度即可，而有的事项则需要结合实际情况，严格按照具体条款执行办理。这时，就需要将条款引用在公文中。如果拟稿人对条款内容不熟悉，可能会造成"驴唇不对马嘴"的情况。

将依据细化到条款层面，会使根据进一步得到明确，对于处置问题、回应关切、推进工作具有重要作用。下面这个真实案例，虽然不是公文写作领域的，但对公文写作具有很高的启发价值。

2018年，某市人力资源和社会保障局网站的互动栏目出现一则群众留言，呼吁本市市民主动放弃领取养老金。针对这项不同寻常的留言，政府工作人员必须作出答复。这是个社会关注度很高的话题，政策性、原则性都很强，答复不当可能会产生消极负面的社会影响。工作人员在网站上的书面答复（相当于撰写了一篇复函公文），很简洁、很明确。

> 关于您所提鼓励××市民主动申请放弃领取养老金问题，现答复如下：
>
> 根据《中华人民共和国社会保险法》第十六条规定："参加基本养老保险的个人，达到法定退休年龄时累计缴费满十五年的，按月领取基本养老金。"您建议中提到的强制规定市民主动放弃领取养老金违背《中华人民共和国社会保险法》，因此该建议不具可行性。

这段回复主要引用国家法律条款（未引用完整内容），有针对性地就群众建议作出明确答复，依据充分明确，有助于澄清少数群众的误解，维护政策和法律的严肃性。

多个依据的处理

有的事项需要多个依据"加持"，以便证明行为的合规性、正当性。表述这些依据，不可遗漏，不能错乱，条款也不能张冠李戴。

多个依据的排序一般按照权威性由强到弱、由高到低排列，如大致按照国家法律法规、地方行政法规、单位部门制度文件的次序排列，具体情况可灵活处理。

引用多个依据时，其中的规定具有相似或相同条款时，标引条款应当有所侧重，选择权威性更高、针对性更强的条款完整引用。务必注意通过严谨、准确的表述说明引用条款是哪个依据之中的，防止出现理解偏差。

因《中华人民共和国电信条例》第四十八条、《河南省通信基础设施建设保护》第十七条、安政〔2005〕42号文件第七条均规定"任何单位或者个人不得擅自改动或者迁移他人的电信线路及其他电信设施；遇有特殊情况必须改动或者迁移的，应当征得该电信设施产权人同意，由提出改动或者迁移要求的单位或者个人承担改动或者迁移所需费用，并赔偿由此造成的损失"。故无法承担村委会提出的购置费用，且村委会目前提供的地埋光缆不符合通信条件，无法迁改。

上文三个依据排序基本正常，但后两个省市两级地方法规的标题不规范。依据之前用关联词"因"，要采取的措施前用"故"，表明在拟稿人意识中，法律法规文件规定和要采取的措施是因果关系。很显然，这种理解不准确。这组关联词使用不恰当，应当删去。

另外，这段文字引用的句子较长，会让人以为这段规定是前面三个规定文件相应条款。常识推测不可能是这种情况。事实上，所引内容是第一项文件而非其他文件的内容。可修改如下。

《中华人民共和国电信条例》第四十八条规定"任何单位或者个人不得擅自改动或者迁移他人的电信线路及其他电信设施；遇有特殊情况必须改动或者迁移的，应当征得该电信设施产权人同意，由提出改动或者迁移要求的单位或者个人承担改动或者迁移所需费用，并赔偿由此造成的损失。"《河南省通信基础设施建设与保护办法》《×××》等法规文件均有相关规定。你村擅自改动电信线路，涉嫌违法。根据上述法规文件，迁移电信线路所需全部费用及损失应由你村承担。

考虑到这一事件的严重性，修改稿引用国家法规的条款内容，简化地方法规文件内容，并在此基础上指出村委会行为的性质，提出费用承担问题便显得依据充分。

根据内容较长的解决方法

在写作中,根据句如果引用条款,尤其条款内容较多、篇幅较长时,很可能出现问题。上例即是一个典型,此外还有下文所示的一种常见错误。

根据《××证券有限责任公司收益凭证××5号发行认购协议》的相关规定:若存续期内HS300指数价格曾经低于向下敲出价格(期初价格的80%),则产品的到期收益率(年化)=3%。××5号成立于2015年11月12日,成立日当天HS300指数收盘价为3795.32元,按此计算期初价格的80%为3036.256元。截至2016年1月26日HS300指数收盘价为2940.51元,已低于期初价格的80%,故××5号的到期收益率为3%。

本例的错误是没有主句。根据句只能作整个句子的状语,而不是完整句子。因此,在写出条款内容后,还要注意搭配主句。

上文可以按照以下两种方式修改。

修改一:《××证券有限责任公司收益凭证××5号发行认购协议》规定:若存续期内HS300指数价格曾经低于向下敲出价格期初价格的80%,则产品的到期年化收益率=3%。××5号成立于2015年11月12日,成立日当天HS300指数收盘价为3795.32元,按此计算期初价格的80%为3036.256元。截至2016年1月26日HS300指数收盘价为2940.51元,已低于期初价格的80%。根据上述协议条款,××5号的到期收益率(年化)确定为3%。

修改二:××证券有限责任公司收益凭证××5号成立于2015年11月12日,成立日当天HS300指数收盘价为3795.32元,按此计算期初价格的80%为3036.256元。截至2016年1月26日HS300指数收盘价为2940.51元,已低于期初价格的80%。根据《××证券有限责任公司收益凭证××5号发行认购协议》规定(若存续期内HS300指数价格曾经低于向下敲出价格期初价格的80%,则产品的到期年化收益率=3%),××5号的到期收益率(年化)确定为3%。

第一种修改方式，将规定单独表述，前面不加"根据"。介绍完基本情况后，安排简短的根据句，后接主句。根据句和主句紧密结合，语法结构更加清晰紧凑。

第二种修改方式，将相关情况作为背景。根据文件标题前使用标志词"根据"，后用圆括号将具体条款引出，圆括号内的条款不作为整个句子的构成要素，后接主句。根据句和主句之间插入了发挥同位语功能的圆括号内容，虽然整个句子较长，但语法结构没有问题。

根据须匹配执行事项

完成一项工作有多个工作环节和多种操作行为。写根据句务必要保证根据和工作事项之间的匹配。换言之，必须明确根据究竟是哪项工作的根据。

××项目拟入围供应商××公司不在我公司供应商库内。经经营管理部、综合管理部考察，认为该公司产品满足项目需求。根据公司采购管理制度，需将上述单位录入供应商信息库，单位考察资料详见附件。

这里涉及两个流程环节：考察供应商并评价、列入供应商信息库。公司采购管理制度应当是整个工作流程的根据，而非仅仅列入信息库一项工作的根据，可修改如下。

××项目拟入围供应商××公司不在我公司供应商库内。根据《××公司采购管理制度》，经营管理部、综合管理部对××公司进行了考察，认为该公司产品满足××项目建设需求，提请将该公司录入基础公司供应商库内。考察资料一并报上供审阅。

通过这样的调整，根据和执行事项、工作内容匹配得更好。

根据句常见问题汇总

对公文老手来说，根据句不是高频失误点，只是需要勤奋一些，花费一些时间精力查阅相关文件制度。而对新手来说，根据句是障碍点，不是仅靠勤奋所能解决的，还需要特别注意避免常见失误。为便于学习掌握，将根据句出现的常见问题汇总如下。

1. 遗漏根据、适用根据不当、根据文件过期失效。
2. 根据与工作事项不匹配，根据对象不当或笼统。
3. 标引不规范。
4. 根据内容过长，出现语病。
5. 将"根据"误为"因果"。口语常用"因为"，但公文需要写"根据"。

拟稿人在写根据句时务必做到严谨规范，使这个存在感最强的内容部分无懈可击。

背景情况及其标志

探讨了目的、根据之后再研究背景写作技法，并不等于实际写作时要将背景介绍放在目的和根据之后。恰恰相反，公文开头段中的背景介绍应当在目的和根据之前。

目的和根据都是抽象性内容，背景是客观事实性内容。将事实内容放在抽象内容之前，更符合人的认知规律。

背景，即来龙去脉中的"来龙"，主要指发文所指事项的前期情况、已存在的基础。

背景内容在公文开头段中的标志语是时间状语，可以是"近年来""近期""党的十八大以来"等笼统时间，也可以是具体精确日期。笼统的时间主要用于概括宏观情况，精确的时间主要用于表述某个具体事件情况。

表述背景涉及三个问题：要不要写背景、写什么背景、怎么写背景。总的要求是确有必要、内容精当、篇幅简短，下面分别进行探讨。

背景的作用：以事实表明意图、避免误解

很多文件开头是目的，没有背景，同时也有很多文件开头介绍背景。那么，究竟如何决定是否介绍背景呢？

发文意图对公文而言极其重要，读者能否准确理解和把握发文意图，对贯彻执行产生一定影响。表达发文意图主要通过目的句"为了"。由于目的句比较抽象，还需要具体现实的信息来传递意图，这时就有必要介绍相关背景。

背景信息的根本作用是体现、强化发文意图。否则,背景表述将出现问题。

关于做好春节期间安全保障工作的通知

各单位,各部门:

值此新春佳节来临之际,××有限公司领导班子恭祝全体员工新春愉快,万事如意。同时,为了实现节日期间商业安全经营,现就做好安全检查与经营管理工作通知如下:

背景应当体现发文意图,但这个通知的开头内容没有体现任何发文意图,仅有礼仪作用,和后面提出的做好安全工作的要求没有直接关系,前后内容脱节。修改思路是,简要介绍春节期间形势特点,如人流密集、安全隐患突出等,然后提出工作要求,这样顺理成章。

只有结合大背景才能更加准确理解工作意义。上例这个基层单位文稿间接说明了这个问题。下例从更宏大背景出发,揭示了工作的重要性。

国家能源局综合司
关于做好 2019 年第一季度安全生产和重大活动电力安全保障工作的通知

(主送机关略)

2019 年是新中国成立 70 周年,是决胜全面建成小康社会第一个百年奋斗目标关键之年,确保安全稳定至关重要。一季度是部署全年工作和迎峰度冬的关键时段,加之春节、"两会"、博鳌论坛等重要节假日和重大活动多,做好一季度电力安全生产工作责任重大。……

除中性客观情况外,强化发文意图还可以介绍以往工作中存在的问题、矛盾、消极现象等信息。

当因信息不对称可能造成误会误解时,就非常有必要介绍背景。

拟稿人和发文机关对某项工作情况了解得比较全面,在信息拥有方面具有天然优势,然而接收公文的单位或个人未必了解这些情况,双方之间存在明显的信息不对称现象。如果部署的工作带有一些特殊性,这种信息不对称将会被放大,从而引发误解。

某地公安机关在旅馆业主群中发布了一则内容非常简单的通知,"遇到记者入住,请立刻向当地公安部门报告"。网络群组里面的这则通知，虽然不是正式发文，但发挥着公文的作用。如此简单，只有要求没有"来龙去脉"，极易让人误解和费解。

果然，有群成员将这则通知截图传播后，很快引发公众猜测。很多人"脑补"当地肯定出现某种事故，担心媒体曝光，所以才要求上报记者入住线索，以便采取相应措施。

面对网络上的各种猜测，当地市级公安机关在官方公众号发布澄清说明。据称，当地正在开展媒体走基层采风活动，收集记者入住信息是为了主动与其联系，为其采访提供便利。

经澄清，公众的不当猜测烟消云散。但是，这件事至少反映出当地部分工作人员发布公文的随意化作风。即便在网络群组中，当有工作需要而制发信息时，应当严格按照公文写作的要求考虑周全，不能因为传播工具便捷就将公文文稿简化。

某些文种的开头必须写背景情况作为发文缘由，如批复和复函。

你单位×月×日的《关于××的请示》（×字〔2021〕×号）收悉

贵单位×月×日的《关于××的请批函》（×字〔2021〕×号）收悉

上例所提的来文情况，就是一种特殊背景，直接说明复文缘由。

背景信息如果极其重要，并且比较复杂，开头段无法容纳，那么可以将这些内容作为正文主体的独立部分，其小标题常为"过去情况""当前形势与任务"等。

总之，公文开头段中是否安排背景介绍，可参考以下标准综合判断。

1. 强化发文意图。

2. 便于读者理解。

3. 避免引发误解。

4. 表明发文缘由。

背景不宜用"结合""鉴于"表达

基层部分文稿表达背景时经常使用句式"结合××情况""鉴于××情况"。

根据省行提高效率，改进服务，全面加强工作作风的会议精神，结合××管理部2020年度业务技能测评结果，××中心支行于2021年2月23日至3月20日组织全辖35周岁以下未达能手级青年员工开展了为期一个月的技能练兵，现将有关情况通报如下：

这种写法虽然能表达一定信息量，但最明显的问题是比较笼统。情况究竟是什么？结果如何？要进行新一轮技能练兵的现实原因究竟是什么？这些问题都模糊，对从背景角度理解开展的工作没什么实际价值。

"结合""鉴于"等词发挥介词功能，其语法功能给表述信息造成"先天限制"。它们后面搭配的内容成分非常有限，很难表述详细情况。中央权威公文在介绍背景情况时几乎不使用这几个词语。

既然要写背景，不妨将主要信息适当明确化。以工作中存在的问题为背景，能够更加有力地说明工作事项的重要意义。当然，在具体表述时还需要讲究一些技巧，如可以"不点名批评"，但要说明具体问题。上文可修改如下。

××管理部2020年度业务技能测评结果显示，我中心支行部分35周岁以下青年员工尚未达到能手级别。根据省行"提高效率，改进服务，全面加强工作作风"的会议精神，为提高员工业务技能整体水平，××中心支行于2021年2月23日至3月20日面向上述员工开展为期一个月的业务技能大练兵活动。现将有关情况通报如下：

修改稿中将背景处理为两层内容：一是该项工作的背景，通过说明问题点明工作意义；二是通报发文的背景，已经完成的某项工作。这样处理后，时间线索清晰，通报发文的双重意图（明确特定工作及结果）都比较明确。

背景的内容：正面信息、负面信息

背景内容需要根据发文意图筛选，一般是过往工作情况、当前现状、未来发展趋势等。从属性角度看，背景内容可以分为正面信息、负面信息和中性信息。

正面信息，指的是成绩、成果、进展等积极信息。负面信息，指的是问题、不足、失误、事故等消极信息。中性信息，指的是非本单位所能人为决定的客观现象、社会现实、发展趋势。公文背景内容主要采用正面信息和负面信息。

正面背景信息，能够振奋精神，鼓舞士气。负面背景信息，能够激发警醒，传导压力。公文开头要根据发文意图，结合具体情况，合理安排这两类背景内容。

表扬或表彰类公文，如表彰通报、表彰决定等，一般要概述受表彰人员或单位的成绩与业绩。处理或处罚类公文，一般都要介绍违纪、违规，甚至违法行为与情况。

工作部署类公文，针对具体情况选择不同背景内容。常见的模式是正面信息和负面信息结合使用，通常正面信息在前，负面信息在后。

其实从发文意图来看，只需介绍负面信息，但给人的观感不佳，所以正面信息也是必要的铺垫。下例较好地体现了这种处理手法。

工业和信息化部关于 2019 年信息通信行业行风建设暨纠风工作的指导意见

（主送机关略）

近年来，信息通信行业持续加强行风建设和纠风工作（以下简称行风纠风工作），切实维护用户合法权益，取得了积极进展和成效。但同时，部分地区基础设施薄弱，部分企业为民服务意识不强、经营服务行为不规范、网络安全责任落实不到位等问题仍然存在。为进一步优化信息通信市场环境，推动网络安全责任落实，增强人民群众获得感，树立行业良好风气，现提出 2019 年信息通信行业行风建设暨纠风工作指导意见。

此外，针对某些特殊情况，只需要介绍负面信息就能体现发文意图。

2016 年 11 月 24 日 7 时 40 分，江西省宜春市丰城电厂在建项目发生倒塌事故，目前遇难人数已达 60 人。为深刻汲取事故教训，切实加强电力建设施工安全管理，坚决遏制重、特大事故的发生，确保人民群众生命财产安全，现提出如下要求：

上例对一次具体事故情况进行了概述，足以引起警惕，让收文单位在思想上更加重视后文提出的工作要求。

背景的表述：概括表述、篇幅简短

多数公文开头采用概括性语言介绍背景，用宏观性较强的语言简要说明时间、地点、人物、起因、经过、结果等要素。事件要素可不必完整，只概述重要信息即可。

公文开头有"凤头"之说，其意不在漂亮、精彩，而在简明、扼要。目的、根据、主题句等内容都不会有很长篇幅，只有背景内容可能冗长烦琐，由"凤头"变"猪头"。

开头背景的介绍务必简明扼要，即便是复杂背景，也应在全文中占合理比例。

很多初学者喜欢从宏观入手，一直写到微观工作，内容包括国际形势、国内形势、上级政策、现实问题等。这种写法，本意是突出工作的重要意义，但效果南辕北辙。

某房地产公司的一篇文稿突出体现了这种南辕北辙的"画风"。

关于征集商业类旧楼更新项目信息的通知

（主送机关略）

北京自2014年以来，为落实《京津冀协同发展规划纲要》及《北京城市总体规划（2016—2035年）》，在全市范围开展了"疏解整治促提升"专项行动，为"四个中心"首都功能升级、城市功能织补更新释放了大量腾退空间资源。以疏解整治专项行动和腾退空间再利用为特征的城市更新，成为新时期北京城市建设发展的重要特征。城市更新为北京城市发展的重新定位与动能提供了更多的机会和空间，西城区亦出台具体实施政策支持旧楼更新升级发展。

根据国家产业发展规划和基础公司战略，聚焦城市更新、资产运营、大健康、消费升级等领域，我公司在未来三年内力争实现1~2个综合开发、市场化改造项目，实现以城市更新业务为核心，政府任务与市场化业务双轮驱动，围绕城市资产的形成和运营，打造城市更新、综合开发、项目代建及资产运营的"3+1"产业新格局。

为实现公司发展战略，储备优秀的项目资源，现面向全公司及所属公司全体员工征集商业类旧楼更新项目信息，具体事宜如下：

这里所介绍的城市发展规划和公司战略等宏观形势，对于所部署的具体工作的确有参考价值。但是放在开头，内容过于冗长，导致迟迟不能切入正题。修改思路是，结合具体工作将这些内容重新整合梳理，将其作为正文主体的一部分，写在"如下"之后。

导致背景冗长还有一个原因，即工作周期较长，发文时需要追溯过去历史。如果是发文和收文双方都已了解的情况，即使过去很久，也没有必要详述背景，只须挑选与发文当下工作有密切关系的情况，简要概括即可。

界定对象及其意义，提高公文站位

前面详细探讨了公文开头中最常见的三类内容：背景、目的、根据。在写作实践中，还有一种内容在基层公文中很少使用，然而国家权威发文频繁采用。这个内容是界定事务对象及其意义。例文见下。

国务院关于推行终身职业技能培训制度的意见

国发〔2018〕11号

各省、自治区、直辖市人民政府，国务院各部委、各直属机构：

职业技能培训是全面提升劳动者就业创业能力、缓解技能人才短缺的结构性矛盾、提高就业质量的根本举措，是适应经济高质量发展、培育经济发展新动能、推进供给侧结构性改革的内在要求，对推动大众创业万众创新、推进制造强国建设、提高全要素生产率、推动经济迈上中高端具有重要意义。为全面提高劳动者素质，促进就业创业和经济社会发展，根据党的十九大精神和"十三五"规划纲要相关要求，现就推行终身职业技能培训制度提出以下意见。

上例开篇没有写背景、目的、根据等内容，而是首先界定"是什么"。有人会认为这就是背景，然而，并不是。背景标志语是时间状语，这里的标志语为"是"。背景是一时一地的情况，而这里的内容并没有局限性，是普遍性的。

这种写作方法在部委文件中也很常见。例文见下。

工业和信息化部　国务院国有资产监督管理委员会关于实施深入推进提速降费、促进实体经济发展2017专项行动的意见

（主送机关略）

宽带网络是国家战略性公共基础设施，对促进经济转型升级、社会进步、民生改善具有重要支撑作用。为贯彻党中央、国务院系列重大决策部署，践行创新、协调、绿色、开放、共享的发展理念，……决定组织实施深入推进提速降费、促进实体经济

硬核公文：打造写作技术流

发展2017专项行动。现就有关工作提出以下意见：

通过以上两篇文稿，我们需要反思那句老生常谈的写作要求"开门见山"。这两篇都没有开门见山、直奔主题，而是站在一个更大的视野中审视所要部署的工作。第一篇是站在促进劳动者创业创新能力、促进经济高质量发展等高度，部署推行终身职业技能培训制度这项具体工作，第二篇直接将宽带网络定位为从战略性基础设施开始，逐步切入到提速降费这项年度重点工作。

为什么视野宽广？因为站位更高。站位更高，则开门不见一座山峰，而是整条山脉。

界定对象及其意义，不需要长篇大论，只需简单的一两句话即可。按照这种写作手法，我们可以对一篇方案进行更优化的修改。

原稿：为了提高新员工入职培训质量，帮助新员工熟悉公司情况，尽快由"学校人"转变成为"职场人"，特制定本方案。

修改稿：新员工是公司新生力量，提高新员工工作能力对公司各项事业发展具有重要意义。今年通过校招录用新员工共163名，全部为应届本科毕业生，具有学历高、基础好的优势，但同时存在实践能力不足、敬业精神薄弱的问题。根据公司人力资源工作计划，新员工培训工作将于8月中旬开展。为了提高新员工入职培训质量，帮助新员工熟悉公司情况，尽快由"学校人"转变成为"职场人"，特制定本方案。

原稿开头当然也可以使用，而且简明扼要。修改稿综合了背景、目的、根据等多方面内容，尤其是第一句话站在了员工个人发展和公司发展的高度，体现了培训工作的重要意义。

界定对象，理顺逻辑

公文开篇界定对象，不仅能够提高站位，也能理顺上下文的逻辑线索，更有助于读者理解。我们结合下面的例文进行分析。

关于加强企业"两金"占用管理的通知

（主送机关略）

近年来，随着集团公司生产经营规模的增长，"两金"占用呈快速上升趋势，部分子公司"两金"占到企业总资产的80%以上，严重影响了企业正常的生产经营。"两金"占用过高，必然造成资金沉淀过多，有息负债逐年增加，资产负债率快速上升的局面。为落实国资委、股份公司关于加强提质增效管理工作有关要求，加强企业"两金"占用管理，改善资产质量，降低财务风险，提高企业效益，现就有关工作要求作出如下规定：

一、工作内容

企业的"两金"占用是指财务会计账簿记录的各类应收款项和存货。其中……

上例公文开头按照一般惯例介绍背景，标题中有"'两金'占用"这个专业术语，但开头没有对此作出解释，开头和标题的逻辑关系显得松散。这个术语是从业者的专业常识，属于"应知应会"范围，却依然在正文主体中对其做了概念界定，说明这是认知逻辑的必然一环。所以原稿这样安排内容次序，从总体来看，逻辑不够顺畅。

只须简单调整这个专业术语的界定位置，将其由主体部分移至开头，紧密呼应标题，同时主体部分应从更专业角度对工作内容作出说明。下文为其修改稿。

关于规范企业"两金"占用管理的通知

（主送机关略）

企业"两金"占用是指财务会计账簿记录的各类应收款项和存货。近年来，随着集团公司生产经营规模增长，"两金"占用呈快速上升趋势，部分子公司"两金"占到企业总资产80%以上，严重影响企业正常生产经营。"两金"占用过高，造成资金沉淀过多，有息负债逐年增加，资产负债率上升。为落实国资委、股份公司关于加强提质增效管理工作有关要求，改善资产质量，降低财务风险，提高企业效益，决定进一步规范"两金"占用管理，现将有关事项通知如下。

一、工作内容

（一）规范应收款项管理工作。应收款项包括应收账款、预付账款、其他应收款、一年内到期的非流动资产和长期应收款等。…………

● 硬核公文：打造写作技术流

对比分析前后两稿，第二稿的逻辑更加顺畅自然，更符合读者阅读理解规律。

下面这篇更具权威性的文件，也采用了这种先界定对象的处理手法。

国务院办公厅关于加强行政规范性文件制定和监督管理工作的通知

国办发〔2018〕37号

（主送机关略）

　　行政规范性文件是除国务院的行政法规、决定、命令以及部门规章和地方政府规章外，由行政机关或者经法律、法规授权的具有管理公共事务职能的组织（以下统称行政机关）依照法定权限、程序制定并公开发布，涉及公民、法人和其他组织权利义务，具有普遍约束力，在一定期限内反复适用的公文。制发行政规范性文件是行政机关依法履行职能的重要方式，直接关系群众切身利益，事关政府形象。近年来，各地区、各部门不断加强行政规范性文件制定和监督管理工作，……

　　由此获得一个启示：公文针对的内容是新生事物、重大事项、专业性强的事务，有必要在开篇对其基本概念、功能、范围作出简要界定，以便读者更好理解全文内容。

　　此外，在法规、制度等权威性文本中，界定对象范围是必要内容，一般位于比较靠前的条款中，多为第一条或第二条。

主题句：以行动实践内容概括全文

　　主题句集中说明公文部署工作的具体事项，是整个开头段的核心和重心。主题句一般仅有一句，高度凝练，犹如"定海神针"，体现全文所表达的主要意思。

　　个别文稿没有独立主题句，而是将其与过渡句结合在一起，如"现就开展××工作通知如下"。虽然没有独立成句，但也发挥主题句的功能。

　　还有一些文稿将主题内容"打散"，融入目的句之中，背景、目的、根据和过渡构成开头段。主题不再单独成句，通过其他内容体现出来。

　　从内涵来看，主题句主要表达行动、实践类内容，明显不同于前面的界定意义、表达目的、说明根据等内容。可以说，开头段的内容是"虚实结合""由虚向实"的。因此，主题句如果再次强调工作意义重要性，就会导致开头段内容单调，无法准确体现全文主题，形成典型失误。

下文是一家企业给某市委政法委建议函的开头部分，问题比较严重。目的句较多且混乱，而且主题句也非常失败。

为了更好地服务××市委政法委，确保××市综治信息化的先进性和应用创新性，加速××综治视联网建设，进一步提升××市综治信息化水平，维护社会稳定，减少重复建设，提高政府服务能力，实现我市各行业、各部门的统一调度、互联互通和信息共享，建设一个横到边纵到底、互联互通、功能综合的综治视联网是非常有必要的。

这里的主题句应为"建设一个……"，其内涵是强调这项工作的必要性，与前面冗长的目的句一致，二者没有形成内容差异。主题句应表达行动建议，上文可作如下修改。

为进一步加强××市治理体系和治理能力建设，提升××市综治信息化水平，实现各行业各部门统一调度、互联互通和信息共享，建议贵市采用具有自主知识产权的先进技术方案，进一步加快综治视联网建设，现将有关建议函告如下。

修改稿重新梳理了原稿目的句的繁杂内容，将其中实践色彩较强的内容调整到主题句中，进一步增强了主题句的行动属性。

写好主题句，除明确体现行动实践内涵外，还需要呼应标题。

标题事由和开头主题句都是全文内容的概括。检测主题句是否精到，一个重要标准是看它是否密切呼应标题。当二者上下呼应时，可进一步增强文稿形式和逻辑的统一性。

主题句的内涵以实践性内容为主，这一点在部署工作、解决问题的"务实"类公文中表现得非常突出。有些侧重"务虚"的公文，重点阐发理论观点、价值意义等内容，其主题句是核心观点与论点等抽象内容。这种情况下，可以"用虚笔写实"或"用实笔写虚"，虚实相生，丰富主题句内涵层次。

国务院关于建立残疾儿童康复救助制度的意见

国发〔2018〕20号

（主送机关略）

……为全面贯彻落实党的十九大关于"发展残疾人事业，加强残疾康复服务"的重要部署，改善残疾儿童康复状况、促进残疾儿童全面发展、减轻残疾儿童家庭负担，完善社会保障体系，根据《残疾预防和残疾人康复条例》，国务院决定建立残疾儿童康复救助制度。

过渡句：与文种匹配

开头段末尾多为过渡句，提示引出下文，其标志语为"如下"，如"通知如下""通报如下"等。

过渡句不是必需的，但大多数公文在开头段或内部引出下文的地方都有过渡句，能够使结构更加紧凑，阅读语感更加流畅。

开头段末尾的过渡句，其中动词用语应当与所选文种相匹配。文种名称是名词，而在过渡句中则变化为动词使用。

个别拟稿人在这里粗心大意，将通知的过渡句写为"作出如下安排""说明如下"，意见的过渡句写为"现提出如下方案"，虽然不是错误，但不够严谨。

整篇公文过渡句使用数量不宜过多，正文中也尽量减少"如下"的使用频率。否则很容易导致读者理解混乱。

为明确内容范围，务必合理安排过渡句的位置。统领全文的过渡句应在全文开头。部分或局部的过渡句应在适当位置，与所提示内容密切编排在一起。

少数拟稿人将结束句误用为过渡句，"特此通知""特此公告"之后表述主体内容。专业技术背景的人员经常出现这种低级失误，主要原因是对公文结构掌握不准确。

过渡句末使用哪种标点符号

过渡句后用冒号还是句号？这两种符号都有大量文稿在使用，导致出现分歧。

更多人认为应当使用冒号，从而引出下文，体现过渡句作用。然而，当后文也用到冒号时，就会形成冒号嵌套。根据冒号使用规则，一句话内冒号不可嵌套。

国家标准《标点符号用法》（2012年6月1日实施）这样界定冒号：句内点号，表示语段中提示下文或总结上文的停顿。

这里特别提出，冒号是"句内点号"。换言之，非常适合在一句话内部提示下文。从这个角度看，"如下"虽有提示下文的作用，但这是完整的句子，末尾不应使用句内点号的冒号。

另外，根据相关规则，冒号提示范围无论大小（一句话、几句话甚至几段话），都应与提示性话语保持一致（即在该范围的末尾要用句号点断），应避免冒号涵盖范围过窄或过宽。

综合两个方面原因，"如下"之后的内容如果比较多，比较复杂，甚至有数页之多，就不应当使用冒号，而应当使用句号。这时，使用句号并不违反句号的用法规范：句号是句末点号，主要表示句子的陈述语气。

当然，"如下"之后的内容如果比较少，甚至只有一句话，完全可以视为一个句子内部的停顿，那么使用冒号没有问题。

简化理解，"如下"之后用冒号还是句号，取决于后面内容的长短：长，则用句号；短，则用冒号。提示内容结束后加句号。

开头段各类内容应保持独立性

前面详细介绍了开头段的内容构成及其写作规范。从表面上看，开头段内容并不复杂，也正因为如此，导致实际写作时容易出现一个失误，即将所有内容压缩到一句话中。

有些拟稿人不能明确区分背景、目的、根据和主题，总习惯用一句话同时包括这些内容，表现形式是"一逗到底"。这种处理方式，看似简洁，实则有隐患。

一句话构成一个段落，信息过于密集，很容易出现语法问题。即便没有语法问题，写作难度和阅读理解难度也都比较高。

根据《××评比实施细则》（试行）的相关要求，鉴于××同志在项目完成过程中勇于担当、尽职尽责所取得的优异成绩，经公司办公会研究决定，给予××同志"××"荣誉称号，并记三等功一次（上报集团待批），以在全公司范围内形成向先进模范学习的氛围，现通知如下：

上文存在一些语法问题，但主要问题是过于冗长，正是由于过度压缩，导致内容信息较多。根据位于段首，说明给予荣誉称号的决定按照这一制度执行，合规性没有问题。从发文意图分析，这些工作都是前期完成的，发文是为了公布结果并开展学习活动。

我们将上述内容拆解为背景、目的、根据、决定事项等几个方面，重新进行梳理和修改。

××，现任××部门项目经理。在××项目实施过程中，该同志勇于担当、开拓创新，大力开展技术攻关，顺利解决了××等重点工程难题，为项目缩短工期创造了条件，节约了大量工程费用。为表彰先进，弘扬爱岗敬业、开拓创新的企业精神，根据《××评比实施细则（试行）》，经公司办公会研究决定，给予××同志"××"荣誉称号，为其向集团报请记三等功一次，并在全公司范围内开展学习活动，现将有关事项通知如下。

修改稿将各个内容拆解，并进一步全面准确表述内涵，尤其对先进人物的贡献作了必要补充，行文意图更加明确。如果不这样细分拆解，在长句中各个方面内容都不可能得到充分表达，必然削弱发文意图，干扰读者理解思路。

由此可见，开头段的几个方面内容应当保持必要的独立性，既能减少语法失误，又能突出发文意图，帮助读者顺利理解和把握公文内容。

第十一章 正文主体

公文整体结构是有差异的，必须根据事务特点和需要进行安排。

如果是简单事项，正文不需要细分，没有必要拆解出开头和主体，而是采用一体式结构，在上文开头介绍的基础上，增加必要的事项概括。全文篇幅较短，一般1~3个自然段。

如果是复杂事项，在开头段后，需要细分拆解多方面内容，构成主体。主体详细说明或论述公文的措施、要求、观点等内容。工作和信息复杂程度不同，主体篇幅长短不一。

拟稿人在不了解具体工作详细情况，或者没有充足的素材信息时，也可以按照上面讲的各种规范和"套路"写好标题、主送机关、开头段，但是绝无可能写好主体内容。

主体是对拟稿人工作能力、表达能力、思维能力的综合考验。只有全面熟悉工作、充分掌握素材，才有能力打造出信息全面、措施可行、针对性强的主体内容。

关于公文素材信息的收集与梳理，本书上篇已经有所涉及，本章重点研究正文主体构思与写作的技法。

正文主体是对整个工作事项、观点主题的拆解细分。被拆解细分的信息和观点，聚集成不同的部分和层级。正文主体呈现信息观点，一方面要符合客观事物自身规律、工作运行规律，另一方面也要符合人的理解认知规律。

正文主体的前后顺序、深度层级必须要顺应这些规律。在写作过程中，拟稿人必须考虑内容前后次序和内容细分层级这两个维度。

主体内容的两种思考方式

细节构成部分，部分构成结构整体。这一特点决定了拟稿人在撰写主体内容时会形成不同的思考方式：从局部细节归纳整体层次或从整体层次拆解分化具体细节。

有的人往往首先想到大量细节，然后从细节入手进行归纳整合。还有的人往往首先想到整体框架、结构，然后沿着框架、结构进一步细化。

例如，在谋划一项工作推进方案时，这两种人考虑的出发点就不同。第一种人首先想到的是甲乙丙三个人有能力做这项工作、半个月之内做不完，估计需要几万元资金等具体事项，然后将这些细节事项组合成不同的分类。第二种人首先想到的是组织机构、进度安排、经费保障等抽象内容，然后将每个方面再细化到具体人员、时间、资金等层面。

再如，构思一篇领导讲话稿，在了解讲话时间、听众、主题等基本信息后，两种人的思考方向又有不同。第一种人首先想到某单位出了一次事故，可以用在讲话稿中以引起大家的思想重视，最近收集到一项数据可以证明某个观点，然后再将这些内容组合划分为几个大的部分。第二种人首先想到的是把讲话分为思想重视、总体要求、具体措施等几个方面，然后再进一步丰富每个方面素材内容。

由细节到整体，还是由整体到细节，现实中没有优劣之分，在公文正文主体构思写作时，也没有高下之分，两种思考方式都是必要的。

由于公文大多是由总到分的模式，与第二种思考方式一致，所以很多人倾向于这种自上而下的思考。但是，对很多重大课题、陌生领域、新兴趋势进行研究和反思，如撰写调研报告等，第一种自下而上的思考方式就更加重要了。

主体内容的细分拆解

绝大多数公文采用的是由整体到局部的总分模式。标题和开头段都是总概括，只揭示工作事项或观点主张的基本面貌、笼统状态，告诉读者"有这样一件事""是这个安排""是这个情况""是这个结果""是这个观点""是这个结论"。

这样总括表述的优势是，将读者思维"锚定"在一个角度，指引到一个方向。其劣势是，信息量不足，无法满足实践行动的需要。因此必须进行细分拆解，将事项的多个侧面、观点的多个逻辑过程进一步展现出来。

第一种拆解方法：细分构成要素

一项工作、一个事物都有其构成要素，正文主体根据这些要素划分为若干部分。

部署推进某项工作，一般包括组织人员分工、时间进度安排、设备工具保障、物料经费预算等方面。相应地，针对该项工作编制预案方案，也需要划分为这几个部分。

领导干部撰写述职报告时，一般包括德、能、勤、绩、廉五个方面，因此述职报告主要包括这五个部分内容。

普通员工个人的工作总结，结合自己的工作情况，将履行岗位职责分解为若干方面，每个方面构成一个独立部分。如人力资源管理岗位可以分解为招聘工作、考核工作、培训工作等方面，工作总结也应该包括这几个方面。

针对抽象类内容，也可以借鉴这种思路，将一个核心话题分解为若干个方面。

例如，党员同志撰写党性分析材料，需要从各个方面剖析自身存在的不足，如理论学习、初心使命、敬业精神、责任担当、廉洁廉政等。

不同工作、不同事物的构成要素千差万别，具体要如何细分，需要结合实际灵活处理。

第二种拆解方法：细化观点逻辑

一个观点不会凭空产生，往往是在大量事实基础上，利用已有理论作为支撑而形成。提出中心论点后，根据论点产生的逻辑过程，将其细分为若干部分。领导讲话稿、调研报告等带有鲜明论述色彩的公文，主要以这种模式架构全文。

某位领导在当地中青年干部培训班开班典礼上的讲话，围绕中青年干部成长这个主题，从影响干部发展的四个方面畅谈了自己的观点。

第一个观点：有才气，未必成大气

第二个观点：有职业，未必出事业

第三个观点：有潜力，未必生能力

第四个观点：有知识，未必有格局

这四个方面分别针对个人素质、职业环境、工作能力、思想境界提出告诫，每个方面都体现了鲜明的观点立场。同时使用对比的修辞手法，辩证分析了干部成长过程中的重要课题，具有较强的思想启发作用。

第三种拆解方法：顺应认知规律

写作过程既是分析研究的认识过程，同时也是将认识结果向外传递、构建文稿媒介的过程。读者借助文稿获得信息或思想启发，同样是一种认知过程。

拟稿人写作过程容易局限于单维度视角，注重分析与表达，忽略读者认知规律，安排内容次序时不可避免地出现疏漏，从而为读者阅读理解设置隐性障碍。

人的认知一般由表及里、由近及远、由现象到原因、由结果到过程、由历史到未来。这些认知规律可以归结为四个问题：是什么、为什么、怎么做、还有什么。

拆解正文内容时，应当时刻考虑如何回答这些问题。假设有一位好奇的读者，针对即将或已经写的内容在不断追问，不断提出这些问题。在这些问题逼迫之下，拟稿人需要进一步细分内容。

以从结果到过程这个认知规律为例，人的一般观念中是由过程到结果，这是事物发展的客观过程。但对于一个并不了解情况的人而言，首先关注的是结果，其次才是过程。他们会提出几个问题：做的怎么样？怎么做的？还需要做什么？

对这些问题的回答，就是写作工作总结、述职报告及简报时，构思拆解的部分，即：业绩成果、工作措施与经验、未来改进计划。

可以这样讲，公文写作就是一个不断回答问题的过程。这些问题来自多元化的读者的认知需求，而正文主体就是对这些认知需求的满足。

第四种拆解方法：体现客观规律

公文写作是主要面对人的社会活动。推进工作、解决问题、阐发观点，都应当尊重客观规律，实事求是。事物发展大多数具有内在规律性，经历酝酿、诱发、激化、高潮、消退等几个阶段。在每个阶段，有些因素发挥决定作用，有些因素发挥次要作用，主要矛盾和次要矛盾互相结合，交替发挥作用。

公文主体内容的拆解细分，每个部分及其更加细化的方面，都应当体现客观规律。

例如，《国务院关于进一步做好稳就业工作的意见》（国发〔2019〕28号）主体部分包括：支持企业稳定岗位、开发更多就业岗位、促进劳动者多渠道就业创业、大规模开展职业技能培训、做实就业创业服务、做好基本生活保障。

稳定和扩大就业工作是一项复杂的管理任务，该文拆解的几个部分抓住决定就业规模和质量的几个主要问题，对就业存量和增量、国家服务和个人技能提升、就业和创业、就业和生活等措施作出较为详细的安排。可以说，这些措施都是在实践中已经验证过的有效措施，体现了就业规律。

公文内容体现客观规律的前提是拟稿人必须对相关业务工作有精深研究，对业内成熟经验做法有全面了解，对行业发展趋势和创新方向有准确判断。每个方面都要求拟稿人成为一个专家型写手，需要付出艰辛努力。

以上介绍的各种拆解方法是公文架构全文时常用的。这些方法不是孤立、互斥的，而需要综合运用。主体拆解为若干个部分后，根据实际需要还可以将各部分继续细分为若干个方面。

公文常用信息内容

事务工作千头万绪、千变万化，包含的信息有很大差异。对公文写作而言，所需求的信息相对固定，或者说大类信息是相似的。这就要求拟稿人能够从繁杂的各类工作中抽离出共性信息，做到以不变应万变，为提高文稿写作效率储备足够的信息素材。即便出现素材匮乏，也能快速明确欠缺的内容，从而针对不足重新搜集所需素材。

工作事项发生的信息内容几乎是无限的，如果将大多数工作的信息高度浓缩，那么可分为务虚和务实两类。

务虚信息，即人的意识、思维、心理产生的主观性信息，主要包括：

- 意义、作用、价值、重要性；
- 动机、目的、主题、发文意图；
- 指导思想、工作思路。

务实信息，即开展工作、采取措施等活动过程中产生的客观性信息，主要包括：

- 背景、原因、现状；
- 经过、过程、措施、要求、注意事项；

- 目标、效果、成果。

以上所列是写作内容的大致类型，实际文稿所使用的概念不尽相同。

在商业领域，公文常用内容主要是务实信息，一般包括：

- 日期或时间；
- 实施主体、人员或单位部门；
- 工作项目；
- 任务内容、行动、措施、注意事项；
- 资金金额；
- 各类数据数字。

公文内容如何取舍？哪些详写、哪些略写？这是公文写作重点课题之一，每篇文稿的处理方式都不完全相同。拟稿人要从工作需要、发文意图出发，尽可能做到主题正确、信息全面、措施可行、工作衔接，为收到公文的单位或个人的理解、执行带来便利。

数据信息应用要求

大多数文稿包含各类数据信息，工作报告和总结必须使用数据。数据信息的类型主要包括基础数据、变化数据、比较数据。数据信息在工作报告和总结文稿中形成了特定的规范或惯例。

使用数据信息应当符合四个方面要求：必要性、真实性、关键性、意义性。

数据应用要求之一：必要性

应当使用数据的地方必须使用数据，反之，不需要数据的地方则不应有数据。如何判断数据使用的必要性呢？应当从读者理解角度出发，满足读者的阅读期待。

一般而言，必须使用数据的内容包括以下方面：

- 经济效益；
- 体量、规模；
- 人员数量；
- 增长或降低的速度。

这些内容信息都可量化，如果没有数据，读者的期待将落空，甚至产生困惑、不满和质疑。

例如，介绍项目进展情况时，应当尽量给出三个数据，一是已经完成的数据，二是整体数据，三是完成百分比。如果只有完成的数据，没有后两种，读者自然会产生疑问。

数据应用要求之二：真实性

真实性是数据信息的生命。稿件必须选取来源可靠的数据，杜绝猜测和估算的数据。每个数据都需要反复核实，互相印证，防止出现数据"打架"、前后不一、总量与分量之和不符等问题。

数据应用要求之三：关键性

在必要性基础上，要提高数据"含金量"，需要解决提供哪些数据这一更加根本的问题。成果数据、结论数据、基本数据、变化数据、对比数据、预测数据等数据不仅必要，更是关键，对读者理解、掌握工作进展、现状、效果和趋势具有不可或缺的作用。

例如，下面这段话，虽然提供了数据，但没有提供关键数据，照样会引起读者困惑。

××项目改扩建进展顺利。建筑面积由原来的 10 万平方米增加到 15 万平方米，增长 50%。目前已经完成了工程总量的 80%，即将进入后期内部装修阶段。

这段话提供了四个数据，能够印证"进展顺利"，但仍然不够。如果读者不熟悉情况，或者领导层级较高，不了解基层情况，自然会产生疑问：全部工程完工后将对生产发挥什么作用呢？显然，最终结果数据的缺失，导致这项工作的关键信息没有得到体现。

数据应用要求之四：意义性

所谓意义性，即数据所体现的更为丰富和根本的内涵。数据只是一种客观事实，我们需要对数据进行多角度解读，理解数据背后隐藏的多层次、多侧面意义。拟稿人需要在行文中引导读者理解，为数据赋予特定意义，而不是仅仅给出数据。

为数据赋予意义的常用方法有三种：一是营造语境，使数据与上下文结合，激活数据意义；二是多个数据配合，数据与前后数据结合，在关系中丰富数据意义；三是增加维度，使数据的意义被多角度界定、深化、丰富。

例如，反映中国高铁建设成就的表述"截至 2019 年 12 月，我国高铁运营总里程达到

3.5万千米"。这句话仅有一个数据，读者很难根据这个抽象数据深入理解高铁成就。这就需要进一步揭示其意义，可以增加一句"居世界之首"或"占全世界高铁运营总里程的三分之二"等。增加的内容使前面的数据意义进一步深化、明晰。

数据信息的类型

在公文中，根据数据信息的属性特点，可将其分为三种类型：基础数据、变化数据、比较数据。

基础数据，反映基本事实状态，体现业绩基本成果。

只有基础数据，读者并不能准确理解这个数字所代表的意义。例如，"截至2020年12月底，××项目已签订拆迁协议143户"，一般人并不能仅凭"143户"这个单一数据判断项目进展情况，还需要补充其他数据"占全体拆迁居民总数的95.3%"，通过这个占比数据更加明确地体现工作进度，深化第一个数据的意义。

对普通读者而言，孤立的基础数据在表达意义方面存在不足。为说明基础数据代表的丰富意义，需要另外两种数据。

变化数据，反映工作变量，自我对比的变量，与上期数据纵向对比，体现增长或减少的数量、倍数、比例等。变化数据反映情况变化的趋势。

比较数据，把基础数据放在特定参照系中，与其他数据横向对比，从而准确判断其所处位置。

以下是某市介绍建国七十周年以来当地经济发展情况的一段文字。

全市生产总值（简称GDP）总量不断扩大，由1952年的4.1亿元跃升至2018年的7082.6亿元，实际增长482倍，2001年迈上1000亿元大关。党的十八大以后，于2013年跨越5000亿元大关，2018年达到7082.6亿元。占全省GDP的比重由1978年的16.3%，提高到2018年的17.9%；在全国26个省会城市中GDP总量居第11位。

这段内容综合使用了基础数据、变化数据和对比数据。有些数据同时兼具三种类型特征，发挥多种功能。多样化的数据充分展示了建国以来取得的经济成就，令人信服。

数据信息是公文中经常出现的问题点。为避免失误，拟稿人和审核者都需要对数据信息保持敏感，必须全面了解情况、摸清工作底数。任何时候心中都要有"一本账"，及时准确掌握重要数据、关键数据、代表性数据。

数据信息应用禁忌

数据虽好，但不可乱用。使用数据信息时应当注意避免以下情况：

- 小标题中使用；
- 孤立单独使用；
- 堆砌大量数据；
- 脱离时间维度。

小标题一般不使用数据。原因很好理解，小标题概括后文内容、发挥定性判断作用，必须要与后文内容形成层次差异，而数据本身仅仅是客观事实信息，无法发挥小标题抽象定性的作用。如果小标题使用数据，将直接降低它的表达效果。

数据既不适合单独使用，也不宜大量堆砌。孤立数据无法表达完整意义，难以满足读者期待。反之大量堆砌，造成"数据过载"，同样令人很难分析大量抽象数据，更无法让人理解大量数据所代表的本质意义。所以选择数据应当精当，体现关键意义即可。

数据有时间维度，离开特定时间，数据将会失真，甚至错误。表述数据时，尽量做到时间清晰，明确数据时间范围。正确使用"截至""截止"这两个词来表述数据时间维度，防止读者误解。

下面这句话同时用到了这两个词。

报名截止日期8月31日，截至8月15日已报名261人。

截止，表示工作活动停止、结束，没有后续进展。

截至，表示工作活动仍然继续，情况仍在发展，选取某一时间点作为统计说明节点。

简言之，理解使用这两个词主要着眼于工作活动是否持续，如果持续，用"截至"，否则用"截止"。例如，单位简介中常常需要说明固定资产情况，由于单位处于存续期，故应当使用"截至",可以写为"截至 2021 年 12 月底,公司固定资产 152 亿元"。

"截止""截至"有一系列衍生词,例如,"截止至""截至到""截止到""截止于"等,这些词语都不简洁,更无必要,容易引起误解和争议,写作时应当避免使用。

数据的表达句式

通用类公文中的数据大多不以报表、表格形式存在,而是借助语句进行表达。为避免语病和歧义,需要将表述数据的句子模型化,写作时按照模型要求,表达出严谨规范的数据信息,这一句式模型如图 11-1 所示。

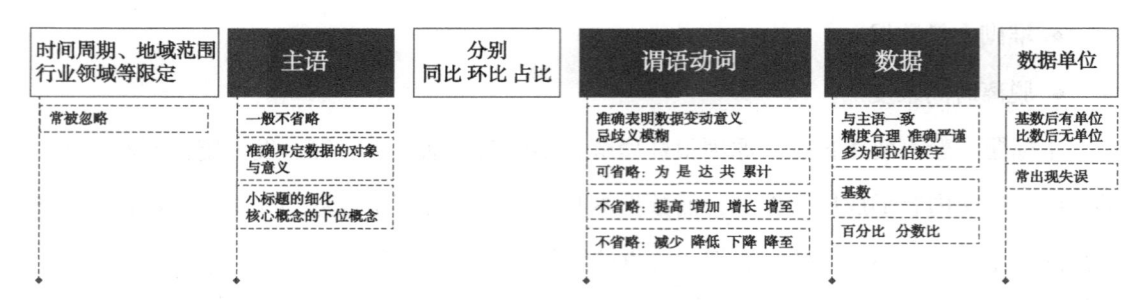

时间周期、地域范围行业领域等限定	主语	分别同比 环比 占比	谓语动词	数据	数据单位
常被忽略	一般不省略 准确界定数据的对象与意义 小标题的细化 核心概念的下位概念	准确表明数据变动意义 总歧义模糊 可省略:为 是 达 共 累计 不省略:提高 增加 增长 增至 减少 降低 下降 降至	与主语一致 精度合理 准确严谨 多为阿拉伯数字 基数 百分比 分数比	基数后有单位 比数后无单位 常出现失误

图 11-1 数据表达句式模型

2020 年全国两会报告中的一段应用了这样的典型句式。

> 经济运行总体平稳。国内生产总值达到 99.1 万亿元,增长 6.1%。城镇新增就业 1352 万人,调查失业率在 5.3% 以下。居民消费价格上涨 2.9%。国际收支基本平衡。

这一句式中的每个构成细节都影响甚至决定着数据信息的客观性、准确性,必须认真对待。尤其是限定维度、数据单位容易被忽视,在写作时需要特别关注。

此外,应当注意数据的位置次序,一般在句子末端,很少在中间。数据在中间虽然不影响意义表达,但容易被"淹没",读者注意力也随之转移。对比以下两段话,体会数据位置对阅读造成的影响。

> 目前,××园区已有 24 家企业共计 2200 余人开始办公。其中有 3 家上市公司,8 家完成 A 轮及以上融资企业,4 家规模以上国家高新技术企业。

目前，××园区已入驻企业24家，办公人员共计2200余人。其中上市公司3家，完成A轮及以上融资企业8家，规模以上国家高新技术企业4家。

将数据放在末端，"公文味儿"语感更强，句子更简洁有力，数据更突出，更容易被读者把握。

主体的逻辑次序：由虚到实、由实到虚

通过拆解细分主体内容，解决了公文正文写什么、分几个部分的问题，下一个问题就需要考虑：怎样安排次序？

无论是宏观架构，还是微观语句，都需要合理排列内容次序。次序问题不只是一个形式问题，更是一个内容意涵问题。同样的信息，次序不同，意义也不同。

某市公安部门为打击非法传销活动，在街头发布宣传标语，只有简单两句话，然而引起了群众议论。标语采用竖式排版，两句话分列左右，从左向右阅读是"生活没有出路，指望传销致富"，这明明是鼓励传销的意思。如果从右向左阅读，"指望传销致富，生活没有出路"，这才符合打击传销的本意。

公文主体内容的次序安排，虽然不至于出现如此大的谬误，但肯定会影响读者理解效果。合理谋篇布局任何时候都是一个极为重要的任务。

主体最常用的逻辑次序是由虚到实，或由实到虚。

虚，指思想认知、观念理念等抽象意识；实，指行动实践、工作措施等客观行为。

思路决定出路，观念引领行动。由虚到实的逻辑次序与此不谋而合。

由虚到实的逻辑次序安排，往往应用于面向未来事务作出部署的文稿，如意见、决定、工作方案、领导讲话稿等。这类稿件如果将虚实颠倒位置，那将"文之不文"。

例如，2021年12月14日国务院办公厅印发的《国家残疾预防行动计划（2021—2025年）》，宏观上包括总体要求、主要行动、保障措施三个部分内容，其中总体要求部分进一步细分为指导思想、基本原则、工作目标、主要指标四个方面。这四个方面的内容就是按照由虚到实的排序方法安排的。提升一个层面，从全文来看，指导思想、基本原则等务虚内容安排在主要行动、保障措施之前，同样体现了由虚到实的排序规律。

实践升华理论，现实启迪未来。由实到虚的逻辑次序能够将具体工作深化为思想认知，从而为以后工作提供借鉴。

由实到虚的逻辑次序安排，往往应用于面向过去已完成工作的文稿，如总结、经验交流材料、述职报告等。在这类文稿中，如果仅仅就事论事，只反映工作客观情况，就会显得没有高度、缺乏深度。

例如，某国企职代会上，党委书记、总经理所作的工作报告，在总结上一年度各项成果之后，专门设置一部分简要论述思想体会。

一、主要指标圆满完成（后略）
二、重点任务取得积极进展（后略）
三、高质量发展进入新阶段（后略）
回顾2018年，我们克服重重困难，实现预期目标，归根到底是做到了"五个坚持"。
一是坚持党建引领。（后略）
二是坚持稳中求进。（后略）
三是坚持科技驱动。（后略）
四是坚持问题导向。（后略）
五是坚持以人为本。（后略）

这"五个坚持"立足于已经完成的工作和取得的成绩，但又不仅仅局限于具体事务性内容，而是对工作思路、原则、理念的提炼。这种顺序安排能够在事务基础上实现"升华"，既"接地气"，又体现一定的理论高度。基于事实归纳理念，使人易于信服和接受。也正是这个原因，写作时无须详细论证务虚内容，只作画龙点睛式地归纳概括，篇幅也比较简短。

主体的逻辑次序：重要程度

事务分轻重缓急，次序安排也应当符合对象重要程度、急迫程度的客观事实。

重要的、紧急的，必然也是读者关心的、最想快速了解的，排序时必须优先考虑。

党的十九大报告在"过去五年的工作和历史性变革"部分，对取得的历史性成就做了全面介绍，依次为经济建设取得重大成就、全面深化改革取得重大突破、民主法治建设迈出重大步伐、思想文化建设取得重大进展等十个方面。这十个方面的成就经过精心排序，其中经济工作排在首位，符合党和国家"以经济建设为中心"的长期方针。在对未来工作部署中，"贯彻新发展理念，建设现代化经济体系"仍然比较靠前。每年政府两会报告中，也有类似安排，回顾上年工作和部署全年工作，经济工作同样都排在首要位置。

紧迫程度，根据时间特征可以准确判断，然而判断重要程度，其标准不统一，可能产生很多分歧。为解决这个问题，可以参照以下标准。

1. 中心工作高于辅助工作。
2. 上级密切关注的工作高于基层自主性工作。
3. 急难险重任务高于日常普通任务。
4. 影响长远的工作高于短期临时的工作。
5. 产生重大标志性成果的工作高于结果一般的工作。
6. 创新性、特色性工作高于常规性、重复性工作。
7. 普遍性、典型性工作高于个别性、特殊性工作。

如何判断事务重要程度这个问题可以进一步来扩大理解：如何使次序安排更加合理？有没有提高次序合理性的捷径？

推荐一个有效方法：分析揣摩上级同类文稿的次序安排。

例如，制发会议通知这一简单的任务。按照普通惯例，首先想到的内容是时间、地点和参加人员。这些当然是会议通知的必要内容，还有没有更重要的呢？需要进一步补充会议主题或议题、参会准备等方面信息。那么如何安排这些内容次序呢？

基层单位的大多数会议通知将时间、地点等基本信息放在第一位，然而层级更高单位会议通知中占据"头条"的往往是会议主题或议题。这种情况值得初学者反思，如此排序的原因是什么？显然，对会议活动而言，主题议题是最重要的要素，参会人员、参会准备等安排都根据主题议题确定。

经常分析上级文稿的次序安排，尤其是决定、报告、意见、总结、讲话稿等重要文稿，能够快速为各类内容建立评判重要程度的参照系，在拟稿时做到胸有"路线图"。

正文主体段的基本类型

正文主体由若干段落构成，承担着表达主题、解决问题、推进工作的作用。主体内容集中承担传递公文信息的责任，必须做到信息全面、要求明确、措施可行，便于阅文者领会公文意图和精神。

为实现公文的多重功能，正文主体段的类型相应地更加多样化，综合内容特点、表达方式、逻辑规律等特征，将其细分为信息性、部署性、事实性、判断性、说理性五种类型段落，具体情况如表 11-1 所示。

表 11-1　正文主体段的基本类型

类型	适用内容	适用文体	内容模型	主要表达方式	写作难度
信息性段落	未来工作安排	通知　计划	类型+信息点 信息点明确类型	说明	易
部署性段落	未来工作安排	通知　决定　意见 计划　讲话稿	要求+措施 措施细化要求	说明	较易
事实性段落	已完成工作 过去或当前状况	通报　报告　请示 总结　调研报告	概括+事实 事实支撑概括 概括句深化事实意义	叙述 说明	一般
判断性段落	已完成工作 过去或当前状况	报告　请示 总结　调研报告	概括+证据 证据证明概括	说明	较难
说理性段落	抽象理念理论	讲话稿	观点+论述 论述深化观点	议论	难

正文主体段突出的形式特征是有独立小标题、关键句或段落主旨句（以下统称小标题），位于具体内容之前。小标题集中体现本段内容，提示具体信息，具体内容支撑佐证小标题。虽然小标题与后文内容在写作技法、表现形式等方面有较大差异，但二者之间具有非常密切的逻辑关系，不能孤立存在，本质上是一个有机整体，不宜割裂视之。

排版形式分为两种：一是，小标题独占一行，前以序号作标志，后不加句号或冒号，中间可使用逗号或顿号；二是，小标题不独占一行，末尾用句号或冒号，后接具体内容。

由于正文段包括小标题和具体内容两个逻辑环节，具体内容还可细分为若干方面，所以习惯上将这种构成形式称为"总分式"，即小标题概括内容，内容传递具体信息。

看文必看小标题

为了区别于全文标题，本书将正文主体中的局部标题称为小标题。全文标题，也称大标题，概括反映整篇文章的主题内容，小标题体现的是特定部分（层次）的内容。如果公文篇幅较长，内容复杂，那么就非常有必要设置内涵明确、语言简洁、层级清晰的小标题体系了。

小标题不仅是对内容的概括，也是一种结构环节，在公文中发挥着"骨架"的作用。"看文看题"，不只要看全文标题，也要看正文中的小标题。"题好文一半"的规律，同样适用于小标题。

准确、简洁、醒目的小标题便于读者掌握公文内容，能更快、更准地抓住公文内容要点，厘清公文思维逻辑。

读者阅读长篇公文，很少有人一开始便从头至尾逐字逐句细读，往往先翻一翻，选择小标题阅读，从而建立起总体认知，然后再细读全文。小标题犹如一个个路标，指引读者走向终点，让读者更加高效地获得信息，为读者带来更加良好的阅读体验。

对拟稿人而言，小标题本质上是全文提纲，将复杂的公文内容理出头绪，有利于优化思路和谋篇布局。借助小标题，拟稿人可从多个方面或角度分步骤地表达主旨，纲举目张，使行文条理清楚。

小标题提纲，还可以方便拟稿人和领导之间的交流。领导下达拟稿任务后，拟稿人根据对领导意图的理解，结合实际工作需求，构思全文，列出小标题，请领导审阅。如果领导认可提纲，也就意味着认可全文思路和基本内容，从而为顺利拟稿奠定基础。经领导认可的整体构思，可以避免一些无用功，减轻拟稿人劳动强度。

总之，对长篇公文而言，小标题不是可有可无的结构部件，不是锦上添花的点缀，而是不得不用、必须要用的结构手段。

小标题序号规范及层级深度

在介绍小标题类型和写作技法之前，先解决一个基本技术问题，即序号及层级深度。

原则上，需要为每个小标题编制序号。序号并非小标题的构成部分，而仅仅是一种顺序特征。序号除表示顺序外没有其他实际意义，但在公文中发挥的作用非常重要。

同一层级序号揭示内容前后关联，读者看到"一"就知道肯定有"二""三"，看到"三"就知道肯定有"一""二"或"四"，有助于读者在意识中对内容构建整体认知。不同层级序号，体现内容的细分层级，将读者思路引向不同层面的微观信息。

序号将内容次序固化呈现，为读者理解全文提供极大帮助，同时也有助于作者梳理全文横向和纵向两个维度的层级体系。

写作实践中，不能规范使用序号的作者大有人在。原因主要有三：第一，不了解序号使用规范，随意乱用；第二，逻辑构架不清楚，序号混乱将这一问题暴露了出来；第三，文稿较长，越到后面小标题越混乱。

序号在本质上展现的是共时性的逻辑结构，而写作和阅读的历时性过程与此矛盾。为解决这种矛盾，根据《格式》所规定的序号样式，将序号及深度用直观的图形进行展示，如图11-2所示。

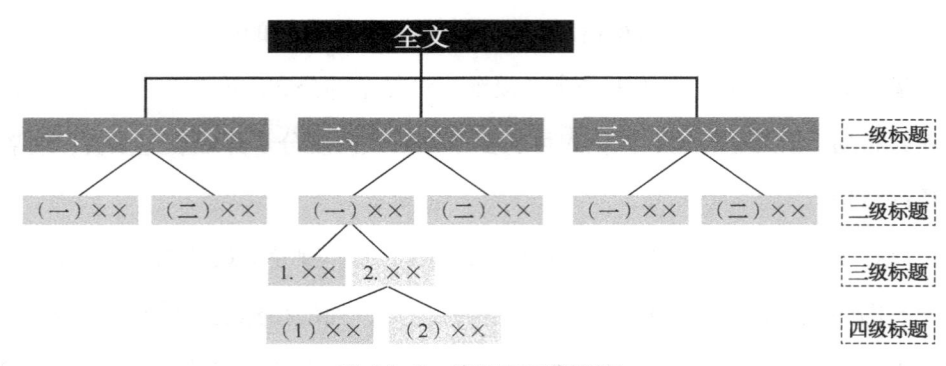

图 11-2　序号及层级深度

在公文中，序号规范为：第一层级用汉字数字并后加顿号；第二层级用汉字数字并加圆括号；第三层级用阿拉伯数字并后加圆点；第四层级用阿拉伯数字并加圆括号。

看似简单的序号，在使用中很容易出现失误，主要表现有以下几个方面。

1. 层次序号混乱，未能按照上述层级规范使用相应序号。

2. 前后文序号混乱，前半部分序号比较规范，但后半部分混用。

3. 序号后标点不规范，圆点、顿号不能规范使用，或者在圆括号后加圆点或顿号。

4. 第二、第三、第四级序号和小标题左起空两个以上汉字。

5. 层级超过四级，达五六层级之多，序号样式五花八门。

在《格式》中只规定了四个层级，给很多人以误解，以为第五级之后可以随便使用序号。

然而，必须明确的是，公文不应该细分到第五级，也就不会涉及序号样式问题。

绝大多数公文细分到第二级或第三级就能够满足表达需要。个别内容复杂的公文，如总结、述职报告等，可以细分到第四级。

事实上，第四级已经是非常深的逻辑层面了，无论是构思写作还是阅读理解，已经有了一定困难，往往需要回顾一下整体逻辑框架才能准确理解第四级的意义。这一点可以从图11-2直观感受到。

序号，看上去是个形式特征，实际上代表着全文逻辑关系。内容如果细分到第五级甚至更深，只能说明拟稿人的思维整合能力不够强大，无法把大量细节整合概括进简明的逻辑结构之中。

面对大量丰富的细节信息，拟稿人要么重新概括，要么调整逻辑框架，要么将细分内容提高一个逻辑层级。无论采取何种措施，务必保持简洁的逻辑结构。

由此可以进一步明确，宣读类文稿，如述职报告、会议上的工作报告、领导讲话稿等，不能细分到第三级。如果细分到第三级，将直接导致现场听众"晕圈儿"，不少人都有过这种经历。宣读类文稿要么不分级，要么总体上分为两级，第三级不用标注序号。

一般情况下，公文层级序号从第一级之下，按顺序自成体系，后一部分不承接上一部分的次序，而是从一重新编起。图11-2体现了这一规则，包括多个"（一）"或"1."。

重大事项长篇文稿，如意见、决定等，序号体系会有变化，即总体分为两级，第二级全文统一连续编号，如图11-3所示。

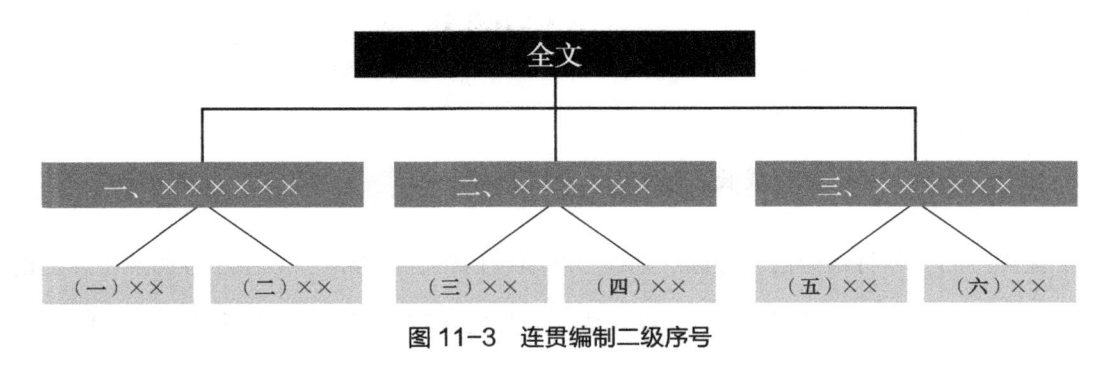

图11-3 连贯编制二级序号

《国务院关于进一步做好稳就业工作的意见》（国发〔2019〕28号）等大量文稿就是按照这种方式编排序号的。

  一、总体要求

  二、支持企业稳定岗位

  （一）加大援企稳岗力度。

  （二）加强对企业金融支持。

  （三）引导企业开拓国内市场。

  （四）规范企业裁员行为。

  三、开发更多就业岗位

  （五）挖掘内需带动就业。

  （后略）

层级序号，无论是在小标题前面，还是在事项正文语句（未设置小标题，直接写正文）前面，都应当按照使用要求规范设置，不宜跳级、越级使用。跳级或越级的情况多见于层次较少（只有一级或两级）的情况。

当只有一级内容时，少数文稿会用阿拉伯数字作序号。当有两级内容时，第一级用汉字数字，第二级用阿拉伯数字。这两种用法虽然不影响信息表达，但是不符合规范。即使只有一级或两级，也应当按照上述规范使用序号。

某些文稿，如意见、讲话稿、工作报告等，部分内容用破折号而不是序号标示。

  过去一年是全面贯彻党的十九大精神开局之年，……决胜全面建成小康社会又取得新的重大进展。

  ——经济运行保持在合理区间。国内生产总值增长6.6%……

  ——经济结构不断优化。……

  ——发展新动能快速成长。……

破折号的一种特殊用法，即标示列举分承事项内容，能够减少数字序号的使用，更适合宣读，避免听众理解出现混乱。当使用破折号标示分承列举时，每项都需另起一段。

以上介绍的是公文文稿的序号及层级深度，其他文书的序号都有各自的惯例或规范。

例如，法律法规、规章制度的序号为"章条款"式，每项内容都有明确的序号标志。科技文献、技术论文、招投标文件等专业类文书，序号大多为"1.""1.1""1.1.1""1.1.1.1"模式。撰写不同文稿时应当按照相应的不同要求，规范使用序号。

小标题的基本要求

起草前，先拟写提纲，其中小标题应当体现以下四项基本要求。

1. 意义明确，紧扣主题，围绕主旨展开。
2. 醒目、简洁，有一定艺术性。
3. 层级清晰。
4. 编号规范。

最后两项要求已经在上文详细探讨，此处重点强调前两项。

明确性，是小标题最基本、最重要的要求，所有的其他要求都必须在意义明确性前提下才有意义。最简单的判断方式是，不看正文，是否依然能够理解小标题的意义。

小标题是全文内容细分的标志，代表工作要素、观点的演进，因此必须在全文主题主旨统摄之下才能体现内容细分，不能脱离全文主题。

小标题体现全文主题的一个简单方法是重复一些关键词、主题词，从而进一步增强主题主旨。讲话稿、总结、汇报等文稿经常采取这种方法，全文有机性显著增强。后文介绍论点型小标题有相关案例，读者可以参阅，此处从略。

小标题可以走"断舍离"的简洁风，也可以走"妖艳"的时尚风。无论哪种风格，都应在准确表达主题的基础上，做到醒目简洁，引起读者注意。

无论表达多么丰富的信息，小标题也不能冗长繁杂，不宜堆砌大量关键词。下例为一篇讲话稿的小标题，可作镜鉴。

　　一是必须与时俱进，善作善成，精准发力，始终把"谋发展、促转型"作为工作主题。

　　二是必须务实创新，踏实苦干，攻坚克难，始终把"有担当、敢负责"作为工作

● 硬核公文：打造写作技术流

动力。

三是必须以人为本，统筹兼顾，以民为先，始终把"立党为公、执政为民"作为工作宗旨。

四是必须上下一心，共谋发展，精诚团结，始终把"争第一、创唯一"作为工作保证。

写出这种小标题的人很痛苦，同样痛苦的还有宣读人和现场听众。

小标题与内容的两种典型关系

写入文稿的信息内容必须经过精心组织才能使之成为表达主题观点的支柱。使用这些信息材料，一方面要使其和抽象的小标题建立起内在逻辑关系，另一方面要使二者的关系获得外在的表现形式。

写入文稿的信息内容不能直接堆砌，而是要和小标题形成内在的逻辑关联，主要有两种典型关系：说明关系和证明关系。

第一种关系：说明关系

说明，即对总述的意义用具体事实或概括事实作出进一步解说，帮助读者了解具体情况。说明关系普遍存在各种文体中。

说明关系最常见的是用具体事件叙述，对概括内容作出详细说明，如某政府火灾事故情况通报中的内容。

自今年9月下旬至今1个月时间内，我省××、××两市连续发生3起重大火灾事故，共死亡43人，给国家和人民生命财产造成极大损失。9月21日19时，××市××棉被作坊，因棉花仓库的临时线路电源插座接触不良，过热引燃棉花发生火灾，死亡8人，初步估算直接经济损失8万元；10月9日9时45分，××市××购销综合店，因切割海绵的电炉丝过热引燃海绵而引致火灾，造成15人死亡；10月26日7时35分，××市××皮具厂发生火灾，死亡20人，重伤4人。

· 178 ·

开头第一句话可视为小标题，总述 3 起火灾事故，段落主体内容分别简要叙述每起事故的情况，包含比较全面的具体信息，例如，时间、地点、起因、后果等。

说明关系的另一种方式是，用概括性事实体现总体情况。某些文稿中，没有必要说明具体情况，只须对情况分类概述。例如，工作报告、工作总结、领导讲话等文种，介绍工作不足的内容往往使用这种方式。下文是某公司关于科研创新工作总结中的一个片段。

科研创新工作存在一些不容忽视的问题。研究项目来源比较单一，课题研究不能完全满足客户需求。科技成果的经济效益和社会效益存在失衡情况，部分成果经济效益不高。与业内先进企业相比，科研经费投入相对不足，科研设备和基础设施存在差距。科研团队整体创新能力较为薄弱，缺乏领军型人才，未形成合理的人才梯队。这些问题需要在今后工作中着力解决。

开头小标题概括该段基本内容，即科研创新工作存在的问题，后文主体部分对每类问题的介绍仍然采取概括表述方式，没有像上个案例那样使用具体案例、数字数据。

在说明关系中，小标题的内涵和分项事例事实之间处于"同一平面"，小标题用词不是对各项事实的抽象化。上面两个案例首句中的关键词是"火灾事故""问题"，后面分述每起火灾、每类问题。"火灾事故""问题"这两个词语既可以指一起火灾、一类问题，也可以指所有火灾、所有问题。换言之，这两个词不是对各个分项内容进行抽象化得出的概念。

因此，在说明关系中，小标题和段落主体只是一种简单的总分关系，难以表达更深刻、更复杂的价值判断、命题结论。这个特点使得说明关系主要被应用于介绍基本事实、基本情况的段落中。

第二种关系：证明关系

与说明关系相比，证明关系中的小标题和具体事实之间并不处于"同一平面"，而是抽象化"升华"。小标题的核心词语或整体意义，是对具体实践、事务的总体化抽象概括，小标题概括的是总体情况而非个别情况。换言之，单项内容并不能体现小标题的全部意义，只有全部内容的综合意义才能与小标题相称。

● **硬核公文：打造写作技术流**

证明关系在纯事务类内容文稿中应用不多，主要用于带有思想性、理论性的文稿中。用具体措施、事项、成果、数据等特定信息内容证明小标题观点的正确性和可靠性。这种证明一般不采用三段论或演绎证明的方式，而多用归纳、对比等直接论证的方法。

例如，某位领导在当地信息经济、智慧经济工作会议上的讲话中，专门论述这项工作的重要意义。

> 发展信息经济、智慧经济是顺应大势的历史必然。20 年前，中国以"追随者"的姿态进入网络时代，今天已经是拥有 6 亿网民和 8 亿移动互联网用户的互联网大国，全球互联网公司 10 强中中国占了 4 家，不仅培育起了一个巨大市场，还催生了许多新技术、新产品、新业态、新模式，中国的互联网公司也正在重划世界互联网经济版图。世界潮流浩浩荡荡，以信息网络技术应用为核心的新一轮产业变革已经到来，主要发达国家和国内发达地区都紧盯紧跟这一轮产业变革，积极寻找科技创新突破口，试图抢占未来经济发展先机。在这场新科技产业变革竞赛中，不进则退、慢进也是退，我们必须增强紧迫感和危机感，抢抓机遇、力争超越。

首句的两个核心词"顺应大势""历史必然"代表了讲话领导的观点主张。正文内容用历史事实、当前数据、未来展望等内容证明这一观点的正确性，特别突出当前的挑战与机遇，体现该项工作的重要意义。这些内容带有鲜明的历史感，如果仅保留其中的某一方面，就无法呈现与"大势""历史必然"之间的逻辑性。

如果将说明关系视为"平面关系"，那么证明关系就是"深度关系"。在说明关系中，小标题和具体内容是总分关系。在证明关系中，小标题和具体内容之间形成内在的层次性，而不只是简单的总分关系。在总结、汇报、讲话稿、调研报告、研究论文等需要论述的文种中，证明关系占据主流地位，写作时要特别构建观点和材料之间的深度关系模式。

小标题与正文的典型组合方式

小标题位于段首，可以独占一行，也可以后接正文内容。从形式上看，二者存在两种典型组合方式：硬拼式和粘贴式。

第一种组合方式：硬拼式

该方式小标题或关键句和正文之间无过渡承接内容，而是直接拼合。

> 大力组织存款，支农资金确保足额供应。一是大力组织农村闲散资金。充分发挥农村信用社立足农村、贴近农民的优势，积极做好宣传工作，挖掘农村储源，巩固农村存款阵地。二是继续抓好农户和个体工商户存款……三是加大对打工存款的组织力度……四是通过专项活动组织存款……通过这些活动的开展，有效地促进存款快速增长。到 2018 年年末全行各项存款比年初净增×万元，分别完成年度指令和指导性任务的 299.75%、176.32%。同时保证了支农资金的足额供应。

硬拼式组合的优势是，行文节奏明快，写作难度较小。使用这种方式容易出现的问题是，内容事项过多，给人堆砌之感，整体性简化，排序不合理。

避免这种情况可采取两种方法：一是对内容进行必要的归纳整合，适当使用概括性语言；二是在段落末尾介绍总体成效、总体评价，上面案例就是这样处理的。

第二种组合方式：粘贴式

该方式小标题或关键句和正文之间设计过渡承接内容，如理念、背景、成效概括等，使前后文内在逻辑关系更加紧密，也更符合读者理解规律。

> 开绿色通道，保障"复工先行者"抗疫物资生产
>
> 生产防护服、口罩、医药品等抗疫物资的企业，既是为抗疫提供保障的后盾，也是复工复产的先行者。1 月 30 日起，企业放弃假期，开足马力加班生产。由于需求骤增，原材料价格随之上涨，部分企业出现资金紧张情况。
>
> 河南某口罩、防护服生产企业全面开工后，遇到无纺布价格上涨的问题，××银行××分行了解情况后，第一时间成立疫情防控应急授信工作推进小组，在 48 小时内实现 1.15 亿元综合授信批复落地。（后略）

在小标题后专设一个自然段介绍企业面临的普遍问题，然后依次介绍多家分支机构对不同企业的不同支持方式，使读者更加深入理解金融机构在抗疫复工工作中发挥的作用。

需要注意的是，过渡承接内容不宜过长，多为两三句话，便于迅速切入分述内容。

◉ 硬核公文：打造写作技术流

小标题的类型及其变体

有多少位拟稿人，就有多少种小标题。这话虽夸张，但不离谱。小标题的构思表达几乎不受限制，百花齐放，姿态各异，很难用统一标准去分类。

根据构成复杂程度可以分为单句式、复句式；根据修辞特点可分为对仗式、散体式、类比式、谐音式等。

这些分类本质上着眼于小标题的外在特征。如果从小标题与下文内容的关系来划分，类型就没有那么复杂了。如上所述，小标题与下文内容的关系主要包括说明关系和论证关系两类。这就决定了小标题的基本类型：信息型和论点型。后文将详加介绍。

小标题也可以"伪装"成一句话，没有序号标志、独占一行等典型特征，而只是概括性、提示性的关键句，和正文融为一体。

一年来，改革开放不断催生发展活力。党和国家机构改革圆满完成。增设一批自由贸易试验区和上海自由贸易试验区新片区。科创板顺利启动推进。减税降费总额超过 2 万亿元。个人所得税起征点提高了，老百姓常用的许多药品降价了，网络提速降费使刷屏更快了，垃圾分类引领着低碳生活新时尚。"基层减负年"让基层干部轻装上阵。放眼神州大地，处处都有新变化新气象。

人民日报（2020 年 1 月 1 日 1 版）

小标题的这种变体在不需要划分复杂层级的公文，如较短的讲话稿、贺词、祝词等文稿中使用。这种表达形式，虽然不具备小标题典型形态，但在拟稿人写作和读者听众理解过程中，仍然发挥着小标题的作用。

信息型小标题及其应用文体

在说明关系中，小标题和具体内容之间不存在深度关系。这种小标题提示下文内容，主要是客观信息，几乎不带主观色彩。信息型小标题不带"包装"，也无法"包装"。

信息型小标题主要应用于纯事务类文书，如通知、某些请示、计划或方案、规章制度等，仅仅分割各部分内容，不会给读者带来思想启发和教益，写作难度较低。

具体事务类公文常用信息型小标题的有以下这些：

指导思想	重要意义	工作目标	工作内容	总体要求
组织机构	制度规范	工作步骤	时间安排	地点安排
措施方法	经费预算	注意事项	联系方式	检查机构
检查时间	检查要求	信息报送	会议时间	会议地点
参会人员	参会要求	对象范围	处罚措施	相关说明

拟稿时需要根据工作性质和实际情况使用更多小标题并灵活组合。

信息型小标题中，有一种标题带有"关于"字样，如"关于就业工作""关于改进措施"等。不建议使用这种"关于"式小标题。"关于"完全可以删去，不影响信息表达。另外，"关于××"虽然可以使人理解意义，但有语法问题。"关于"为介词，后面无论搭配什么成分，都不能独立构成一个完整的表达单位。

论点型小标题及其写作要求

论点型小标题，顾名思义，小标题即是论点观点。在证明关系中，小标题和具体材料之间存在深度联系，小标题是对具体内容的总体化抽象概括，这种小标题多为论点观点。

论点型小标题主要应用于带有鲜明论述色彩的文稿，如工作报告、总结、讲话稿、述职报告等。这些文稿也可以使用信息型小标题，但是表达效果远远不如论点型。重要文稿，尤其对未来工作产生指导意义的文稿，普遍采用论点型小标题。

论点型小标题最突出的优势和写作要求是明确性。只阅读小标题而不看下文，读者也能理解观点的意思和内涵。

论点型小标题写作成功的关键在于论点的提炼与归纳。这需要对工作情况进行精深的研究才能做到。这里重点以一篇工作经验材料为例，探讨论点型小标题可能出现的问题，并指出修改方法。

硬核公文：打造写作技术流

走出高柜，厅堂营销

——从柜台到身边的五星服务

一、发现客户

  1．从客户外表发现销售机会

  2．从客户言谈发现销售机会

  3．从客户转介绍发现销售机会

二、建立信任

  1．专业知识

  2．可信任性

  3．客户导向

三、满足需求

  1．生活需求

  2．心理需求

  3．知识需求

四、产品展示

  1．产品资料和销售工具

  2．热情情绪

  3．展示方式

五、促成销售

  1．直接推荐

  2．引导式销售

  3．替代选择

  4．总结承诺

  从上文可以看到，作者具有比较丰富的工作实践经验，也准备了丰富的素材，整体架构基本完善。最大问题是小标题难以令人满意。

  小标题全部都是论点型，然而有些小标题令人无法看出究竟是什么意思。例如，第二部分的三个方面："专业知识""可信任性""客户导向"，如果不阅读下文具体内容，无论如何也不能理解小标题的含义。这三个可以分别修改为"以专业的金融知识赢得信任""以严谨的职业态度塑造信任""以利他的价值导向强化信任"。这样就与上一级标题"建立信任"相呼应，"信任"这个关键词多次重复，本段主旨得到强化和细化。

  另外，大标题包括"营销"和"服务"两个关键词，但是正文的小标题只突出了"营销"而未体现"服务"。这样的小标题无形之中削弱了全文主题。可以将每个一级小标题完善，如第一部分将"发现客户"修改为"识别客户：五星服务的基础"。其他也照此修改。

论点型小标题内容与语法模式

  理解了论点型小标题的写作基本要求，还需要进一步从内容意义和语法形式两个方面进一步探讨其写作技法。论点型小标题所包括的论点内容非常多样，主要有以下几种。

1. 对现状和形势作出判断。
2. 对成绩业绩作出定性和概括。
3. 提出工作要求、指导意见。
4. 指出主要任务、行动措施。
5. 表达思想理论命题和论点。

论点型小标题表达这些内容意义，主要采用单句和复句（两三个分句）两种方式。

单句式论点型小标题，使用一个动宾句式，或者一个主谓句式。

动宾句式：挖掘内需带动就业；　　主谓句式：销售容量稳步提升；
　　　　加大投资创造就业；　　　　　　　国际业务顺利拓展；
　　　　稳定外贸扩大就业。　　　　　　　运营效率持续提升。

复句式论点型小标题，采用动宾句式+动宾句式，或者动宾句式+主谓句式。

动宾句式+动宾句式：突出优势特色，培育壮大乡村产业；
　　　　　　　　　促进产业融合发展，增强乡村产业聚合力；
　　　　　　　　　完善政策措施，优化乡村产业发展环境。

动宾句式+主谓句式：创新和完善宏观调控，经济保持平稳运行；
　　　　　　　　　扎实打好三大攻坚战，重点任务取得积极进展；
　　　　　　　　　深化供给侧结构性改革，实体经济活力不断释放。

选择使用以上句式类型的小标题，必须注意与特定文种和内容的匹配关系，不能毫无规律地随意应用。

动宾句式、动宾句式+动宾句式，主要应用于面向未来工作的文种和内容中，如通知、决定、意见、计划、方案、讲话稿等文种中表达未来工作部署的内容。

主谓句式、动宾句式+主谓句式，主要应用于面向已结束工作的文种和内容中，如报告、总结、述职报告、讲话稿等文种中表达工作成绩效果的内容。

在复句式论点型小标题中，前后两个分句在内容内涵上具有明显的规律，掌握这个规律对于构思复句式小标题具有极大作用。

前一分句主要内容：思想原则、方式方法、措施手段。

后一分句主要内容：目的意图、效果结果、成效成绩。

总之，前面分句介绍"做了什么""怎么做的"，后面分句介绍"有什么成果""效果如何"，两者内容保持一定层级差异性。

论点型小标题需要增强抽象概括能力

很多文稿的论点型小标题其实是由信息型小标题"伪装"的，如"以三大业务为重点，经营工作有序开展"。

这个小标题看上去很"隆重豪华"，然而实际上没有表明有价值的观点信息。其中的几个关键词"三大业务""经营工作""有序开展"都太"水"了。如果把这个小标题简化为"经营工作"这种信息型，其内涵几乎没有什么变化。

由此可知，论点型小标题的价值在于观点内涵，而不在于其句式模式等外在形态。不能只有其表无其实。

论点型小标题对抽象概括能力要求较高，写作难度很大，相比较信息型小标题写作难度很低，几乎不费吹灰之力。撰写论点型小标题时，容易"跑偏"到信息型的方向。

拟稿人务必提高自己的抽象概括能力，在对工作深入分析的基础上，能够用富有"穿透力"、思想性和启发性的词语，按照特定语法结构模式，搭建出意义明确的小标题。

下例是某单位安全生产工作总结中的两个小标题，其中几个关键词不仅内涵非常明确，而且具有很强的专业色彩。

> 开展应急演练，应急处置能力全面强化。
> 开展技能比武，安全队伍素质全面优化。

根据以上要求，我们可以将"以三大业务为重点，经营工作有序开展"修改为"以信贷业务为重点带动经营工作，高质量发展取得突破"。将小标题观点修改后，相应地也需要调整内容素材。

信息型小标题和论点型小标题的"混搭"

信息型和论点型小标题可在同一篇文稿中"混搭"使用，但需要遵循一些规则。

思想性、理论性较强的文稿，同一层级的小标题类型尽量保持统一。

例如，讲话稿、指导意见等文种，全文一级小标题都使用信息型，二级小标题都使用论点型。如果一级小标题有几个是信息型的，另外的是论点型的，就不够妥当。二级小标题如果也存在类似问题，就更不妥了。

事务类文稿，如通知、方案等，以信息型小标题为主，间或使用论点型小标题。

一般而言，在不影响明确性的前提下，小标题尽量保持类型统一。

"妖艳"小标题是如何炼成的

由于小标题在文稿中发挥着重要作用，为给读者留下深刻印象，很多拟稿人会将其写得非常"靓丽"，甚至"妖艳"。这类小标题表达形式和语言极其讲究，给人带来强烈"刺激"感。贴切的"妖艳"小标题能够极大增强文稿效果，但也容易走向极端，沾染形式主义、浮夸的文风。

"妖艳"小标题有这样几类：字数统一、模式对仗、修辞多样、突出某字或某词。所使用的句式灵活多样，可长可短。

字数统一的小标题比较常见，很多人以此作为写作能力的重要体现，有意为之。

　　一、统一思想，提高认识　　二、明确目标，签订责任
　　三、健全机制，落实举措　　四、跟踪督办，强化考核
　　五、务求实效，取信于民

对仗模式的小标题字数不尽一致，但句式是相同的。

　　一、统一思想，高度重视逾期贷款管控　　二、考核约束，层层传导管理压力
　　三、协调联动，夯实逾期贷款管控基础　　四、分类施策，提高管控效果

硬核公文：打造写作技术流

五、提前防范，强化到期贷款管理　　六、预警跟踪，做好集中会诊研判

七、韧性管理，减少逾期贷款损失　　八、严格问责，切实落实管理责任

很多小标题善于使用各种修辞手法，以比喻和类比为主。贴切形象的修辞可以使读者迅速理解要点。

一、加强纪律教育，做创新创业的"指南针"

二、强化纪律监督，做防微杜渐的"探测针"

三、守住纪律底线，做廉政风险的"避雷针"

近年来，突出一个字或词的小标题很受欢迎。即用一个字或词概括某一方面工作的特点特色、要求原则、评价标准、工作措施。

一、服务目标突出"明"

二、服务举措突出"细"

三、服务效果注重"实"

除了以上手法，还有数字式、引用或改用古典诗词（典故）式等，不再一一举例。

对"妖艳"小标题的反思

对这种风格的小标题，出现两种对立看法。有很多人非常偏爱之，同时也有很多人非常反感之。

本书作者曾在网络自媒体上发表过一篇题为《那些"妖艳"的小标题，骨子里都是"贱货"》的文章，非常"标题党"，引起很多人士关注。此文出发点不是标新立异，故意挑起观点对立，而是想引起每位拟稿人对这个问题的反思，增加大家理解问题的视角。

一句话：公文中那些对仗工整、类比形象、言辞创新的小标题，都是不入流的拙劣手法。比如下面这组小标题，表面看很妖艳，可骨子里是"贱货"。

> 战略上要"扣扣子"
>
> 履行上要"担担子"
>
> 落实上要"钉钉子"

举例不用再多,相信公文新老"司机"都曾经见过、写过这类小标题。

这类小标题的特征之一是工整。刀切斧剁一般,字数严格统一,句式完全一致,对仗严丝合缝,实在标致极了。

特征之二,修辞讲究。用类比、比喻等修辞手法,而且比较妥贴(不贴切的当然也肯定不用)。有的还用网络上的热词热语,显得"潮味"十足。

不费一番功夫,不搜肠刮肚一番,根本写不出这样的小标题。

是不是忍不住要给他们点个大大的赞呢?但是,要问这样几个问题。

第一,拟稿人本人会真诚相信、认可、赞同自己写的这种东西吗?不要欺骗自己,凭最本真的内心感受之后再回答。自己都不认可的东西,还想获得别人的认同,怎么可能呢?

第二,用大量时间精力构思设计小标题,还有多少时间精力来认真思考正文内容与表述?思考打磨正文的时间精力不足,难免质量堪忧。结果是,华丽的袍子覆盖着邋遢的身体。

第三,小标题的内容与正文真的就那么匹配吗?削足适履的情况究竟是否存在?是否完全避免为形式而牺牲内容?

第四,靓丽的小标题是否给写作带来不必要的负担?如"扣扣子"这个类比一定要在正文中有所体现和解释,而这些内容很可能并不是必须要写的内容,纯粹为了呼应标题而不得不增加。

第五,亮眼养眼的小标题是否给理解正文带来干扰?让人眼前一亮的小标题的确能给人留下深刻印象,可能正是这个原因,读者的注意力都被吸引到小标题上,很可能干扰对正文和工作的理解。

写作公文小标题的正确"姿势"应该是怎样的?党中央国务院的很多重要文献提供了可资借鉴的参考。2018年"两会"报告第一部分的小标题非常朴实。

> 经济建设取得重大成就

硬核公文：打造写作技术流

全面深化改革取得重大突破
民主法治建设迈出重大步伐

小标题的本质作用是清晰准确地概括本部分内容。只要能实现这一功能，不妨粗犷一些、自然一些、简单一些、古朴一些、"断舍离"一些。

越是基层单位，"妖艳"小标题越是盛行，而级别越高的单位，事项越重大的文稿，"妖艳"小标题越是罕见。

妖艳小标题产生的根本原因在于，公文工作者对职业核心能力的焦虑与追求。在业务工作上不够精深，管理协调力不从心，可偏偏又在一个以文辅政的岗位上，只好在"文"的方面大做文章。

妖艳小标题，美则美矣，美言不信。

公文写作讲究"内容为王"，而不是"修辞为王"。

营养专家们有个共识：越是深加工、细加工的食品，天然营养价值的流失就越多，相应地不必要的添加剂也就越多。对公文小标题而言，何尝不是如此？

写作小标题在满足上文提到的基本要求前提下，还需要在以下方面进一步优化完善。

1. 表达内容观点准确贴切。
2. 类型模式适应文种需求。
3. 句式组合体现工作规律。
4. 层级深度便于阅读理解。
5. 篇幅简洁凝练。
6. 文风朴实，修辞得当。

联系人写入附注还是正文

联系人信息是通知、请示、报告、函、方案等公文常备内容，将其写入正文还是在附注标示，初学者对此存在模糊认识。

附注是文末落款之后的版面要素，位于成文日期下一行，居左空两字并外加圆括号标注。附注的内容一般是印发传达范围、信息公开事项等需要说明的情况。请示、报告的附注内容为联系人及联系方式。上行文附注联系人信息，便于上级在需要时及时与下级取得联系。

从附注的标注形式和内容来看，附注并非公文正文内容的一部分，而是办理公文的相关说明。

正文内容联系人不同于附注联系人。如果工作事项需要明确具体办事人员，那么应当在正文中写明联系人。联系人信息往往安排在最后部分，由于接近末尾，所以容易被误解为附注联系人。上行文请示、报告以"红头文件"上报时，附注要写明联系人，要注意避免和其他文件正文内容的联系人混淆。

总之，如果联系人及其联系方式是办理工作必需的，应当放入正文；如果是办理公文需要的，应当放在附注。

第十二章　结尾

公文结束需要发出一个明确"信号",即结尾。

从表达角度看,结尾不是必需的。正文主体已传递全部信息,结尾没有实际作用。

但对读者而言,结尾往往是不可少的。读者读到结尾处,明确判断到达"终点",从而为意识中的信息结构画上"句号"。

结尾也是公文这种结构体构成"闭环"的需要,如果没有结尾,造成文稿结构缺失一环,甚至削弱文体特征,导致文稿整体性、有机性不足。

总之,结尾保障读者认知完整,实现文稿圆满结构,而不是为拟稿人便利而存在的。

假如公文正文比较简短,如印发通知只有一两句话,那么没有必要使用任何结尾。

公文结尾不追求言有尽意无穷的韵味,而是简洁明确提出结论性意见、要求或请求。

套语式结尾

无论正文内容是什么,针对的工作是什么,同一文种的结束语都相同,是为套语式结尾。套语是最简便的结束语,套语一出,便真的结束全文。

许多文体采用特定套语作为结束语,将其汇总,如表 12-1 所示。

表 12-1　套语结尾

文种	常用套语结尾
通知	请认真贯彻执行 特此通知 此通知

续表

文种	常用套语结尾
报告	特此报告
	以上情况，特此报告
	以上报告，请审阅
	此报告
请示	妥否（可否、当否），请批示
	以上要求，请批准
	特此请示，请批复
	专此请示
函	特此函达
	特此函告
	特此函商，盼予函复
	此函

套语结尾的最大优势是固定统一、方便写作。无论文稿内容有多大差异，只要特定文体就用统一的结尾。套语要和文种对应，进一步强化文种特征。套语和文种张冠李戴的错位现象时有发生，需要适当留意。

套语结尾在公文长期实践中约定俗成，如果没有降低公文效能就不宜改动或创新，哪怕有着看似合理充分的理由。

有研究者认为"特此××"和"此××"有区别，应分情况使用。还有论者认为，请示不应使用"妥否，请批示"之类的结尾，而要使用"特此请示""专此请示"等。

姑且不论这些看法是否合理，即便合理却没有必要。全文已经终结，信息和价值已经释放完毕，套语的微妙差异根本不会影响公文意义的传递和执行。细分类型越多，只会给各方带来不必要的负担，没有现实意义。

对结束语这个环节提出新观点、新主张，属于"过剩创新""抬杠式创新"，本书认为并无必要。

"特此通知"是否用句号

套语结束语后面是否用标点符号，以及用何种标点符号，目前存在分歧。

例如，"特此通知"后不用标点符号的情况很普遍，同时也有大量通知用句号。

本书认为，解决这个问题的关键是如何定位结束语，是将其作为正文最后一句话，还

硬核公文：打造写作技术流

是将其作为类似于附件说明、落款之类的其他结构环节。不同的人有不同的回答，是因为结束语恰巧处于正文结束后的"过渡地带"。

第一种观点认为，这种结束语并不是正文最后一句话，而是独立的结构环节。理由是，正文内容千差万别，但结束语为固定套语，这足以说明结束语不属于正文。如果将结束语定位为独立环节，那么也应当像标题、独占一行的小标题、附件说明、落款等环节一样，末尾都不加句号。

第二种观点，与第一种观点相似，也主张末尾不加标点符号，原因有所不同。他们否定"特此通知"的句子属性，认为它不是句子，所以不需要加标点符号。这个理由显然很难服众。套语结束语符合句子特征，发挥句子功能，作为句子没有问题。

第三种观点认为，结束语和落款等环节并不相同，虽然位于正文末尾，但它仍是正文的一部分，是表达完整意义的独立句子，后加标点符号是必要的。

其实，套语结束语末尾是否使用标点符号并不是一个重要课题，对公文没有决定性影响，没必要就此进行过多探讨。但这是一个现实问题，需要解决方案。本书认为，结束语本质上是一个句子，而且是陈述语气，末尾用句号比较适宜。有不少文稿结尾用叹号加重语气，颇为不妥。

套语式结尾可以和其他类型结尾组合使用，但一般放在希望式结尾、总结式结尾等之后。

套语式结尾，本身是一个自然段，排版时应当左起空两格编排。不可将其居中、居右，或者放在落款的发文机关署名之上。

希望式结尾

在文件末尾提出贯彻落实文件精神的要求或希望。

望各单位接此通知后，结合本部门的具体情况，认真贯彻落实，切实提高消防安全水平。

这种结束语容易给人"空泛"的感觉，写作时应当增强针对性，结合正文事项体现工作特点、特色。

说明式结尾

在结尾对与具体内容有密切关联的情况作必要的说明，如规章制度结尾常为生效日期说明。

本规定自即日起施行，《××××规定》同时废止。

说明内容虽然是工作事项的一部分，甚至是较为重要的信息，但是不便放入正文主体之中，在结尾处更妥当。这种安排已经成为某些文体惯例，阅文者读至此处自然理解为全文结束。

总结式结尾

往往用在篇幅较长公文末尾，对全文主要观点和内容进行归纳和总结，有利于和标题及前文呼应，增强文章整体性。

零结尾

许多文稿在正文内容表述完毕之后，不再写专门结尾，就形成零结尾，没有特定的结束语。随着办文效率的加快，零结尾应用日益增多。

第十三章　附件及附件说明

附件是正文的说明、补充或者参考资料。附件是另一份独立文件，附在正文之后。

并非每份公文都必须带有附件，根据需要安排附件。

公文如果带有附件，则需要在结束语后标注附件说明。附件说明不等于附件本体，只是一份清单，用于标明具体附件。

除在结束语之后集中说明附件外，正文表述中如提及该附件文件，则应用圆括号注明"详见附件×"，以提示阅文人注意。

附件的类型及其作用

行文实践中，附在正文之后的文件材料有多种类型，常见有以下几种。

1. 计划类文体（方案、规划、要点）。
2. 各类表格（如报表、统计表）、图示、图片。
3. 各种名单、名册。
4. 发文机关本级印发的规章、制度、法规。
5. 转发上级来文或批转的文件。

附件材料具有共同的特点，即较强的独立性，或者本身就是一份完整的公文。这些文件不便或不能将自身内容整合到前面的正文中，否则将冲乱正文结构。单列附件有助于保持文件主文结构的完整、统一。

很多附件是需要单独使用、反馈的，如报名表，将其单独附后，更便于后续使用。

将附件定义为"公文正文的说明、补充或参考资料",在业内一直有争议,甚至有反对意见。但是,也没有哪种意见获得更加广泛的共识,只好姑且采纳这个定义。

从这个定义看,附件的地位不重要,只是对正文起辅助作用的文件。事实上,很多附件确实如此。例如,上报的请示后往往附上以往此类工作的介绍材料,帮助上级了解更加丰富的背景信息,供领导决策参考。

但这只是附件的一般情况,还有两种特殊情况,不能视之为补充资料或参考资料。

一种情况是,附件文件的规格和作用远高于正文主件,如上列的第四、第五种文件材料。印发或转发通知的附件,往往是上级文件、领导讲话,或者已经批准通过的规章制度。下发这些文件,本身就是行文目的所在,其地位要远高于印发通知这个正文主件。

另一种情况是,附件本身是办理正文主件必不可少的组成部分,并非说明或补充材料,只是由于多种原因没有列入正文主件而已。例如,表彰类文件,当表彰对象较多时,将表彰名单单独附在正文之后。

如果是这两种情况的附件文件,需要进行特殊处理,即不标注附件说明,不列附件清单(正文表述中仍可说明该文件),全文直接排印在正文之后。

附件标题应规范

附件是独立文件或文档,也应具有标题。由于附件类型比较多样,其标题没有统一模式,但都应体现简洁、明确的要求。

附件如果是图片、表格等形式,其标题中应带有"图""表"字样。

附件如果是名单、名册,其标题也应体现这一特征。例如,《第×届第×次职工代表大会代表》这一标题,应当修改为《第×届第×次职工代表大会代表名单》。

附件说明中,名单类附件的标题后可用圆括号注明人员数量。

附件类型多样,标题特征也各不相同,但标注附件说明不采用"附图""附表""附文""附"等名称,而是统称为"附件"。

附件说明排版格式规范

附件说明排版格式主要包括五个方面的规范,详见图 13-1。

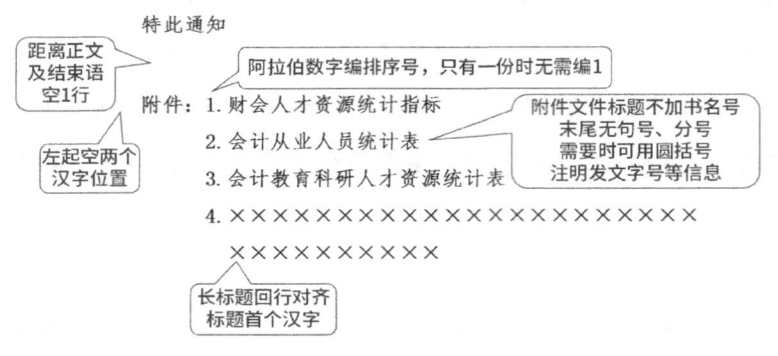

```
            3.建立机制,完善系统。各单位要建立会计人才资源定期统计
        机制,指定专门联系人,具体负责工作协调和数据报送工作;要加
        快信息化系统建设工作,确保报送数据的科学合理、真实准确。
            特此通知。

                    ┌─────────────────────────┐
    ┌──────┐        │阿拉伯数字编排序号,只有一份时无需编1│
    │距离正文│        └─────────────────────────┘
    │及结束语│  附件:1. 财会人才资源统计指标      ┌──────────────┐
    │空1行  │      2. 会计从业人员统计表        │附件文件标题不加书名号│
    └──────┘                            │末尾无句号、分号   │
    ┌──────┐      3. 会计教育科研人才资源统计表  │需要时可用圆括号   │
    │左起空两个│                            │注明发文字号等信息 │
    │汉字位置 │      4.××××××××××××××××××× └──────────────┘
    └──────┘            ××××××××××

              ┌──────────┐
              │长标题回行对齐│
              │标题首个汉字 │
              └──────────┘
```

图 13-1 附件说明排版格式规范

其中,"附件:"和第一个附件标题处于同一行,不要另起一行排印标题。此处的"附件"二字后有冒号,但附件正文页面,首页首行左起顶格的"附件"后无冒号。

当有多个附件标题时,排版对齐方式不易掌握,其实只须贯彻一个基本原则:同类要素对齐。例如,阿拉伯数字序号对齐,标题对齐,长标题回行对齐上一行的标题首字。

需要强调的是,附件说明位于结束语之下、落款之上。将其放置在落款之下,或者在结束语之上(即在附件说明下一行写结束语),都是不规范的。附件说明不同于附件本体,附件文件全文在落款之后另起一页排印。

附件文件的排印顺序,应当和附件说明的顺序一致。

第十四章　落款

公文正文结束之后，在右下方标示落款。

落款是惯例俗称，主要有两个要素：发文机关署名和成文日期，此外还经常包括印章。落款不涉及写作语言问题，主要是规范性问题。

署名及公章规范

发文机关署名应采用全称或规范化简称。如果全称较长，造成排版困难，那么可以用规范化简称。

公章应当与署名一致。公章上的单位名称都是全称，简称署名与之一致并非字面一致，而是单位主体一致。

署名和公章不一致，主要有两种问题。

第一种，下级代上级拟稿并发布，标题中的发文机关名称和文末署名都是上级，却加盖下级单位公章。例如，2019年某高校就出现此类失误。二级学院一项工作引起社会质疑，为回应社会关切，以学校名义发布一份情况通报，但加盖的是二级学院公章。

第二种，党政不同系统署名与公章混用。例如，很多单位办公室既是党委办公室，也是行政办公室，两种公章都由其保管。用印时疏忽大意，在行政发文上加盖党委章。

另外，多数情况下，署名应当和"红头文件"中发文机关名称、标题中发文机关名称一致。不一致的情况经常存在，原因主要是在部门代拟稿时，落款沿用本部门名称，而制发时，"红头文件"中的发文机关是上级单位名称。

发文机关署名在成文日期之上。少数单位会上下颠倒，应避免这种低级错误。

署名还有另外一种情况，不署单位名称，而是加盖制发机关领导人、负责人或签发人名章，例如，命令、决定、贺信等。签名章为红色。加盖签名章的公文排版格式比较烦琐，《格式》中有详细介绍，此处不再赘述。

成文日期规范

公文时间特征非常明确，无论是公文办理工作，还是事务办理工作，都需要在文中清晰说明时间特征。在众多时间特征中，成文日期是比较重要的一种。

成文日期，有人称之为发文日期，这种说法不严谨。成文之后，不一定即时发出，成文和发文存在时间差，特殊情况下时间差比较长。另外，发文日期是以各种方式公布发出的时间，但确定成文日期不是根据发布的时间。

确定成文日期主要依据以下三点。

1. 发文机关负责人签发的日期。

2. 联合行文，最后签发机关负责人签发的日期。

3. 会议通过日期。

由此可见，成文日期不是起草日期，也不是发布日期。

成文日期的表述方式有五花八门的形态，以下写法都曾在文稿中出现过：

二零二零年一月二十三日　　　二零二零年元月二十三日

二〇二〇年一月二十三日　　　2020年1月23日

2020年01月23日　　　2020年1月23号　　　2020年1月23

2020.01.23　　　2020-01-23　　　20.01.23　　　01.23

除此之外还有其他一些形式，不再一一列出。其中只有一种是规范的，即"2020年1月23日"。成文日期书写规范包括以下三方面。

1. 年月日齐全。明确写出三个日期单位，不可省略任何一个，"日"不写为"号"。

2. 阿拉伯数字。汉字日期写法曾在已经停止执行的标准中使用过。如果是其他场合，如会议背景墙,为表示庄重可用汉字表示日期。正文和成文日期表示自然日期都用阿拉伯数字。

3. 不用 0 补位。公文日期中阿拉伯数字不用 0 占位,其他专业文书根据规范惯例处理。成文日期必须同时符合这三方面标准方为规范形式。

落款的排版格式规范

发文机关署名、成文日期和公章在排版时,格式规范非常严谨,情况也比较复杂。详细规范请参阅《格式》,这里只介绍最常见的单一发文机关并加盖公章的情况。具体规范如图 14-1 所示。

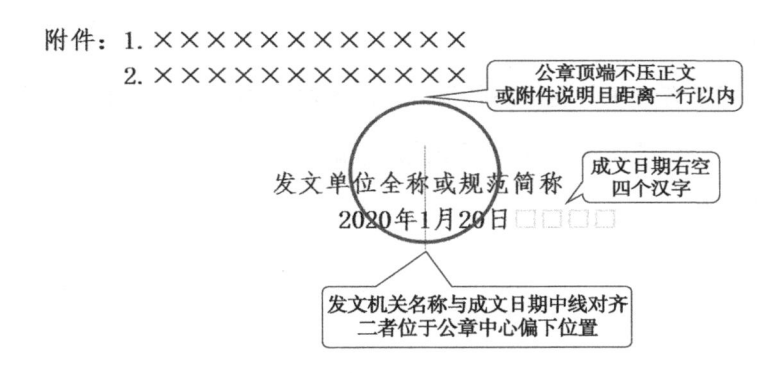

附件:1.××××××××××
　　　2.××××××××××

公章顶端不压正文或附件说明且距离一行以内

发文单位全称或规范简称
2020年1月20日

成文日期右空四个汉字

发文机关名称与成文日期中线对齐
二者位于公章中心偏下位置

图 14-1　公文落款排版格式示意图

这些规范很多方面是相对而言的,在实际操作中,需要根据公章尺寸确定具体位置,当公章为非标准尺寸时,还需要作出适当调整。

第十五章　公文显性结构

本篇的前几章详细介绍了公文通用结构各个环节的写作技法。这些内容在任何一篇公文中被不同程度、不同广度地组合在一起。这些要素的不同组合，进一步构成形态更加丰富的显性结构模式。

显性结构模式带有鲜明外在形态特征，同时不同结构模式和特定文种之间也有较高匹配度。在扎实掌握各个结构环节细节写作技法基础上，根据不同工作、不同内容、不同文种的特点，构建全篇公文。

合一式

工作事项比较简单，公文结构无须复杂，段、层、篇三个结构层次无法严格区分，三者合一。这种结构，没有明确层次划分，多为一两个自然段。在合一式结构中，背景、目的、根据、主题句等要素均有不同程度的保留。这种结构常用于请示、函、批复、证明信、留言条、借据等文体。

××市××区交通分队关于××路禁行4吨以上汽车的请示

××市公安局：

我区辖内主要马路××路路面狭窄（仅6米）。近年来，马路两侧商店日渐增多，行人拥挤，往往占用马路行走，造成与自行车和汽车争道，以致交通经常堵塞，引发多起交通事故。为了保证附近单位及行人的安全，拟从9月1日起禁止4吨以上汽车在××路通行。上述车辆可绕道附近的××路行驶。

　　如无不当，请予批准为盼。

××市××区交通分队

2018 年 8 月 11 日

　　这篇请示针对事项比较简单，故采用合一式结构。这并不意味着请示只能用这种结构。如果事项复杂，就有必要采用总分式结构。

总分式

　　针对复杂事项的公文主要采用这种结构，其主要特征是，在开头段表述背景、目的或依据后，以"如下"这一句式过渡到下文，在主体部分细分若干方面并以"一""二"等序号标注小标题。本篇前七章探讨公文通用结构环节，是以这种结构作为对象，此处不再详细介绍每个环节的写作方法。

　　总分式结构要保证全篇为一个宏观总分结构，每个分述部分都要保证本部分为一个总分结构。下文，虽然从外在形式看，条理清晰，但违反了总分式结构的主要原则。

关于购买电脑设备的请示

公司领导：

　　电脑是办公必需的设备，但是，我部的电脑明显不够用，主要原因如下：

　　一、需要使用电脑办公的员工数量比较多，大约 20 人，可是目前只有 3 台电脑。

　　二、目前的电脑都是台式机，员工经常出差，根本无法携带，影响了工作。

　　三、目前的电脑配置太低，只能打打字，上上网，许多工作无法完成。

　　鉴于此，为了及时完成领导的布置的各种任务，提高办公效率，我们特提出如下请求：

　　一、请拨款购买 15 台电脑。

　　二、请在购买电脑时，记得买两台笔记本。

　　三、买新电脑时，配置要高一些的。

当否，请批示。

购买电脑审批表：

申请部门	××部
申请时间	2019年5月6日
申请事宜	
购买电脑设备 台式机和笔记本电脑共15台
经费预算	12万元
领导审批意见	

××部

2019年5月6日

原文除语言问题外，最显著的缺点是结构失当，未能按照合理方式组织全文。开头、主体、结尾、附件等结构要素不够科学合理，未遵守结构规范，比较凌乱。尤其是将请示缘由和请示事项"对称"安排，全文同一层级上包含两组序号，违反总分式结构原则。

这篇文章可按照总分式的模式重新组织结构，上下连贯统一，将表格作为附件。具体调整如下。

××部关于购买计算机设备的请示

公司领导：

  计算机是办公必需的设备。××部需要使用计算机办公的员工22人，目前仅有3台台式机，存在较大缺口。台式机购置时间较早，硬件配置较低，仅能进行文字录入、上网等简单操作，无法进行平面设计、视频编辑等复杂操作。另外，员工需要经常出差办公，台式机无法携带，极大降低了工作效率。计算机设备的滞后情况，已经成为制约工作开展的瓶颈。为及时完成各项工作，提高办公效能，特申请购置计算机，具体要求如下。

一、型号与数量

（一）台式机

××品牌××型号　5台　　××品牌××型号　5台

××品牌××型号　5台

（二）笔记本电脑

××品牌××型号　5台

共计20台。我部已进行了市场调研，向多家供应商询价（询价统计表见附件2），经过比对确定上述产品。

二、经费预算

约12万元。

审批表（见附件1）已经填妥并经与相关部门协商同意，一并呈上。

以上要求，请予批准。

附件：1. 设备购置审批表（略）
　　　2. 询价情况一览表

××部

2019年5月6日

该修改稿在开头段陈述请示理由，主体部分说明请示事项。如果请示理由比较复杂，也可以单独设计为正文第一部分，请示事项和经费预算作为第二、三部分。无论做何种安排，第一层级的层次序号在全文中只能连续编排。

总分式结构也可形象地称为金字塔式结构，具有上述典型外在特征。除了外在特征，还有更加隐性的内在规律。可以说，这些内在规律从底层决定着总分式结构的成败。下一章将探讨金字塔式结构的底层规律。

条款式

法律法规、规章制度及合同等文体主要采用条款式结构，其主要特征是全部内容或主要内容均用序号标明形成条款，各条款不深入具体论述或说明。条款中还可以继续进一步细分，各个条款采用独立的自然段形式，全文结构严整。

编辑岗位职责

1．采集、编辑、上传、管理网站新闻；策划新闻专题；设计广告海报宣传物料，撰写宣传文案。

2．及时、准确更新网站票品。

3．管理社区发帖内容。

4．策划组织线上活动，提高用户活跃度。

5．完成公司交给的其他临时任务。

条款式结构可以根据内容综合程度分为章、条、款等不同层次，章和条的编号全文连贯编排，款的编号保持独立排序。

条款式结构只是形式化的特征，其内容必须根据工作需要、事务特点设计，要求做到表述明确、要求全面、措施可行。

表格式

将全部内容设计为一张或多张表格，不再保留独立的开头、结尾等环节，全文信息都用表格呈现。党政公文基本不采用这种结构方式，计划（方案）等其他文体，如果文字难以表述清楚，可以采用表格构架全文。

表格一般为二维表，纵向和横向分别排列相关项目，表格主区域填充具体信息内容。表格式的结构可以使复杂信息得到直观呈现，表格的适当运用可以使表达高效简洁。

需要注意的是，表格的处理方式受到文体制约。通用公文一般不在正文部分使用表格，而是将表格单独附在全文之后，保持正文结构简洁统一。专业文书，如财务报告，其表格大多在正文中。宣读类的公文，如讲话稿、述职报告等，主要采用文字表述，不宜使用表格。

综合式

综合式指同时运用以上几种结构方式,提高文章表达灵活性。公文较少使用综合式结构。

大多数公文的结构以某一种特定形式为主,尤其在篇章层面仅采用一种基础模式。更加细化的微观部分,可根据需要使用其他模式。

第十六章　公文隐性结构

公文内容信息需要借助一定的方式组织联结成为有机整体。任何一种公文，必然是内在逻辑和外部形式的统一。

本篇前八章介绍的公文通用结构模式和显性结构类型，都表现在视觉层面，能够被人直观看到。下面穿过视觉层面，深入到文稿内在逻辑之中，探讨其隐性结构模式，即只有运用脑力、思维能力才能把握的逻辑模式。

外在显性结构和内在隐性结构是一体两面。构建合理的显性结构，必然会倒逼隐性结构优化；反之，形成强大的逻辑思维能力，必然也能促进显性结构的优化。

所有的公文必然涉及事务。本章将公文思维逻辑这一课题简化，从事务特点出发，探讨公文最常用的两种隐性结构模型。

适用于简单事项的链条模式

事务有大小，有复杂简单。如果只是简单事项，公文结构必然不能复杂。

很多人过于强调书面表达的条理性，主张将所有内容分条列项，无论是背景、目的、执行事项等都用带编号的方式梳理清晰。这样做完全打乱了文章应有的整体结构，可以说毫无结构意识可言。按照这种方法写出的稿件只是一份列表清单，算不上真正的文章。

简单事项，尤其不能按照条分缕析的结构方式去撰写相关文稿。

简单事项，采用第十五章介绍的合一式结构模式表达即可，其正文内容构成如图16-1所示。

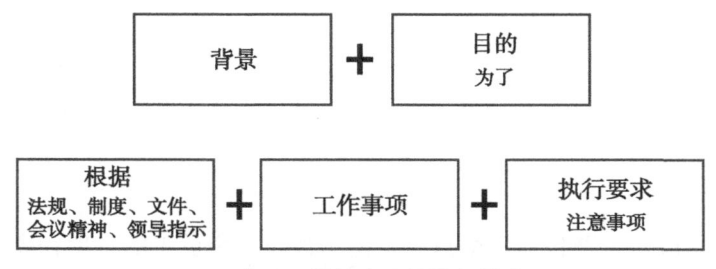

```
┌──────────┐     ┌──────────┐
│    背景   │  ＋  │   目的    │
│          │     │   为了    │
└──────────┘     └──────────┘

┌──────────────┐     ┌──────────┐     ┌──────────┐
│      根据     │     │          │     │  执行要求  │
│ 法规、制度、文件│  ＋ │  工作事项  │  ＋ │  注意事项  │
│会议精神、领导指示│     │          │     │          │
└──────────────┘     └──────────┘     └──────────┘
```

图 16-1　简单事项的链条模式

其正文内容与本篇介绍的公文开头段处理基本相同，差异是增加执行要求，去掉过渡句。

根据事项的发文意图和具体情况，灵活选择其中的内容。

周知性事项，即无须行动配合的事务，不写执行要求内容。执行性事项，即需要贯彻执行的事务，由于事项简单，表述事项和执行要求也都比较简单。

上述每个方面内容，都用简洁的一两句话表述。全文篇幅一般有 1~3 个自然段，不加小标题，不分层级，也不用层级序号。

每个方面的内容如同一个环，环与环之间不存在上下、总分、递进等复杂关系，多个环首尾相连，形如链条。

该模式的最大优势是，模式成熟简单，写作构思速度快，成稿效率高。

这种构思模式应用范围广泛，各类文体均可使用，只需要满足事项简单这个前提。

事项简单的判断标准也比较简单，如构成要素简单、涉及人员单一、影响范围较小、所用时间较短等。例如，针对第十章一则通报批评病文的修改稿。

关于对杨×办公区违规抽烟行为给予处罚的通报

各部门：

　　我院综合办员工杨明于 2021 年 2 月 14 日 14 时在办公区抽烟。其行为违反了《公共场所控制吸烟条例》，污染了室内空气，损害了本人和他人的身体健康，形成了火灾隐患。为了教育本人及其他员工，营造大力禁烟的氛围，根据《××》，经院办公会研究决定，给予杨明罚款 200 元的处罚，并在全院范围内通报批评。

　　希望全体员工引以为戒，严格遵守禁烟规定。如再出现此类行为，将依规严肃处理。

特此通报。

综合办
2021 年 2 月 15 日

这是链条模式应用于通报的一个范例。由于涉及一个员工的一项轻微违规行为，处罚也并不严重，正文内容严格按照完整链条来安排。全文篇幅简短，结构简单，如果按照拆分细化的模式来写，结构将显得凌乱，整体效果远不及这样的安排。

背景、目的、要求等内容需要根据事项特点灵活体现。例如，该文的要求部分是对员工的警戒提示，没有将要求细化，只是提出限制性、禁止性、原则性的要求，符合发文动机意图，体现通报这一文种的特点。

应用链条模式要准确理解判断事项的属性特点。简单事项，并非不重要的事项。事项简单，仅仅是涉及的信息要素较少、措施比较单一，而不是工作的价值作用比较薄弱。重大工作、紧急工作，如果涉事要素较少，仍然适合采用链条模式，如下面这则请示。

×县××燃气公司
关于商请延长天然气保供司机核酸检测阴性报告有效时限的函

×县城市管理综合行政执法局：

天然气是重要能源物资，对保障城乡居民和企业正常生活生产具有不可替代的作用。自 2021 年 1 月初疫情发生以来，我县天然气供应面临较大压力，保障供应任务极为繁重。我县无管道气，天然气以车载 LNG（液化天然气）形式供应，气源地分散于全国。疫情发生后，×省多地调为中高风险地区，LNG 槽车司机不愿往来×省，在一定程度上影响了供应量。目前，我县防控措施要求外地司机进入本县区域须持有 72 小时内核酸检测阴性报告，经与气源厂商沟通了解，均难以满足这一要求。如硬性坚持，气源厂商将无法保障供应，甚至拒绝供应，届时我县将可能面临无气可用的局面。

正常情况下，LNG 槽车从装车地（部分气源距离我县超过 800 公里）到我公司气化站需 4~6 天（装车 1 天、行驶 1~2 天、卸车 1 天，返回 1~2 天），加上核酸检测时间 1~2 天，共需 6~8 天。经与气源供应厂商反复沟通协调，其承诺可为槽车司机提供 7 天内核酸检测报告。

为保障天然气供应，早日战胜疫情，特向贵局商请将保供天然气槽车司机核酸检测阴性报告时限延长为 7 天。在外地司机与车辆往来及停留期间，我公司将按照疫情防控处置要求对其采取隔离、消毒等必要措施。

特此函商，请予批准。

×县××燃气公司

2021 年 1 月 14 日

这篇请示针对的工作无疑极其重要，但事项相对简单，没有使用总分式结构，而是使用链条模式。全文内容总体上分背景、原因、要求等少数几个方面，其中背景的篇幅较长，发挥着解释"为什么"的作用，即说明缘由。工作事项"做什么"体现为请求的事项（延长司机核酸证明有效期）和防范措施。

该文采用链条模式，更顺应认知规律。如果将其转化为总分式结构，先概括基本情况和要求，再分述背景、原因、要求等内容，虽然也能实现发文意图，但显得烦琐、重复、凌乱，失去了应有的简洁性。

工作事项简单，公文内容也应简化，简化的内容无法"撑起"复杂的结构。这种情况下，链条模式就有了用武之地。

适用于复杂事项的金字塔模式

事项如果比较复杂、任务重大、要素众多、时间周期较长、影响深远，那么无论如何也很难用链条模式呈现。这时必须细化拆解，需要使用金字塔模式。

先通过某年某政府工作报告中的典型段落来直观感受这种模式。

五年来，经济结构出现重大变革。消费贡献率由 54.9%提高到 58.8%，服务业比重从 45.3%上升到 51.6%，成为经济增长主动力。高技术制造业年均增长 11.7%。粮食生产能力达到 1.2 万亿斤。城镇化率从 52.6%提高到 58.5%，8000 多万农业转移人口成为城镇居民。

这段话无论是写作过程还是阅读过程，都是以线性的方式展现。将其内在逻辑以直观形式呈现，如图 16-2 所示。

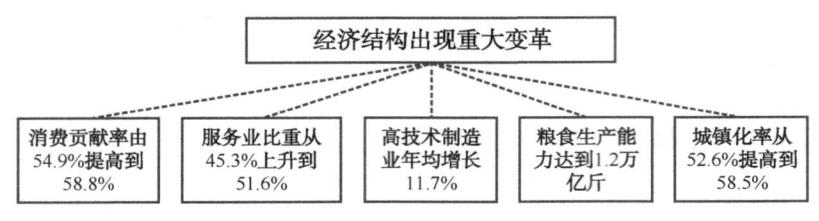

图 16-2　段落的内在逻辑模式

这种逻辑结构从外形上看是一个金字塔，名称就是由此而来的。这个金字塔和新闻写作中的"倒金字塔"基本没有什么关系，仅是名称类似。

"塔尖"是结论，是这段话的段首主旨句、关键句或小标题。

"塔身"或"塔基"是支持结论的原因、理由、材料，是这段话的主体数据信息。

只要是复杂事项，都可以使用金字塔模式梳理内容。在总结、工作报告、讲话稿、调研报告等文稿中普遍应用。

从微观角度看，一个自然段是一个金字塔；从中观角度看，一部分是一个金字塔；从宏观角度看，整篇文章是一个金字塔。金字塔可以形成上下层级的嵌套体系，但嵌套深度是有限制的，一般嵌套两个或三个，如果数量更多，将会使文章逻辑深度过于细化，反而干扰表达和阅读理解。

这种模式的名称"金字塔"是由麦肯锡咨询公司的芭芭拉·明托提出的，同时她做了系统论述。但实际上，这种思维模式是人类共有的思维规律。在我国公文写作界，这种模式已经发展得非常成熟。本书仍然借用这一命名，并结合我国公文写作的现状介绍其应用规律。

金字塔模式的四个底层规律

金字塔模式看上去很简单，无非是一个观点统领若干佐证材料。但要写好金字塔段落、篇章，需要遵守四个底层规律。这四个规律决定了"金字塔"是否稳固。

规律一：主题结论先行

1951 年 2 月，中共中央以内部文件形式印发了毛泽东同志主持起草并亲自修改的《关于纠正电报、报告、指示、决定中文字缺点的指示》，其中明确提出这样一项要求。

　　除简短者外，一切较长的文电，均应开门见山，首先提出要点，即于开端处，先用极简要文句，说明全文的目的或结论，唤起阅者注意，使阅者脑子里先得一个总概念，不得不继续看下去。然后，再作必要的解释。

转引自《秘书》杂志（中共中央办公厅秘书局主办）2006年第六期

　　这一要求就是主题结论先行。无论是全篇公文还是一个部分或自然段，如果信息比较复杂，应当首先表述总体结论和主旨，然后分述相关信息材料。

　　这种表达过程和写作前的思考分析过程，在逻辑方向上是相反的。

　　写作之前应用的是从个别到一般的归纳逻辑，对大量材料进行梳理、分析，分析多个独立个案，然后从中得出结论。然而在表达和写作中，要将第二步所得结论放在前面，第一步提炼结论所用个案材料在后面依次列出。

　　按照主题结论先行的原则，大量长篇文稿的开头部分必须有概括全文内容的主题句、主题段，也就是所谓"戴帽儿"的部分。

　　需要特别注意，主题结论先行仅指表达写作环节的次序安排，在思考分析过程中不能先入为主地设定观点结论。

规律二：意义分层

　　主题结论虽然是对事实的概括，然而并不是事实的简单重复，更不是纯粹的客观情况。

　　从结论和支撑材料各自的属性来看，材料是事实类信息（数据也是一种客观事实），结论虽然概括反映事实，但本质上是概念、判断、推理等抽象逻辑思维的结果，换言之，概括是理性意识成果。

　　这样，金字塔模式的内容就分为两个基本层面，即事实信息和理性结论。事实信息是点，理性结论是面。点面结合，使人的认识获得丰富的层次。

　　在公文写作中提炼理性结论，是透过现象揭示本质的过程，是写作重点和难点所在。

　　表达理性结论的主题句一般由两个要素构成。以"经济结构出现重大变革"为例，主语"经济结构"为抽象概念，统摄概括了下面的工业、农业、服务业等各个产业。单个产业不能单独构成经济结构，只有结合在一起才能称之为"经济结构"。

结论中谓语"出现重大变革"是对各个产业数据的判断和定性。面对客观数据、客观情况，必须作出判断结论，这非常考验拟稿人的理论抽象能力。判断定性出现失误，可能会给工作带来重大损失。

拟写结论，需要使用具有概括性的宏观概念，同时也要对纷繁复杂的表象作出定性判断，这两个方面组成一个主题句。在主题段中，抽象概念和判断定性往往更加复杂。

能够写出精准到位的主题句、主题段，是衡量拟稿人能力的一个重要标准。很多人在这里遇到阻碍。解决办法有二：一是多揣摩典范文稿是如何解决这个问题的，尤其是本行业、本系统上级文稿中所运用的新表述、新命题；二是在写作中反复优化，尽可能多地写出各种表达，从中筛选较好的表述。关于拟写主题句小标题，可以参看第十一章。

规律三：分类合理

这是对若干细分内容的要求。在主题结论统摄之下，各个支撑部分需要归类分组，要求各部分互相独立，不得出现交叉，同时尽可能覆盖主题结论指向的全部范围。

各个类别必须在逻辑上互相独立。在公文写作中违反这项原则会出现三种失误。

第一种失误是，类别有交叉，前后牵扯不清。例如，撰写调研报告时，背景和起因分不清楚。一般来讲，背景是某事件的宏观环境，起因是在特定条件下发挥作用的特定因素，不能混为一谈。

第二种失误是，同一事例、数据、成果反复用在文稿的不同部分，用于证明不同的结论。例如，撰写工作总结时，将所获得的奖项分别用在敬业态度、工作业绩、工作方法、团队精神等多个部分。改进的方法是，选择匹配度最高的一个方面只使用一次这个材料。

第三种失误是"帽子大，脑袋小"，也就是主题结论概括的方面很宽广，但支撑材料并没有穷尽。也可以反过来理解，主题结论的概括是不恰当的，有过于"拔高"的嫌疑。

"帽子大，脑袋小"的问题，原因既可能在"帽子"上也可能在"脑袋"上。对大量具体材料进行分类组合时，要考虑抽象判断和具体事例之间的匹配度。一般而言，应当根据"脑袋"定制"帽子"，基于对工作内在规律的把握，找到众多具体事实的内在结合点，将其归为一种类型，并精准提炼概括主题结论。

规律四：表达有序

这也是对细分的若干方面内容的要求，各个方面应当按照合理的次序各就各位。

第十一章介绍了由虚到实、由实到虚、重要程度等几种常用排序规则，此处再补充一种公文偶尔使用的排序方法，即时间顺序。

工作计划、工作方案、部分工作总结等文稿，核心内容可以按照时间先后安排次序。但是在其他很多文稿中，时间顺序不是最优的排序方法。

例如，事故报告，并不会根据事件客观发展过程，即起因、经过、结果的顺序安排，恰恰相反，会先写结果、紧急处置，后写原因排查、责任追究等内容。

再如，记载会议情况和议定事项的纪要，往往也不按照议程先后实际顺序安排，而是将重要事项、重要领导讲话等关键信息排在靠前位置，次要事项、一般发言等普通信息排在靠后位置。会议召开的实际过程可能恰恰与此相反，次要事项、一般发言首先进行。

以上四个底层规律并不体现于外在的特征，而需要拟稿人在写作过程中认真"编码"，读者在阅读时深入"解码"。为便于直观理解这四个规律，将其用图展示，如图16-3所示。

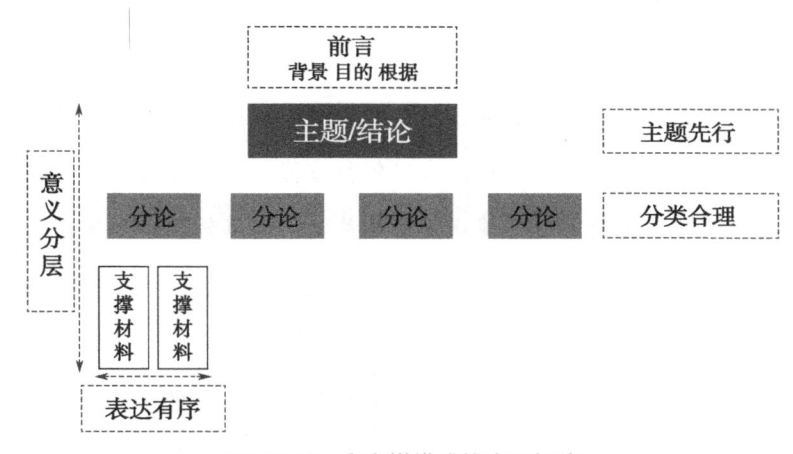

图16-3 金字塔模式的底层规律

图16-3中"表达有序"标示在"支撑材料"部分，并不代表只有支撑材料需要符合这个要求，分类或分论等其他涉及排序的内容都应当遵守这一要求。

全文的大金字塔模式，可在正文前添加前言部分，按照第十章介绍开头段的要求写作。

金字塔模式的应用及隐性逻辑本质

从表面看，金字塔模式是总分式，但其本质是更加复杂的思考方式，并不是简单的"总分"所能概括的。其最重要的特征或精髓，是内容不断抽象化、概念化，是"透过现象看本质"不断走向深化。它不仅是表达模式，也是思考模式。

正是由于这一本质，金字塔模式可以用于撰写复杂而有深度的文稿。除上文提到的总结、述职报告、讲话稿等文体外，还适用于工作研究、调研报告等具有鲜明思想性和理论性的稿件。

如果不能熟练运用这种思考方式，不仅对问题的研究难以深入，文稿也会存在一些看似不是问题的问题。

下文是一篇关于支付结算方式宣传工作的调研报告。从表面上看，总分模式清晰，条理分明，然而实际上不符合调研的思维过程，只是用形式手段将有关素材进行分割，让人在（尤其是业外人士）阅读时感到似懂非懂。

一、创新宣传方式

1. 背景分析

现阶段主要的支付结算宣传共有三种形式：××银行支付结算志愿者开展支付结算知识进社区、进商会协会专题活动；××银行宣传人员以营业网点为宣传阵地，通过与客户互动、派发宣传册为客户现场讲解相关支付结算知识；××银行通过辖内营业网点投放支付结算视频以及 LED 宣传栏全天候不间断轮播支付结算宣传标语。

2. 存在问题

在开展支付结算宣传过程中，我部通过调研及收集群众意见发现，支付结算宣传主要受众大部分为老年人群体，中青年群体所占比例较少，基于上班、时间紧等时空条件限制，存在宣传覆盖面不均匀的问题。

3. 解决方法

创新宣传形式：通过分享有实际学习效用的支付结算专题文章、拍摄宣传微电影以及制作支付结算宣传专题 APP、在 APP 中构建宣传社区，打破时空界限，使广大人民群众随时随地享受支付结算宣传带来的便利。

该文用金字塔模型直观展示其内容，然而仅仅停留在"形似"，读者很难通过小标题和正文内容准确理解这项工作。主要原因是，每个独立部分都按照总分模式构成，然而在更高层面看，未能体现抽象归纳的逻辑过程，对某些内容（如背景）在逻辑框架中的定位不够准确精当。作者自己都昏昏，如何使他人昭昭？

写作调研报告，实际上是调研思维过程的演化。先从事实现象开始，将若干现象归纳为问题，再对问题成因进行分析判断，进而找到对策措施。这种思维过程本质上就是金字塔模式的呈现。按照这种思维模式，对上述调研报告修改如下。

一、创新、丰富宣传方式手段，实现宣传对象全覆盖

目前宣传工作存在覆盖人群不均匀的突出问题。

在开展支付结算宣传过程中，我部通过调研及收集群众意见发现，支付结算宣传主要受众大部分为老年人群体，约占85%，中青年群体所占比例较少，不足15%。老年人群体接受新知识，尤其专业性较强的金融知识比较慢，理解困难，应用更是难上加难，这导致宣传效果大打折扣。老年人理解、接受、应用支付结算知识与能力较低，在一定程度上使支付结算工作受到影响。

导致宣传覆盖不均匀这一问题的主要原因是过于依赖线下渠道。线下宣传渠道主要有：举办支付结算知识进社区、进商会协会专题活动；以营业网点为宣传阵地，通过与客户互动、派发宣传册为客户现场讲解相关支付结算知识；通过辖内营业网点投放支付结算视频以及LED宣传栏全天候不间断轮播支付结算宣传标语。……

线下宣传渠道和活动方式，辐射范围有限，无形中缩小了覆盖人群。

破解这一问题的主要对策是在坚持做好线下渠道活动的同时，开辟新型手机媒体渠道，创新、丰富宣传方式与手段，实现宣传对象全覆盖。……

破解这一问题的对策还可以考虑错峰宣传。……

将修改稿用直观的图形展示，可形成一个典型的金字塔结构，如图16-4所示。

在这个逻辑模型中，同时存在纵向和横向两条逻辑线索。

从纵向角度来看，最低层是具体情况、做法、措施等"落地"务实的信息，中间层是对基本情况或做法的归纳概括，属于抽象理性思考的结果，最高层是核心观点结论。这三个层面呈现出从低到高层层抽象的逻辑关系。

从横向角度来看，第二层面内容按照提出问题、分析原因、解决问题的认知逻辑排列，

最低层面内容按照重要程度排序。

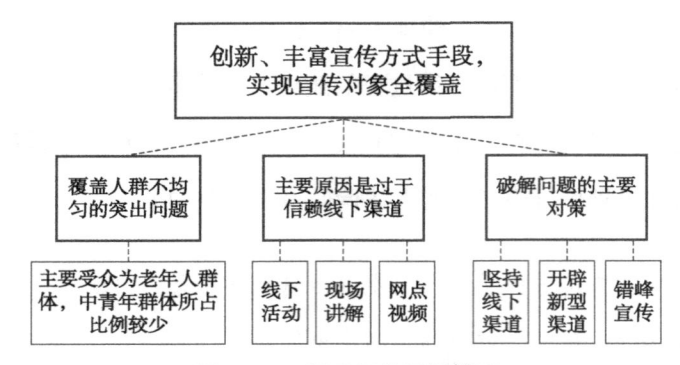

图 16-4　调研报告逻辑模型

原稿无法体现内容之间这些复杂的逻辑关系，尤其纵向逻辑线索不清晰。由此可知，仅仅用"总分"来描述纵向逻辑关系是远远不够的，必须要深入把握将分述的个案、现象、数据等信息抽象归纳为结论观点的内在规律，并将这种逻辑规律借助显性模式呈现。不能本末倒置，仅仅搭建显性总分模型而忽视深层隐性逻辑关系。

总之，金字塔模式是显性结构与隐性逻辑的统一。显性结构主要表现为总分式，内容由总述到分述，用一个"大点"统摄多个"小点"，以小标题（关键句）总领正文内容。隐性逻辑本质是思维抽象化，将随机性素材根据内在关联划分为合理类型，立足现象或情况揭示其本质联系，从具体事实向概念要点和结论观点不断跃进。

应用金字塔模式要在显性结构和隐性逻辑两个方面同时下功夫，将二者统一于文字语段之中。隐性逻辑借助显性结构更易于阅读理解，显性结构依靠隐性逻辑获得深层支撑。

下篇
强化格式规范

公文格式，虽有国家标准"加持"，然而实践中经常存在差异，某些要素格式究竟如何实现，众说纷纭。

党政机关、国企央企的公文尚且如此，民营企业、初创企业的公文格式，"照葫芦画水桶"的情况屡见不鲜。

公文工作中，人们对"格式"一词有多种理解。

它可以指公文的构成要素。例如，《条例》第三章名为"公文格式"，介绍的是份号、密级和保密期限、标题、主送机关、正文、附件说明、发文机关署名、成文日期等组成要素。

它也可以指版面形式。例如，《格式》主要介绍各要素的编排规则。

还有人认为"格式"就是内容思路。例如，领导经常说你写的文章的格式需要调整，将第二段和第三段互换，格式就顺了。显然，这是在抽象意义上使用"格式"一词。

《现代汉语词典（第7版）》这样界定格式：一定的规格式样。与第一、第二种理解接近。

本篇将"格式"限定为公文各个构成要素在视觉上的呈现形式，在平面载体上的编排式样。

公文经过起草、审核、签发，形成定稿。在正式发布之前，需要按照特定格式对其"梳洗打扮"一番，形成规范的版式外观。

对公文格式而言，规范、统一是刚性要求。应当严格遵守《格式》，认真编排每个要素。

然而，由于格式要素数量较多，情况比较复杂，导致很多细节问题产生一些差异理解和处置，甚至存在争议。

《格式》已经明确载明公文各个要素编排要求，并给出式样，本书配套资料中也为读者提供电子模板，因此本篇不再详细介绍具体格式规范，而是针对排版实践中的难点问题进行探讨。

第十七章　格式规范的作用与适用范围

网上有句格言很有道理：没有人有义务透过你邋遢的外表了解你美丽的心灵。这句话同样适用已定稿公文。

无论文稿的主题内容多么正确、观点多么深刻、措施多么务实、语言多么准确，如果发文的版面"辣眼睛"，那么也不会有人重视这份公文。

公文的版面格式，可以理解为是一套"制服"。文种不同、内容各异、行文方向有别，但格式规范相对一致（个别文种有特定格式），处处彰显公文的严肃性、严谨性。

格式规范的作用

公文在正式印发行文时，需要穿"制服"，穿戴整齐后就变身成了"红头文件"。每个专业的公文工作人员，在给公文"穿这件衣服"时，应该都有深切体会：太烦琐了！

因为这件"衣服"共有18个构成要素，且每个要素都有严格规范，字体字号、位置，甚至颜色都有明确要求。

如果平时"穿"的次数不多，难免手生，很容易出现失范情况。

为什么要搞这么复杂呢？

原因当然有多方面，例如，收发文管理的需要，突显公文权威，等等。

媒体曾经披露某"红通"人员境外遥控指使国内不法分子伪造国家公文的案情，为理解这个问题增加了一个角度。

在这起案件中，伪造的中央机关文件，无论是内容还是形式都极具迷惑性。伪造者曾经在政府部门担任领导，对公文非常熟悉，为造假创造有利条件。

但是存在一些漏洞，例如，内容、编号、密级、保密年限、抄送机关等都是在进行网络查询后根据想象编造的，难免会出现用语不专业、公章尺寸不合格，甚至错别字等问题。

相比之下，很多江湖骗子伪造的假文件更加漏洞百出。前几年爆出"中华民族资产"大骗局，骗子针对老年人设下圈套，用伪造的"红头文件"蒙蔽了很多人。如果稍微具备公文知识就能识别出其中有多处不规范，也能避免上当受骗。

烦琐细致的公文格式，能给骗子们增加不少造假困难，如果不是专业做这个工作的，制作一份规范的"红头文件"简直比登天还难。

从这个角度看，公文格式的近二十项构成要素，就是道道关口，层层设防，种种"虐"，把骗子们"虐"出原形。

但是，如此烦琐的格式，不仅虐了骗子，也让很多群众无法辨别，就连国外的专业特工组织，也可能被"虐"得七荤八素。

在这里，推荐一个简单的辨别方法：根据公文的文号到有关部门的官方网站上去检索。如果网站上有同一文号但不是同一份公文，那就可以肯定是伪造的公文。

伪造公文有怎样的严重后果？《中华人民共和国刑法》（2017 修正）第二百八十条列明确规定伪造、变造、买卖国家机关公文、证件、印章的，根据情节轻重，进行相应刑事处罚。

格式国标的适用范围

《格式》的适用范围主要从宏观和微观两个方面来介绍。宏观方面指应用的社会组织的类型、行业领域，微观方面指应用的文种。

《格式》明确指出：本标准适用于各级党政机关制发的公文。其他机关和单位的公文可以参照执行。

对党政机关而言，《格式》是强制标准，必须严格执行。

对企事业单位而言，《格式》也具有很强的约束作用或参考价值，也应该严格执行。

央企和国企执行《格式》情况较好，虽然也会做一些必要调整与变通，总体能够"对标"。

民营企业领域，很多企业和党政机关有业务联系，日趋重视公文规范化，然而效果不尽如人意，"照葫芦画水桶"的情况比较严重。在仿照党政"红头文件"设计制作自己的公文格式时，大量细节把握不准确，需要进一步强化规范性。

其他社会组织，例如，各种协会、群众自治组织等，也应当将《格式》作为发文参照。

总之，无论什么类型的组织，不能完全自主决定公文样式，都应当将《格式》作为重要参考标准和依据。

《格式》主要应用于党政公文文种（15种），其实也可以用于其他公文的版式编排，例如，计划、总结、规章制度、讲话稿等文体。按照《格式》编排格式，能够带来"高端、大气、上档次"的视觉效果。

格式国标和企业标准差异

党政机关公文"对标"工作做得比较到位，相比之下，企业或行业公文格式标准与国标要求之间存在一些差异。

差异一：公文标题的字体与字号

《格式》规定公文标题使用小标宋体，没有指明字库品牌。目前大多数是采用方正小标宋体字库。电脑系统中普遍没有默认安装这个字库，需要单独下载安装。

很多行业、企业的公文格式标准要求标题使用华文宋体、宋体（系统自带），个别单位要求用黑体。还有的单位要求标题字体加粗。

字号大小，《格式》规定是二号。在一般人看来，二号字比较大，很多企业标准要求小二号。

差异二：正文字体与字号

《格式》要求主送机关、正文及落款等要素，无特殊说明应当使用仿宋体，同样没有明确字库品牌。目前，普遍应用的是微软 Windows 高版本系统自带的仿宋体。

很多单位指定仿宋体字库，常用的有方正仿宋体、仿宋_GB2312、华文仿宋等。

《格式》要求正文字号为三号，而很多单位规定为小三号。

差异三：小标题格式

《格式》规定一级小标题为黑体。有的行业、企业规定为仿宋，并且加粗。

《格式》要求二级小标题为楷体，不要求加粗，也未指明字库品牌。很多行业企业规定为楷体_GB2312，并且要求加粗。

小标题的层次序号，《格式》要求根据层级分别使用"一、（一）1.（1）"。

有的单位已经形成了自己的惯例，二级标题序号使用"1."，甚至有单位明确作出这一规定。

差异四：文末发文机关署名、成文日期与公章

《格式》关于落款的规定比较复杂，区分多种情况，此处不再赘述。

一些行业、企业明确规定，落款距离上文空四行或两行。署名与日期居右空两字或四字。

一般情况下，实物产品的地方标准、企业标准普遍比国家标准更加严格，在国家标准基础上进一步提高质量水准。但是就公文格式标准而言，行业或企业标准谈不上比国家标准更严格，也不能说更科学合理。

归根结底，版式格式标准只是办文传统惯例、OA 系统习惯的一种反映，某些标准规定有一定合理性基础，但更多的规范只是长期工作中形成的习惯而已。

公文格式的行业标准、企业标准不能完全与国家标准衔接一致，并不算是严重问题。但是，当与政府机关或部门往来行文时，可能会造成一定误会。建议行业、企业尽可能与国家标准保持一致。

格式类型与文种的对应关系

版式格式本质上是特定的视觉风格，如同一套制服，制服有多种样式，格式也有不同类型。制服可以穿在不同人的身上，格式类型与文种之间也存在对应关系。这种对应关系比较复杂，既有一对一，也有一对多，甚至多对一。

在国家标准中，格式大致可分为通用格式和特定格式两大类。特定格式分为信函格式、命令格式、纪要格式三种。特定格式类型以文种来命名，也容易使人误解格式和文种之间的对应关系。

根据《格式》规定，结合公文处理实践情况，将格式类型与文种对应关系呈现，如表 17-1 所示。

表 17-1　格式类型与文种的对应关系

应用情况	通用格式	特定格式		
^	^	信函格式	命令格式	纪要格式
主要应用文种	通知、通报、报告、请示、批复、意见	函	命令（令）	纪要
扩充应用文体	计划、总结、讲话稿、规章制度等非党政公文的文体	通知（平行） 通报（平行） 请示（平行） 批复（平行）	—	—
兼类应用文体	通知、通报、请示、批复	—	—	—

通过表 17-1 可以看出以下几个规律。

第一，命令格式、纪要格式和相应文种具有严格的一一对应关系。换言之，命令格式仅适用于命令这一种文体，即命令也只能用命令式格式。

第二，函只能使用信函格式，不能使用其他格式。但是，信函格式不仅适用于函，也适用于平行制发的通知等文种。

函，既是文种名称，也是格式类型名称。这容易使人误以为信函格式只适用于函，其实也适用于其他文种。在公文处理实践中，经常用信函格式承载平行的通知、通报、批复。

第三，请示和批复这两个典型的上行文、下行文也可使用信函格式。导致这一看似违反行文规则情况的原因比较特殊，主要出现在下级组织和上级特定职能部门之间。

下级组织向上级职能部门请求批准事项，按照行文规则应当使用请批函，但选用请示文种，而版式格式沿用信函格式。上级职能部门答复时本应使用复函，但因接到的是请示，于是使用了批复，而版式格式依然用了信函格式。

更为普遍的情况是，下级严格按照行文规则向上级请示行文，格式为通用式。上级领导授权办公部门作出答复，以办公室为发文主体制发批复，版式格式采用信函式。这就出现了信函格式承载批复这种下行文的情况。

总之，准确规范地使用格式类型，需要同时从两个角度入手理解格式类型和文种的匹配规律：一是从格式类型角度明确其适用的文种文体；二是从文种文体角度明确其匹配的格式类型。两种角度中，又同时存在一对一、一对多的情况，需要公文工作者结合实际情况，尤其是组织机构之间的关系，准确合理地选用。

第十八章　格式若干处理难点

在公文处理工作中，绝大多数利用文字处理软件编排版式格式，依据是格式国标。但是，如何对标、如何落实格式国标的要求，出现一些争议或疑问。原因之一，格式国标语焉不详，没有明确说明。原因之二，格式国标虽然明确了要求，但没有明确操作方法。原因之三，不同地区、不同单位在长期办文中形成了不同惯例，甚至以内部规章形式固定下来，随着信息交流便捷，不同惯例能够互相对照，差异也就出现了。

这些争议和疑问比较集中，本章将归纳几个技术难点并提出解决方法。

页边距设置

一般公文用纸幅面为国际标准的 A4 型纸，尺寸为 210 毫米×297 毫米。

格式国标只说明了两个边距，即天头（上白边）为 37 毫米±1 毫米，订口（左白边）为 28 毫米±1 毫米，版心尺寸为 156 毫米×225 毫米，没有明确规定另两个边距，这很可能和印刷装订工艺有关。

根据数据推算，地脚（下白边）应为 35 毫米，计算过程如下式：

A4 纸纵向尺寸 297 毫米－版心纵向尺寸 225 毫米－天头尺寸 37 毫米＝35 毫米

前口（右白边）应为 26 毫米，计算过程如下式：

A4 纸横向尺寸 210 毫米－版心横向尺寸 156 毫米－订口尺寸 28 毫米＝26 毫米

文字处理软件不能采用默认页边距，而是需要按照以上数据设置四个页边距。

如果这样进行简单设置，并不能保证双面打印时两面的版心套正，因为左右页边距不同，奇数页和偶数页的左右正好相反。为了使双面打印的两个页面对称，需要专门选择设置"页码范围——多页"中的"对称页边距"选项。选中该项后，页边距中原来的"左右"会自动变化为"内侧""外侧"，页边距数据值不变。

需要特别注意，装订线设置为 0 毫米。格式国标规定装订线距离左侧页边距为 3 毫米，指纸质实体文件装订距离。如果在软件中设置为 3 毫米，会在内外侧页边距基础上增加，这样纸质实体文件的页边距就进一步增大了。装订线设为 0 毫米，仅是在软件中不预留装订线距离，不等于实体文件无装订线距离。换言之，纸质实体文件的装订线距离包括在内外侧边距之内。

完成以上设置后的"页面设置"对话框（以 WPS 为例）如图 18-1 所示。

图 18-1　公文页面设置

张贴的公文（如通告）用纸及页边距可以根据实际需要选择确定的幅面和页边距。

行间距、每页行数、每行字数

格式国标只对每页行数、每行字数作了明确说明，即每面排 22 行，每行排 28 个字。

这两项可以在文字处理软件的"页面设置"中分别指定。

其实，即便没有指定这两个项目数值，在软件默认的 A4 纸型中按照标准设置好页边距和正文仿宋体三号字号，软件也可以自动实现每面 22 行、每行 28 个字的排版结果。

某些情况下有出入（如每行 29 个字），可能有三个方面原因：第一，标点符号被自动调整以避免出现在行首（有的不能出现在行末，如左引号），导致行中字数出现偏离；第二，字体所用的字库不同，出现微妙差异；第三，软件兼容性问题，更换电脑后出现偏离。

出现偏离标准数值的情况是正常的，不是原则问题。同时，格式国标明确指出"特定情况可以作适当调整"，轻微程度的偏离不应视为"不合标""不合规"。

格式国标没有明确行间距，如果设置为每面 22 行，行间距会自动设置为 28.8 磅（不同测算方法有不同结果，大多为 26～30 磅）。这一数值不仅是正文的行间距，也是标题、发文机关标识、份号、保密等级及期限等要素的行间距。

结合格式国标的其他规定，行间距在需要的情况下是可以调整的，排版时没有必要固守行距规定。

发文字号及其作用与构成

采用"红头文件"方式正式制发的公文需要编号，也就是确定发文字号。非正式发文的"白头文件"没有发文字号。

发文字号是发文机关在某一年度内所发文件编号，有利于公文管理和后续的档案管理。公文的标题存在完全相同的情况，而且并不罕见，如一年中（或不同年度中）可能会发多份关于开展某项工作检查的通知、关于调整某标准的通知。在这种情况下，就需要发文字号来区别不同的文件了。

发文字号针对的是本机关单位的"发文"。这是一个重要常识，如果转换工作角度，做收文工作时就可能出现失误。很多办文新手在登记收到的文件时，往往将收文顺序号和发文字号混淆。

发文字号由发文机关编制，在文件上已经标示，明确而且固定，不可更改。收文顺序号是收文单位在对接收的所有文件统一登记时按照接收时间前后编制的流水号，便于统计收到文件的数量。

发文字号由固定的三个要素构成：机关代字、年份、序号。每个要素又有细化要求，具体如图 18-2 所示。

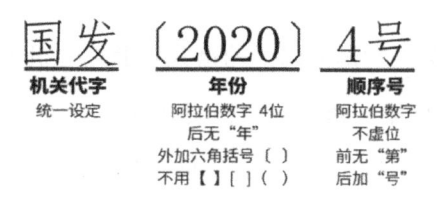

国发〔2020〕4号
机关代字　年份　顺序号
统一设定　阿拉伯数字4位　阿拉伯数字
　　　　　后无"年"　　　不虚位
　　　　　外加六角括号〔〕　前无"第"
　　　　　不用【】[ ]( )　后加"号"

图 18-2　发文字号

发文字号看起来其貌不扬，构成也不复杂，但在公文处理工作中给工作人员带来的困扰并不少。最常见的问题是，很多企业胡乱编制发文字号，构成五花八门，要素多余、要素残缺、格式凌乱等问题不一而足。公文工作者应当按照严格的规范编制严谨的发文字号。

大多数党政公文文种的发文字号都是这种模式，只有令、通告、纪要等少数文种的编号另有特定规则。令、通告往往只编为"第×号"，而纪要则常省略机关代字，只有年份和顺序号。

在常规"红头文件"中，发文字号位于版头红色反线上方 4 毫米处，居中。信函格式，发文字号在红色双线下，右边缘顶格，与红色双线的距离为 3 号汉字高度的 7/8，约 4.96 磅。在通过网站发布时，没有"红头"版头，发文字号位于标题下方，居中。

发文字号类型与机关代字

发文字号是严谨名称，很多人通俗地称之为"文号"或"编号"，其实并不准确。"文号""编号"强调了"号"，忽视了"字"。在公文处理实践中，"字"和"号"代表不同的含义，都需要谨慎确定。前面的"机关代字"往往决定发文字号的类型，并影响后面顺序号的编制。

发文字号的类型，主要取决于机关代字的差异。机关代字还可以进一步细分为两个部分：固定不变的代字和可变的部分。

单位代字，比单位简称更简化，通常为一两个汉字，例如"×府"指某市人民政府，

"×府办"指某市人民政府办公室（厅）。

变化的部分令机关代字产生各种各样的"变体"，其不同主要受以下情况或因素影响。

1. 行文方向。机关代字根据上行、下行方向分别设定，上行文为"××字"，下行文为"××发"。

2. 文种及印发格式类型。发函或以函的格式发通知，机关代字标明"函"。政府向同级人大或人大常委会提交的议案，机关代字标明"议"。

3. 工作范围领域。针对公文内容涉及的不同工作，设定不同的机关代字，例如，财务管理工作的"财字"，人事工作的"人字"，任免人员的"×任字"。这种情况往往说明公文由相应业务部门代拟稿。

4. 发文方式与载体。以电报、电传作为发布方式时（有的地方称为"绿头文件"），机关代字标明"电"或"明电"。

5. 传统惯例。发文机关办公室负责编订代字，沿用以往惯例，即便有不当之处也仍然保留。

机关代字种类较多，一方面给公文管理带来便利，通过机关代字可以判断其行文方向、内容等特征，另一方面也带来一定程度的烦琐和混乱，主要表现是代字不严谨、不统一，顺序号编制混乱。

在某些单位，机关代字使用得很随意，没有根据具体情况进行分类，不同工作人员之间难以保持连贯一致。办文部门应当根据实际工作需要进行统一，这些都有必要作为重要内容在公文制度中全面说明。

发文顺序号也受机关代字的影响，不同单位在编制时要么统一流水号，要么分别编制。

发文顺序号采用统一编号，优点是容易判断发文数量，缺点是同一机关代字的顺序号并不连贯。如果总体发文量不大，则使用这种方式更便捷。

也有一些单位采用分别编制的做法，根据机关代字的差异分别编制发文顺序号，并且分别登记。优点是同一机关代字的顺序号连贯，缺点是归档统计全部发文量时需要将不同代字的文件汇总，如果代字类型较多，容易出现遗漏。解决这个问题的方法是可以在登记时编制流水号，利用流水号防范遗漏。

发文字号中的六角括号

发文字号的年份需要外加六角括号〔 〕。很多单位的公文错用为方头括号【 】、方括号[ ]、圆括号（ ），尤其某些网站发布的公文、正文中引述作为根据的公文，普遍存在这个问题。

六角括号和其他括号的差异主要表现在外形方面。之所以称为"六角括号"，是因为它是从六角形⬡"分裂"而来的。输入时可以通过输入法的"特殊符号"查找，也可以在文字处理软件的"插入——符号"菜单中查找。

六角括号用于标注发文字号中的年份，这在格式国标和国家标准《标点符号用法》中都有明确要求。

很多人会产生疑问：为什么不用容易输入的方括号，却非要用难以输入的六角括号呢？仅从发文字号本身孤立地看待，无法理解其原因。这就需要离开"红头文件"的版头，结合发文字号出现的另一种环境来解释。

事实上，早期发文字号曾使用方括号标注年份。在引用文件标题之后注明该文件的发文字号，需要在最外侧使用圆括号（ ）。

根据《××××》(×发[1981]6号)

如此一来就出现了一个问题：内部的方括号逻辑层级较高，外部的圆括号逻辑层级较低，高层级括号嵌入低层级括号，不符合括号的使用规则。

要解决这一问题，不宜改变外面的圆括号，只能调整里面的方括号。同时也不能将方括号改为圆括号，否则将导致圆括号嵌套。综合考虑多种因素，将内部方括号改为六角括号，较好地解决了上述问题。

小标题及其末尾标点符号

小标题是正文主体逻辑结构的标志，发挥着概括不同层面内容的作用。小标题格式要求主要体现在层次序号、字体、末尾标点符号等几个方面。层次序号规范第十一章已有说明，此处从略。

小标题的字体为一级标题黑体，二级标题楷体，三四级标题与正文相同，均为仿宋体。

二级标题所用楷体，格式国标并未指定字库品牌和版本号，办文工作中应当选用普及程度较高的字库。同时，格式国标也没有要求加粗。但在工作中人们发现，楷体普遍不够醒目，视觉不突出，所以很多单位内部要求加粗处理。

在公文正文主体中，小标题末尾使用标点符号需要区分不同的情况。

情况一：不用标点符号

小标题如果独占一行（篇幅较长/回行视同独占一行），后面没有正文内容（正文另起一段），那么小标题末尾不用任何标点符号。很多人习惯在末尾用冒号、句号，这是不严谨的。小标题的中间可以根据需要使用逗号、顿号等标点符号。

大多数一级小标题都是独占一行的，末尾不用标点符号。

情况二：使用标点符号

小标题如果不独占一行，后接正文内容，那么应当在小标题之后用句号。使用句号标志着小标题实际上是一个句子，即关键句、段旨句。

小标题如果简短，主要发挥提示后文的作用，那么也可在小标题末尾用冒号，后接相关内容。

二级、三级、四级小标题往往不独占一行，后面均可用句号或冒号。

"此页无正文"与空白页的处理

对空白页面的处理关联着另一个版面的刚性要求：正文和落款必须在同一页面。

公文要求双面打印，纸质载体计数必然是偶数。但是，有时难免出现无正文内容的空白页。空白页面带来了伪造公文内容的隐患，同时版面也不够美观。如何处理空白页面，成为一个现实问题。

现行格式国标中并无关于"此页无正文"的明确规定，换言之，并未明确要求或禁止标注"此页无正文"。"不得标注'此页无正文'"这一要求见于已停止执行的老版格式国标

（GB/T 9704—1999），某些地方格式标准实施细则中仍保留该规定。可以说，这个禁止性规定成为了一种惯例。

现行格式国标在下述两则规定中间接提及了空白页的处理方式。

7.3.5.5 特殊情况说明

当公文排版后所剩空白处不能容下印章或签发人签名章、成文日期时，可以采取调整行距、字距的措施解决。

7.5 页码

……公文的版记页前有空白页的，空白页和版记页均不编排页码。

综合这两条规定内容，可以肯定两点。

一是，发文机关署名及成文日期（落款）之前的每面都应当有正文内容，不得有空白页，落款之后可以有空白页。

二是，落款必须和正文在同一面，必要时应当调整行间距实现这一要求。

从某种意义上讲，这两个问题其实是同一个问题，即如何调整文字分布区域才能最大程度防止伪造公文内容。

双面打印印刷工艺决定了版记落在偶数页。现行格式国标并未明确提出这一要求，下述规定间接说明了这一点。

7.4.1 版记中的分隔线

……首条分隔线位于版记中第一个要素之上，末条分隔线与公文最后一面的版心下边缘重合。

这里的"最后一面"，可以理解为偶数页。

两种情况下会出现无正文的空白页。

第一种情况，正文结尾和落款位于最后的奇数页上，最后的偶数页上会没有正文（只有页面底部的版记）。

第二种情况，正文结尾和落款位于倒数第二个偶数页（如第四页，共六页）偏下位置，空白幅面不足以放置版记时，版记必须设置在倒数最后一个偶数页（如第六页，共六页），这样就导致两个页面（倒数第一、第二页，例如第五、第六页）没有正文内容。

第一种情况其实不用刻意解决，因为每页均有字符，倒数第一页（偶数页）有版记，倒数第二页（奇数页）有正文结尾和落款。

第二种情况，倒数第二页（奇数页）上没有任何字符，这就需要解决这种完全空白的问题，方法主要有三种。

1. 调整行间距。小幅度地加大或缩小正文行间距，使每页都有正文。
2. 取消二级小标题独占一行或设置为独占一行。
3. 调整内容。在允许的情况下（尤其是较长篇幅的公文存在调整内容的余地），履行了已定稿公文修改程序，适当增删内容。也可以调整段落长度，整合多段为一段或拆解一段为多段。

本书建议首选前两种方式，简便快捷，效果明显。

版记制作方法

版记需要设置三条与版心同宽的横向分割线。在文字处理软件中，用插入直线形状并精确设定其属性的方式取得规范效果。

这里以底线为例，说明操作方法。插入一条直线形状，在"设置对象格式"中，设置其位置为"水平——对齐方式——居中""垂直——绝对位置 0 毫米——下侧下边距"（见图 18-3），这样能够保障底线位于版心下边缘。然后设置其大小，"高度——绝对值 0.35 毫米"，"宽度——绝对值 156 毫米"（见图 18-4），保障与版心等宽。

顶线、中线与底线的属性相同。需要修改的是，中线高度为 0.25 毫米。通过鼠标拖动，将两线放置在恰当位置。

版记中的抄送机关、印发机关等要素，按照格式国标设置为仿宋体、四号，并左右各空一个字符的距离。

图 18-3　版记底线位置设置　　　　图 18-4　版记底线大小设置

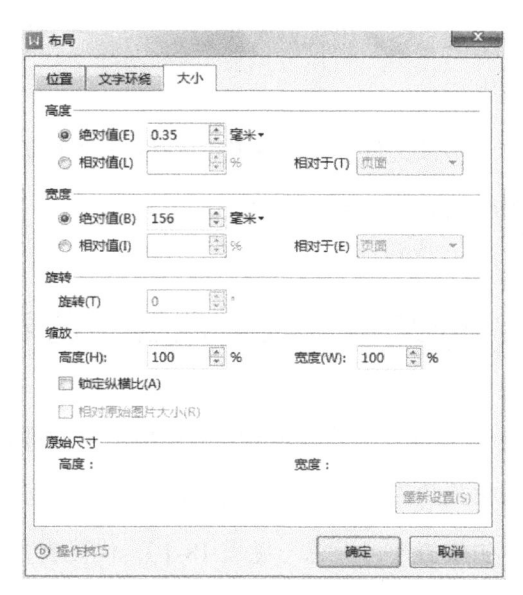

附件文件在版记之前

公文如果带有附件文件，需要在发文机关署名和成文日期之后另起一页编排。

格式国标明确规定"附件在版记之前"。该规定有一定合理性，但同时也导致一些不便。

之所以说合理，是因为版记反映的公文制版信息，既适用于正文，也适用于附件文件。版记位于正文及附件之后，符合文件印制的实际情况。

这种编排位置会给使用附件带来不便。附件如果是需要反馈的文件，例如报名表、反馈表、评审表等，版记与之处于同一页面，提交反馈时会将版记也顺带发送，显然没有必要。为解决这个问题，只能重新制表，增加不必要的工作负担。

另外，转发文件时，其实只需要转发正文和附件即可，但附件和版记在同一个页面时，不得不一同转发，显然这也是没有必要的。

版记位于附件文件之后，频频"添乱"，所以一些单位将附件文件放在版记之后。这样做虽然不尽规范，但能为工作增加一些便利。

"附件"二字及附件顺序号用三号黑体字顶格编排在版心左上角第一行。附件标题居中编排在版心第三行。

这里容易出现两个失误：一是"附件"二字后加冒号；二是附件文件标题在第一行或第二行。

附件文件如果有多份，则编排顺序应当与附件说明的表述一致。附件文件字体、字号等格式规范与正文一致。

公文格式设置数值一览表

"红头文件"要素较多，使用文字处理软件排版遇到的主要困难是如何准确设置各要素的相关数值。本书以格式国标为基本依据，并借鉴众多公文工作者的经验，将需要设置的各项数值进行汇总（见表18-1），供读者参考。

表18-1　公文格式设置数值一览表

项　目	数　值	说　明
纸张幅面	210毫米×297毫米	一般采用A4纸，张贴的公文根据需要确定幅面大小
页边距（上边距）	37毫米	版心上边缘距离纸张上边缘
页边距（下边距）	35毫米	版心下边缘距离纸张下边缘
页边距（左侧　内侧）	28毫米	版心内侧边缘距离纸张内侧边缘
页边距（右侧　外侧）	26毫米	版心外侧边缘距离纸张外侧边缘
版心宽度（横向）	156毫米	210毫米－28毫米－26毫米=156毫米
版心高度（纵向）	225毫米	297毫米－37毫米－35毫米=225毫米
装订线（左边距）	3～5毫米	左侧装订，上下两钉
上钉眼上边距	70毫米	上钉眼至纸张上边缘
下钉眼下边距	70毫米	下钉眼至纸张下边缘
每页行数	22行	三号仿宋体汉字高度5.54毫米 每行高度=1个汉字字高+1汉字字高的7/8 每行高度10.39毫米=5.54毫米×（1+7/8） 225毫米÷10.39毫米=21.66行
行间距	28.99磅	行间距可根据需要适当调整 225毫米÷22行×2.835=28.9943磅 上下两行空白距离4.85毫米=10.39毫米－5.54毫米
每行字数	28字	如有标点符号将出现变化
发文机关标志上边缘至纸张上边缘	72毫米	标志上边缘至版心上边缘35毫米 37毫米+35毫米=72毫米
发文机关标志大小	初号或小初号	小于版心宽度，尺寸不大于18毫米×15毫米 下级标志不得大于上级标志
发文字号距离发文标志	2行	
发文字号距离红色分隔线	4毫米	

续表

项　　目	数　　值	说　　明
红色分隔线宽度	156 毫米	同版心宽度
红色分隔线高度（粗细）	0.5 毫米或 1.5 磅	0.35～0.5 毫米　0.5 毫米×2.835＝1.4175 磅
标题距离红色分隔线	2 行	
标题字号	二号	小标宋体；标题分行行距 28.99 磅
标题距离主送机关名称	1 行	标题下方空一行
正文字体	三号	一般为仿宋体，高度 5.54 毫米
成文日期右侧空间	4 个汉字	单一发文机关并加盖公章
公章直径	42 毫米	
附件标志	三号	首行左起顶格标注"附件"或"附件 1"，后无冒号
附件文件标题位置	第三行	
页码字号	4 号	半角宋体阿拉伯数字，左右各加一字线
页码距离纸张下边缘	28 毫米	页码距离版心下边缘 7 毫米；35 毫米－7 毫米＝28 毫米
奇数页右侧空间	1 个汉字	选中页码及一字线，设置段落右空 1 字符
偶数页左侧空间	1 个汉字	选中页码及一字线，设置段落左空 1 字符
版记三条分隔线宽度（长度）	156 毫米	同版心宽度
版记顶线、底线粗细（高度）	0.35 毫米或 1 磅	0.35 毫米×2.835＝0.99225 磅
版记中线粗细（高度）	0.25 毫米或 0.75 磅	0.25 毫米×2.835＝0.70875 磅

说明：

1. 毫米与磅的换算：1 毫米＝2.835 磅；1 磅＝0.3527 毫米。
2. 本表计算结果取整数或两位小数。

公文使用的字库

公文格式国家标准只规定了字体类型，没有指定字库，更没有明确字库厂商及品牌。使用文字处理软件排版时必须要选择某一字库，而字库产品数量非常多，这就出现了分歧。选择字库应当遵守三条基本原则：第一，文字和符号的数量尽可能多；第二，普及率较高，应用广泛，保证电子文件在大多数电脑上都能正常显示；第三，尊重字库厂商的知识产权。

部分字库使用的 GB2312 编码标准出现于 20 世纪 80 年代初，定义了近七千个汉字和标点符号。GBK 编码标准出现于 20 世纪 90 年代并经过多次升级，其定义的文字和标点符号总量超过两万个，具有明显优势，所以建议使用 GBK 编码标准的字库。部分字库名称中不带编码标准，其实也是以 GBK 为标准的。从普及率来看，方正旗下的多款字库应用较广，如公文标题的字库一般用方正小标宋。本书将公文选用字库进行了汇总，如表 18-2 所示，供读者参考。

表 18-2　公文选用字库一览表

结构要素	国标规定字体类型	推荐字库	不推荐字库
发文机关标志 标题（全文标题）	小标宋体	方正小标宋	其他任何字库
一级小标题	黑体	黑体（系统自带字库）	其他任何字库
二级小标题	楷体	楷体（系统自带字库） 或楷体 GBK	楷体-GB2312
发文字号 正文 附件说明 落款	仿宋体	仿宋（系统自带字库） 或仿宋 GBK	仿宋-GB2312
页码 （阿拉伯数字）	宋体	宋体（系统自带字库）	其他任何字库

字库是具有著作权的科技产品，多数字库未经著作权人许可不能用于商业用途。各类社会机构的公文如何合法使用字库，尚未进行充分讨论研究，实践中也没有出现字库厂商追究公文字库侵权的相关案例。